KB062233

1962년 상주 청리국민학교 2학년 남경삼과 함께(위)
아이들 시를 엮어 손수 만든 시집(아래)

동화 작가 권정생과 일직 예배당 앞에서(위)
1974년 아동문학가 이원수와 부산 태종대에서(아래)

1979년 안동 길산국민학교 시절

이오덕 일기

1962~1977

1

무엇을 가르쳐야 하는가?

이 일기는 아이들을 가르치는 일과 글쓰기로

평생의 삶을 다듬어 온 한 사람의 기록입니다.

어디론지 가고 싶어

삐익~ 차 소리가 들린다.

벌떡 일어나 정거장으로 가면

대합실(待合室)에는

보퉁이 인 아낙네, 보따리 든 색시

그 밖에 똑같이 얼굴이 누우런 사람들이

다투어 표를 사고 있다.

시계를 보니 오(五) 분 전

몹시도 가 버리고 싶구나!

여행증도 차비도 없는데

어디론지 영영 돌아오지 못할 곳에

멀리 멀리 떠나 버리고 싶구나!

오늘 저녁엔 하숙비도 못 주고

밥 먹으러 집에 갈 수도 없고

어제는 수업료를 독촉하면서

눈물 흘리는 학생을 붙잡고

같이 울고 싶은 마음을 참았지만

나보다 더 밑바닥에 깔려 있는

그 많은 사람들을 생각하면

약한 자여, 이 어둔 하늘 밑에

나는 질식하겠구나!

삐익~ 또다시 차 소리가 난다.

아무도 없는 정거장을 나와서

터벅터벅 나는 걸어가자.

어디론지 자꾸 걸어가자!

차례

읽어 두기

1. 이 책에 실은 일기는 이오덕 선생님이 1962년부터 2003년에 돌아가실 때까지 마흔 두 해 동안 쓴 일기 가운데서 뽑았습니다.

2. 이오덕 선생님이 쓴 글을 그대로 살리기 위해 문법에 맞지 않는 표현만 바로잡았습니다. 선생님이 지금 맞춤법과 달리 띄어 써야 옳다고 여긴 '우리 말' '우리 나라' 같은 말은 살렸습니다. 선생님이 우리 말 바로 쓰기 운동을 확실하게 하기 전인 1980년대 중반까지는 선생님이 절대로 써서는 안 되는 말로 분류한 '~등' '~적' 같은 말을 가끔 썼습니다. 이것은 그대로 두었습니다. '국민학교'도 그대로 두었습니다.

3. 일기에서 이름, 지명, 책 제목 따위를 알아볼 수 없는 것이 있었습니다. ○○○로 표시하고 '알아볼 수 없음'이라고 했습니다.

4. 본문에 작은 글씨로 쓴 설명과 각주는 편집자가 붙였습니다.

5. 여는 시 '어디론지 가고 싶어'는 이오덕 시집 《이 지구에 사람이 없다면 얼마나 얼마나 아름다운 지구가 될까?》(고인돌)에서 뽑았습니다.

6. 이 책에 실은 사진 가운데 일부는 〈뿌리깊은 나무〉 윤주심 기자가 찍은 사진입니다. 연락이 닿지 않아 허락을 받을 수 없었습니다. 이해해 주시면 좋겠습니다.

1부

1962년부터
1970년까지

1962년 9월 19일 수요일

 첫째 시간 출석도 부르기 전에 돈을 내놓는 아이가 있다. 대
구종합운동장 확장 기금이다. 아직 10여 명이 안 가져와서 이
걸 그냥 두면 다음 또 다른 돈을 모을 때도 안 가져오겠다 싶어
어제 독촉했던 것인데, 오늘 한 사람 가져온 것이다. 못 낸 아
이들을 불러냈다. 야단을 쳤다. 돈 2원이 없어서 못 가져온 아
이 손들어라 하니까 대여섯 명이 든다. 거짓말이라고 또 야단
쳤다. 훌찌럭훌찌럭 우는 아이가 있다. 이성자가 "순조 쟤는
돈이 없어서 만날 이웃집에 가서 얻어 와요" 한다. 그래 순조
만 들어가게 하고 남은 아이들을 또 야단치고 내일 가져오라
해서 들어가 앉게 했다.
 돈 독촉을 하고 나니 공부를 가르칠 기분이 안 났다. "너희들
나중에 크면 뭘 하겠나?" 하고 물어봤다. 대답이 없다.

• 1944년 4월 7일부터 교사 생활을 시작했다. 처음 간 곳이 경북 청송군 부동공립
 국민학교였다. 여러 학교를 옮겨 다니다 1961년 10월 10일부터 경북 상주군 청
 리국민학교에서 일했다.

"남경삼이, 너 뭐 하겠나?"

"나, 국수 빼요!"

절로 웃음이 난다. 이 아이 집은 국수 빼는 집이다.

"위원복이, 넌 뭘 할래?"

대답이 없다. 순경 아들이다.

다른 아이 몇이 "농사해요" 하고 대답했다.

"선생님 되고 싶은 사람 없어요?" 하고 물으니 아무도 말을 하지 않는다. 선생질하고 싶은 아이는 없는 모양이다.

"너희들 생각이 좋다. 농사짓는 것도 좋고, 국수 빼는 일도 좋다. 부디 모두 착한 사람, 부지런한 사람 되어라. 다른 것 다 좋은데, 너희들 제발 선생질은 하지 마라. 참 선생질 못 할 짓이다. 이렇게 돈 없는 아이들 졸라서 울리고, 날마다 성내고 고함치고 해야 하니 말이다. 난 이제라도 이런 선생 노릇 치우고 다른 일을 해서 돈을 많이 벌고 싶다. 그래서 그 돈으로 너희들 같이 돈 없는 아이들에게 공책도 사 주고, 연필도 사 주고, 크레용도 사 주고, 과자도 사 주고 싶다."

이래서 좀 기분이 나서 산수 공부를 시작한 것이다.

1962년 9월 21일 금요일

정하우가 청소도 안 하고 장난치면서 유리창에 물을 뿌렸다 한다. 그래 하우만 남으라고 했다.

12

"넌 오늘 산수 시간에도 공부를 안 하고, 그림도 안 그리고, 청소도 안 했으니 이대로 갈 수 없다."

다른 아이들이 다 돌아간 교실 구석에 풀이 죽어 서 있는 하우를 자리에 앉으라 했다. 이런 아이는 앞으로 '벌 공부'를 시키자는 묘안이 떠올랐다.

국어책을 펴고 오늘 배운 곳을 공책에다 베껴 쓰라고 했다. 울상이 되어 연필을 빨아 가며 한 자 한 자 쓰고 있다. 한 시간쯤 지나니 하품을 자꾸 한다. 몹시 싫증이 나는 모양인데, 그래도 선생님의 명령이라 어쩔 수 없이 쓰고 있는 모습이 측은한 생각이 들었다. 옆에 가 보니 ㄹ 자를 쓰는 차례가 틀린다.

"그만 쓰고 리을 자만 두 줄 써 봐라. 네가 쓰는 차례가 틀린다" 하고 써 보였다. 그래도 한 줄 쓰는 데 두세 번을 틀리고는 지우개로 지워 고쳐 쓰곤 한다.

"하우야, 너 무슨 시간이 제일 좋으냐?"

아무 대답이 없다.

"보건(체육) 시간이냐?"

"예."

힘없이 무표정하게 대답한다.

"제일 싫은 공부는 뭐냐?"

아무 말이 없다.

"산수가 싫으냐? 국어가 싫으냐?"

"산수요."

"음악하고 미술하고 어느 게 좋으냐?"

"미술요."

다음은 가정 형편을 물어보았다. 아버지는 어제 소 띤기로 (뜯기러. 풀을 뜯어 먹이러) 갔는데, 오늘은 모른다 한다. 형이 있는데 몇 살인지 모르고, 국민학교에 다니다가 말았다고 한다. 동생은 둘이란다. "집에 가서 리을 자 한 줄 더 써 보고, 내일 올 때는 이웃에 있는 종수를 꼭 데리고 오너라" 하고 보냈다. 교실을 나서는 하우의 발걸음이 가벼운 것 같았다.

공부를 못해서 시간마다 꾸지람을 듣는 아이들은 학교생활이 얼마나 괴롭겠는가? 하루하루가 무거운 짐이 되어 그들의 어깨를 누르고, 마음을 누르고, 그래서 천진한 품성마저 비뚤어지기가 보통이다. 공부를 못하는 아이가 보건만은 좋아하고, 운동장에서 자유롭게 뛰어다닐 수 있는 쉬는 시간이나 점심시간을 얼마나 기다리고, 해방의 시간으로서 그들에게 필요한가 하는 것을 생각해 본다.

아이들은 대체로 미술을 좋아한다. 크레용만 있으면 무엇이든지 제 마음대로 이야기를 하면서 그릴 수 있다. 남의 흉내만 안 내고 제 마음대로 그리면 무엇을 어떻게 그려도 칭찬을 받으니까 그렇겠지. 글짓기같이 글자의 저항이 없는 것도 그림 그리기를 좋아하는 이유가 될 것이다.

음악도 싫어하는 아이가 없는 것 같은데, 좀 더 재미있는 음악 시간이 되도록 하려면 역시 가르치는 방법을 연구할 필요가 있다.

공부 시간에 꾸중만 듣는 아이가 청소 시간에 크게 활동하거나 장난을 치는 것도 이해가 된다.

지금은 4시 5분 전, 아무도 없는 교실에는 때 묻고 찌그러진 조그만 책상들이 60여 개 나란히, 꼭 아이들이 귀엽게 나를 쳐다보는 것 같다. 뒤편에는 오늘 그린 그림들이 걸려 있다. 거기에는 운동장에 뛰노는 아이들의 온갖 모습들이 재미있는 선과 아름다운 색으로 나타나 있다. 그리고 전시판 밑에는 조그만 손으로 주물러 짜서 걸어 놓은 걸레가 널려 있다. 내일 아침이면 또다시 온갖 희망과 걱정과 슬픔을 안고 67명의 어린 생명들은 이 교실을 찾아올 것이다. 교사라는 내 위치가 새삼 두려워진다. 이렇게 괴로운 시대에 내가 참 어처구니없는 기계가 되어 어린 생명들을 짓밟고 있는 것이 아닐까 생각할 때 견딜 수 없는 심정이 된다.

두고두고 생각해 보자. 어떻게 이 아이들을 키워 갈 것인가? 어떻게 하면 아이들의 세계에 파고들어 가 그들과 함께 살아갈 수 있을 것인가?

1962년 10월 13일 토요일

오늘은 소풍이다.
의논이 되어서 청상 절까지 가기로 했다.

절 있는 곳이니까 역시 좀 비범한 풍경이다. 잡목이 울창한 골짜기에는 바윗돌 사이를 맑은 물이 흘러내렸다.

점심을 먹고 나는 희망하는 아이 넷을 데리고 골짜기 안까지 탐사하러 갔다. 상당히 깊은 골인데, 골안에는 지금은 비어 있는 집이 한 채 있고, 농토까지 있으며, 누가 목장 계획을 하고 있다고 들었다.

꼬불꼬불 길을 자꾸 올라가니 한 시간쯤 됐을까, 과연 집이 한 채, 계곡 사이 약간 넓은 평지에 서 있었다. 문짝도 없고, 방 안에는 건초를 재어 놓았다. 밤나무, 감나무, 오동나무 들이 있고, 포플러도 있다. 논밭이 조금 있어, 논에는 벼가 익었고, 밭에는 무와 메밀이 있었다. 골짜기 양편에는 자욱하게 잡목이 들어섰다. 다시 더 안쪽을 올라가기로 해서 자꾸 들어갔다. 어디서 사람 소리가 나서 살피니 계곡 옆에 집주인인가 나무에 올라가 감을 따고 있었다. 길은 점점 좁아져서 나뭇가지를 헤치면서 올라가야 했다. 버섯이 나온다더니 보이지 않고, 잡목만 자욱해서 끝이 없었다. 버섯이 난다는 곳은 다시 더 올라가 산 중턱까지 가야 하나 보다 하고, 남아 있는 아이들이 기다릴 시간이 가까워서 그만 발길을 돌렸다. 산허리쯤 올라가면 무서워서 안 된다는 것이 사람들의 말인데, 아이들만 없었다면 나 혼자 산꼭대기까지 올라갔을 것이다.

청상 골짜기는 돌이 많고 산이 험하고 잡목이 우거져서 목장으로는 적당하지 않을 것 같다. 내가 아무리 산을 좋아한다고 해도 거기는 너무 적적하고, 너무 무섭고, 너무 길이 험하고, 너무 산수가 비범해서 살 것 같지 않다.

학교에 돌아오니 4시 반이더라.

소풍을 갔다 와서 새삼 느낀 것이 있다.

아이들이 소풍을 좋아하는 것은 공부 안 하고 뛰노는 재미도 있겠지만, 무엇보다도 점심 먹는 재미다. 그래서 아이들에게는 먹는 소풍이다. 어른은 어떤가? 선생님들도 수업을 쉬고는 들로 산으로 나가니 즐겁다. 선생님들에게는 먹는 소풍이라고까지 말할 수는 없겠지만 그래도 이 먹는 것은 무시할 수 없다. 그리고 이 먹는 것이란, 아이들이 가져오는 데서 문제가 시작된다. 말하자면 아이들한테 얻어먹는 소풍인 것이다. 점심밥, 과자, 사이다, 술…… 이런 것을 한 보따리씩 얻어서 나눠 먹는다. 그리고 남은 것을 학교까지 가져와서, 소풍 못 간 일직 선생님이나 교장, 교감 선생님과 함께 앉아 또 먹는 시간을 즐기게 된다. 이래서 선생님들에게도 더욱 반가운 소풍이 되는 것 같다. 도시는 농촌보다 소풍의 폐단이 더 심하겠지.

"자네 반엔 뭣이 들어왔나?"

"우린 이것뿐일세."

이래서 아이들도 으레 선생님께 드려야 할 몫을 더 가지고 간다. 여학생들은 의논해서 모두 조금씩 내어 모아서는 선생님께 드리는 재간을 발휘한다. 나도 이런 풍습 속에서 어설픈 점심밥을 수십 번 먹어 왔나 보다.

그런데 이번 청상골 소풍에서 나는 그 어느 때보다도 더 어설 픈 점심을 먹었다. 아이들에게는 점심을 먹으라고 일러 놓고 나도 먹어야 하겠는데, 저 아래쪽에서 1학년 선생님들이 손짓 하며 불렀다. 점심은 으레 여럿이 한자리에 모여 앉아 먹는 풍 습인 것이다. 나는 별 생각도 없이 내 도시락을 들고 갔다. 가 보니 벌써 과자랑 과일이랑 사이다며 술병들이 놓여 있고, 같 이 먹자 한다. 나는 그제야 비로소 내 반 아이들한테서 아무것 도 얻어 오지 않은 것을 깨닫고, 바윗돌 위에 혼자 앉아 도시락 보자기를 풀었다. 1학년 선생님들이 먹고 있는 데 끼어 같이 먹을 기분이 도저히 나지 않았던 것이다. 자꾸 오라고 했지만 나는 기어코 나 혼자 따로 앉아 먹고는, 어쩔 줄 모르다가 그만 "저 위 골안에 갔다 오겠습니다" 하고 2학년 강 선생님한테 말 하고는 그만 그 자리를 떠났던 것이다.

1학년 선생님들이 얻어 놓은 과자를 내가 주워 먹더라도 어 찌 맛이 났겠는가.

또 가령 나도 한 보자기 얻어 그 자리에 갔다고 하더라도, 아 무 거리낌 없는 즐거운 마음으로, 아이들이 들여다보고 있는 거기서 과일이며 과자를 먹고 좋아할 수는 도저히 없었으리라.

나는 지금까지 얼마나 사람답지 못한 짓을 아무 비판도 없이 그대로 따르고 있었던가?

이번 소풍에는, 아침에 비가 와서 갈 것 같지 않아 그만 준비 를 못 했다. 다음 소풍부터는 내가 먹을 점심밥과 함께 과자나 과일 같은 것을 사 가지고 가서, 선생들에게 주든지 아이들에게 주든지 내가 먹든지 하리라고 단단히 마음먹었다.

1962년 10월 23일 화요일

아침에 교실에 있다가 보니, 참새 한 마리가 들어와 나가지 못하고 천장으로만 돌아다닌다. 아이들이 알면 야단일 텐데, 대여섯 명의 아이들이 교실에 있어도 아직 모르는 모양이다. 곧 바깥에 있는 아이들을 부르고, 그래서 참새 잡는다고 고함을 치고 하여 큰 소동이 벌어질 것 같았다. 그런데 뜻밖에도 참새를 발견하고도 야단하는 아이가 없다. 한 아이가 "아, 참새가……" 했을 뿐, 다른 아이들도 날아다니는 것을 보고만 있다.

"창밖으로 나가면 될 건데……" 하고 뜻밖에 동정을 하기도 했다. 그래 내가 "창문이 낮아서 낮게 내려오면 아이들한테 잡힐까 싶어 천장으로만 돌아댕기는 모양이다" 이렇게 말했더니 어떤 아이가 "그럼, 우리 모두 나가 주자!" 하고 나갔다. 다른 아이들도 따라 나갔다. 참 뜻밖의 아이들이구나 싶었다.

참새는 자꾸 천장에만 붙어 날고, 언제 창문으로 빠져나갈지 모르는데, 창문은 모두 열려 있으니 설마 나가겠지 하고 나도 교실에서 나와 사무실로 갔다.

한참 뒤에 돌아오니 "선생님, 참새가 떨어졌어요. 여기 나갈라고 하다가 유리에 부딪쳤어요" 한다. 결국 열린 곳으로 안 나가고 하필 유리에 부딪쳤구나, 제비 같으면 눈이 밝아 유리를 알아차리는데 참새는 할 수 없구나, 하고 보니, 유리창 바깥쪽 음료수 양동이를 놓아둔 선반 위에 떨어져 누웠다. 아주 죽지는 않았다. 피도 안 나는데, 단 한 번 부딪쳐 떨어진 것을 보니 어지간히 세게 들이받은 모양이다. 아이들이 모두 가만히 보고만 있다. 내가 손바닥에 놓아 눈을 감겨 주고, 한참 동안 살아나기를 기다리다가 찬물에 입부리 끝을 적셔 주기도 하니 차츰 생기가 도는 것 같았다. 그래 한참 뒤에 손바닥을 펴서 보니 일어나 앉았는데, 날아갈 줄 모르고 있다. 기운이 아주 빠져 버린 것 같기도 했다. 조금 있다가 공중에 약간 던져 보니 날아서 교실 문짝 위, 지붕과 천장 사이 틈에까지 날아가 앉아 가만히 있다. 인제 살겠지, 하고 아이들에게 "다른 학년 아이들이 돌 못 던지게 해라"고 말하고 사무실로 갔다. 아마 잘 살아 갔을 것이다.

　나는 이 참새 사건에 큰 감동을 받았다. 아이들의 마음이 이만큼 부드러워졌는가 싶으니 반갑고 기쁘기 말할 수 없었다. 이것은 내가 실천한 교육의 성과를 바로 눈앞에서 확인한 사건이었다. 내가 가르친 이 아이들만은 앞으로 언제까지나, 땅바닥을 기어 다니는 조그만 벌레 한 마리도 아무 이유 없이 죽이지는 않을 것이라고 생각하니, 오늘도 내일도 이 아이들을 위해 있는 힘을 다 바쳐 가르쳐야 되겠다는 마음이 용솟음쳤다.

1962년 11월 22일 목요일

이렇게 추운 날에 풀씨를 따러 산으로 가야 했다.

이제 와서 풀씨 따러 가야 하는 것은 생억지지만, 산에 가는 것은 비록 겨울이 다 된 날이라도 즐겁다. 아이들도 즐겁고 나도 그렇다.

"와아!" 하고 아이들은 산으로 달려간다. "선생님, 이거 무슨 풀이라요?" 하고 묻는다. 내가 풀이름을 알 리 없다. "선생님, 이거 원수 갚는 거라요" 한다. 옷에 닿으면 씨가 달라붙는 것인데, 그것조차 이름을 모르겠다.

"선생님, 숟가락 만들어 줄까요?"

댓잎을 따서 무엇을 만들고 있는 아이가 말한다.

숲이 꽉 우거져 있는 산에 들어가서, 아이들과 나는 턱도 없이 좋아서 노래를 부르고 지껄여 댔다.

"선생님, 윤원이가 코피 나와요. 마구 줄줄 나와요."

놀라서 달려가 보니 소나무에 머리를 부딪쳤다고 한다. 바위 틈 샘물에 씻으니 피는 곧 멎었다.

나는 향기가 나는 무슨 풀씨를 주머니에 가득 따 왔다.

한 주일에 한 번씩이라도 이런 날이 있었으면 좋겠다.

1963 ⟁

1963년 2월 6일 수요일

겨울방학 동안 아무것도 못 하고 말았다. 방학을 이렇게 보내고 나니 한 해를 허송한 것 같다. 감기로 방학 전후 50여 일을 앓아누웠던 것이다.

1월 19일 의성서 기침을 하면서 돌아온 것은, 서울서 책 출판에 대한 소식이 올까 싶어서다. 그리고 전근 내신을 20일 전에 하게 되어 있는 것이다.

어디 분교장에 가려고 하다가 영동이나 신동 같은, 강가의 조그만 학교로 내신을 해 달라고 교감 선생한테 부탁하고는, 다시 이튿날 아무래도 건강에 자신이 없어서 취소했다.

2월 1, 2일은 결근하고, 4일부터 겨우 출근했다.

출근하는 첫날 지참했다. 출근부에 지참이란 도장이 찍혔다. 출근부는 카드로 되어 있고, 전근하면 어디든지 가져가게 되어 있는 것도 처음 알았다.

교장은 2월 1일부터 아이들 앞에서도 고래고함을 질러 지각 안 하도록 강조했다고 한다. 아이들은 9시 반에 시작하는데 기어코 9시까지 나오도록 하여 30분 동안 난로도 못 피운 교실

22

에서 떨게 하고, 10리 길을 1학년 아이들이 새벽밥 먹듯 하여 막 뛰어오게 했다. 4일 날 종례 때 몇몇 직원들이 아이들 생각하는 발언을 했다. 가장 인정이 없어 보이던 여교사 ㄱ 선생까지도 이런 말을 했다.

"지각할까 겁이 나 아침밥도 안 먹고 오는 아이가 방학 전에 17명이나 있었는데, 지금도 그런 아이가 많습니다."

그러나 교감 선생은, 지금 교장 선생님이 안 계시니 학교 경영 책임자의 지시에 따르는 수밖에 없다면서 직원들의 의견을 무시하고 말았다. 교사들이 말하는 지극히 당연한 교육적인 견해가 여지없이 짓밟혀 버리는 곳에 아이들의 인권을 키워 가는 참교육이 이뤄질 수 없는 것은 너무나 환하다.

학교 바로 옆에 있는 내가 보리밥을 끓여 먹고 부랴부랴 나와도 지각을 하는데, 아이들이 안 그렇겠는가? 어제는 영하 10도(바깥은 더 온도가 내렸으리라)의 추위였는데 지각한 학생이 교문에서 30분도 넘게 추위에 떨고 벌을 서 있었다(요새 따뜻해졌다는 날씨가 이렇다). 교장 선생의 말이면 덮어놓고 그걸 그대로 받들어 외우듯 하여 아이들을 들볶는 무지한 젊은 교원들이 한심하기 짝이 없다.

장에 쌀이 안 나온다. 쌀을 받으려면 상주나 옥산에 가야 한다. 땔나무를 사려니 나무도 안 나온다. 이런 곳에 있다가는 큰일 나겠다는 생각이 든다. 첫 출근 날 학교 분위기가 그만 숨통이 막힐 지경인데, 먹고 자는 생활까지 이렇게 어려운 무인고도 같은 곳이니 말이다. 어젯밤 나는 이런저런 일을 생각하며 이불 속에서 잠을 자지 못했다.

서울서는 소식이 없어, 이원수 선생께 편지로 아파서 서울 못 간 사정을 말하고 소식을 물었더니 봄쯤 들어서야 일이 될 듯 하다고 한다. "내 힘이 부족한 때문에 아까운 원고를 장 속에 썩혀 두고 있는 것 같아 미안하다"는 뜻의 글이다. 어쨌든 되도록 힘써 보겠다는 말씀이 고맙기 말할 수 없다.

주원이한테서 편지가 왔다. 필리핀의 마닐라에서 쓴 것과, 베트남 사이공지금의 호찌민에서 쓴 것 두 통이다. 모두 그림엽서와 그곳 풍물을 적은 재미있는 글로 된 소식이다.

1963년 5월 13일 월요일

이것은 여러 날 전의 이야기다.

일기 지도를 연구 제목으로 정했다고 일기 쓰기에 대해서 몇 차례 의논이 있었다. 그래 우선 감상 교재가 필요하겠다 싶어 내가 가지고 있는 군북중학생들의 문집과 《생활 작문 교실》에 있는 '못자리 일기' 등을 교감 선생에게 보였더니, 일주일 뒤에 교감 선생이 감상 교재를 등사해서 선생님들의 책상 위에 나눠 놓았다. 그런데 그 등사물을 보니, 내가 보여 준 작품은 윤석중 씨가 모은 문집에도 나오는 '쐐기 일기'뿐이고, 그 밖의 것은 '크리스마스 선물'이니 '산타클로스 할아버지'니 하는 당치도 않은 일기와, 숙제를 못 해서 부끄럽게 생각한다는 따위의, 교과서에서나 나올 것 같은, 어른이 억지로 꾸며 만든 일기뿐이었다. 이런 사람이 글짓기회 회장이라니 한심하다는 생각이 들었다.

그날 저녁때, 일기 지도를 위해 직원들이 잠시 모여 이야기를 했다. 그때 읽은 상급생 서너 아이의 일기는 난잡한 글씨가 겨우 논의거리가 될 정도였지만, 담임선생이 한번 읽어 보라고 권해서 내가 집에 가져가 밤늦도록 읽은 두 아이의 일기는 참 좋았다.

거기서 나는 많은 것을 느끼고, 새로운 것을 발견하기도 했다. 그 새로운 발견이란, 시를 모르고 있는 아이들에게 일기 쓰기를 통해 시를 알게 하는 방법이다. 내가 읽은 일기를 쓴 두 아이는 모두 시를 쓴 일이 없다. 한 아이는 우스운 동요를 가끔 일기에다 적어 놓았지만, 두 아이가 다 산문이라고 쓴 것이, 절실한 정감을 호소하여 글줄도 감정의 파동을 그대로 자연스럽게 끊어 썼기에 훌륭한 생활 시, 또는 생활 서사시로 되어 있었다. 나는 귀한 발견을 한 것이 기뻤고, 앞으로 이런 아이들을 더 찾아내어 특별 지도를 해 보리라 생각했던 것이다.

1963년 6월 8일 토요일

그림을 그리거나 무엇을 만들고 있는 아이들을 보면 깨닫게 되는 점이 많다. 흙놀이를 할 때, 나는 흙을 뭉쳐 토끼를 만들어 놓았는데, 옆에 있는 아이의 것을 보니 소를 만들어 놓고, 소 옆에 쇠죽통을 만들어 놓았고, 쇠죽통 안에 여물까지 담아 놓았다.

처음에 만들 때 내가 간섭을 해서 소가 서 있는 것을 만들기는 어려우니 누워 있는 것을 만들어 보라고 해서 다리를 배에다 붙여 앉히게 하였던 것인데, 나중에 보니 그 아이가 생각하고 있는 소는 내가 생각하고 있는 소와 달랐다. 그 아이가 알고 있는 소는 머리로 생각해 낸 소가 아니라 오늘 아침에도 여물을 먹고 있었던 살아 있는 자기 집 소였던 것이다. 교사의 간섭이 얼마나 잘못되었는가를 알 수 있다.

사람을 만드는 경우도 그렇다. 어른 같으면 사람의 상반신만을, 흔히 볼 수 있는 모양으로 만들지만, 아이들은 어디까지나 구체적인 인물을 만든다. 아기를 안고 있는 어머니의 모습 같은 것을 말이다.

어른들은 그림을 그리든지 글을 쓰든지 관념적으로 개념적인 것을 그리고 쓰고 한다. 그런데 아이들은 구체적인 것, 현재 살아 있는 것을 보여 준다.

시의 문제도 이와 같다. 동시란 것은 어른들의 관념으로 만들어 내는 것이다. 아이들의 시는 어디까지나 구체적인 생활의 표현이어야 하고, 소박하고 현실적인 감동으로 쓰여야 하는 것이다.

1963년 9월 24일 화요일

아침에 교감, 교장은 연구회로 출장 가고 없는데, 사무실에서 모두 교감 책상에 놓인 잉크스탠드를 손가락으로 가리키며 말했다. 들어 보니 6백 원짜리 잉크스탠드의 청구서가 왔다고 한다. 교장의 요구로 일전에 잉크스탠드를 사 오고, 전부터 교장 책상 위에 놓아두었던 것은 교감 책상에 갖다 놓고, 교감이 쓰던 것은 교무 책상에 옮겨 놓았다고 한다. "저것도 참 좋은데……" 하고 교감 책상 위에 있는 커다란 잉크스탠드를 가리키며 이야기하는 것이었다.

교장실에 가 봤다. 까만빛에 자개 무늬가 반짝이는 것이 놓여 있었다. 언젠가 1,300명 학생이 놀고 있는 운동장에 철봉 하나 제대로 쓸 수 있는 것이 없다고 했더니 "어디 예산이 있어야지요" 하던 교장이다. 그때 교감도 예산이 없어 철봉 같은 건 생각도 못 한다고 했다. 그러더니 송구부 출전비로 그렇게 많은 돈을 썼는데, 그 돈이 어디서 나왔을까?

학교 숙직실에 땔 나무는 없다고 하면서 학교 산에서 나무를 해다가는 모두 교장 사택에 가져갔다. 작년 겨울에는 그토록 나무를 아끼라고 야단치더니, 결국 그 많은 나무를 반쯤도 때지 못하고 떨면서 겨울을 보내고는, 남은 나무를 봄내 여름내 교장 사택에 가져가서 잘 땠다. 이런 영감이 살아 있는 한 학교고 교육이고 될 수가 없다. 아이들에게 주어야 할 우윳가루는 자루째로 여선생들 집으로 가져가서, 지금은 강냉이가루로만 죽을 쑤어 주고 있다. 교장부터 그 꼴이니 여선생들이 따라가는 것이다. 나무고 연탄이고 우윳가루고 뭐고 학교 물건은 다 교장 집 물건으로 되어도 직원들은 한마디 항변조차 못 하게 되어 있는 것이 요즘의 군사정부가 다스리는 질서다. 그저께 밤에는 순경이 와서, 숙직실에 불을 밤새도록 켜 놓지 않았다고 시말서를 받아 갔다더라.

기름으로 살이 쪄 뚱뚱한 교장이 학교를 이 꼴로 만들고 아이들을 잡고 있는 것이 기막히고 분하지만, 그보다 더 답답한 것은 이런 교장 밑에서 한마디 항변은 고사하고 온갖 부정을 보고도 조금도 의분을 느끼지 않는 젊은 교사들이다. 내가 혼자 분한 어조로 말하면 모두 '그런 것쯤 보통이지' 하는 눈치로 싱긋 웃고 그만이다. 참 기막힌 사람들이다.

요즘의 젊은이들은 직접 자기들에게 개인적으로 손해가 나면 그때는 꿈틀거린다. 그리고 저보다 약한 자에게는 무섭게 덤빈다. 그러면서 일단 개인을 떠나 사회 전체, 국가 민족 전체가 해를 입을 경우는 나 모른다는 태도다. 철두철미 이기주의적이고 비인간적인 교육을 받아 온 20대, 30대의 젊은이들, 이들이 아이들을 교육한다는 것은 무서운 일이다.

1964년 4월 22일 수요일 *

 교육장의 초도순시가 있는 전날, 밤을 새워 늙은 여교사는 교장실 책상보를 만들어 놀라운 열성을 보였다. 이튿날은 아침부터 청소 때문에 온 직원과 아이들이 법석을 떤 것은 물론이다. 교실마다 꽃병에는 한 아름씩 꽃이 꽂혔다. 이 꽃들은 모두 빈약한 학교의 화단과 운동장가에 한두 그루 서 있는 벚꽃, 개나리꽃을 꺾은 것이다. 꺾지 말라고 하는데도 선생들과 아이들이 몰래 꺾어 갔다.

 여선생 하나가 굉장히 큰 벚꽃 가지를 들고 운동장을 지나가기에, 마침 내가 주번이기도 해서 아이들 보는데 왜 그런 본을 보이느냐 했더니, "이건 학교 것 아니고 철조망 저쪽 산 밑 신사당 있던 곳에 가서 꺾었는데요" 하고 아주 뜻밖이라는 듯 대답했다. 신사당도 학교 땅이고 그곳의 나무도 학교에서 관리한다. 학교의 것 아니라도 그래서 되겠는가? 아이들에게는 나

• 1964년 1월에 교감 자격증을 받고, 10월 1일에 경북 상주군 이안서부국민학교로 옮겼다.

무를 꺾지 말라고 가르치면서 선생들이 이 모양이다.

씨앗을 뿌려 놓은 화단을 아이들이 예사로 밟고 지나간다면서 어느 선생은 "조선 사람은 할 수 없다"고 했고, 또 한 선생은 "마구 몽둥이로 패야 돼" 했다. 그러더니 며칠 전 온실 앞 덮개를 벗겨 옮겨야 한다고 전 직원이 나간 일이 있는데, 그때 겨우 네댓 발걸음만 더 걸어 둘러 가면 될 것을, 아이들 보는 앞에서 모두 꽃밭을 태연히 밟고 갔다. 둘러 간 사람은 나와 또 한 사람, 둘뿐이었다.

꽃을 꺾지 마라, 나무를 꺾지 말라고 하는 것은 꽃과 나무를 보고 즐겨야 한다는 이유에서만이 아니다. 생명을 아끼고 귀하게 여기는 마음을 길러 주는 일, 이것이 교육의 근본이 되기 때문이다. 사람은 이유 없이 한 포기의 풀을 짓밟아도 안 될 것이고, 한 마리의 개미를 죽여서도 안 될 것이다.

앞으로 학예회가 있고, 운동회가 있고, 군 예술제가 있고, 그 밖에도 여러 가지 행사가 있다. 교장은 어떻게 해서라도 그런 행사에 나가서 상을 타야 한다고 선생들을 독려하고, 선생들도 학교의 명예를 위해서 열성을 발휘하고, 그보다도 낙선될 경우 교장 영감님이 터뜨릴 분노가 무서워서도 온 정신을 쏟고 있다. 모두가 거룩한 애교심으로 한마음이 된 것같이 보일 때도 가끔 있다. 그러나 생활과 교육은 엉망이 되고 난장판이 되었다. 그저께도 나는, 칼을 휘두르고 손가락을 끊은 아이가 있어 치료한다고 땀을 뺐다. 피가 무섭게 났다.

반공 작문, 반공 포스터 같은 것을 매월 제출하라 한다. 반공
웅변대회를 자주 열라고 한다. 반공 부락을 정해서 매월 전 직
원이 나가서 지도하라고 한다. 재건이란 말이 낡아지니 반공
이란 말이 새로 등장했다.

1964년 5월 6일 수요일

학예회가 끝났다. 어머니들을 초청해서 위로해 준다는 목적
을 가진 이 학예회는, 살기에 좀 여유가 있고 한가한 집의 아이
들을 중심으로 꾸며졌다. 동극이란 것이 '웃음보따리 촌극'식
으로 어른의 흉내를 낸 천박한 것이 되어, 출연하는 아이들이
불쌍해 도저히 참고 바라볼 수 없었다. 무용이란 것은, 교사가
장구를 쳐 주면 거추장스런 궁녀의 옷을 입은 아이들이 앉았
다가 섰다가 절을 했다가 하는 궁중무용, 여자아이들이 옛날
의 남자 옷이란 것을 입고 농부의 흉내를 내는 것들이다. 모두
가 수업은 제쳐 놓고 지도교사의 비상한 노력으로 훈련을 쌓
은 성과를 보인 것이다.
극이든 노래든 춤이든 할 것 없이 등장한 아이들의 얼굴은 짙
은 화장을 하여 괴상하게 보였다. 그런데 그 아이들은 우월감
을 감추지 않았다. 거기 출연하지 못한 아이들, 여러 날을 공부
도 못 한 데다가 바로 학예회가 있는 오늘도 장소가 비좁다고
운동장에 모여 줄을 지어 모조리 교문 밖으로 추방당한 다른

아이들에 대해 우월감이 가득한 표정으로 돌아다녔다.

구경하는 어른들은 박수갈채를 보내고, 때로는 웃음이 터져 나왔다. 어른들의 놀잇감으로 된 아이들, 따돌림받는 아이들, 짓밟힌 모든 아이들!

첫째 시간은 수업 참관이라 하여 어머니들 몇 분이 내 반에도 들어왔다. 수업 중에 어머니 한 분이 사이다 한 병과 과자 한 봉지를 가지고 나왔다. "이러면 안 됩니다"고 해도 기어코 칠판 앞에다 놓고 가는 데는 어찌할 수 없었다.

학예회가 다 끝나고 나를 찾는 어머니들이 있어 나가니 네 사람의 어머니들이 또 그 모양이다. 나는 첫 시간 그때, 그 사이다와 과자를 단호하게 거절하지 못한 것이 몹시 후회되었다.

"이런 것을 가져와서는 곤란합니다. 여기 앉아 있는 아이들의 마음을 생각해 주셔야지요. 못 가져오는 아이들 마음이 어떻겠어요?" 하고 단연 거절하는 것이 교육자로서 마땅히 가질 태도였는데, 그럴 용기가 없었다. 아이들과 어머니들이 선생님과 학교를 어떻게 알게 되었을까 걱정이다. 사이다병을 가져온 어머니들 모두가 가난한 사람들임을 나는 잘 알고 있다. 내일은 꼭 아이들에게 말해 두리라. 그런 것 앞으로는 가지고 오지 않도록 어머니께 말씀드리라고. 가지고 온 어머니나 안 가지고 온 어머니나 다 같은 마음을 가지고 있다는 것을 잘 알고 있다고.

1964년 5월 7일 목요일

도교육감이 시찰을 하고 갔다. 미리 연락이 있어 아침 일찍부터 청소에 전교생이 동원되고, 잔뜩 긴장되었다. 따라온 도장학사 한 사람이, 학교 경영안의 부피가 적으니 뭐니 따위 소리를 했을 뿐, 교육감은 학교가 매우 정돈되고 깨끗하다고 크게 칭찬했다고 한다. 정신이 다 빠져 있는 행정관리들! 학교를 보려면 몰래 살짝 와서 볼 것이지, 미리 연락을 해 두고는, 돌아다니면서 청소 상태나 보고 교육이 잘됐다고 칭찬하니 기가막힌다. 그런 사람이 미국에 다녀오고 영어 잘한다고 교육감이 되었는가?

교육감은 직원실에 들어와서 민주주의와 대통령 각하 말씀과 빈곤 타파와 후진성 극복에 대해 한바탕 웅변조로 떠들고는 나가 버렸다. 나간 뒤 선생님들은 긴장이 풀린 얼굴로 "참 저렇게 돌아다니면서 2만 몇천 원 월급은 받아 어디에 쓰고 출장비는 뭘 하나?" 하고들 얘기했다.

며칠 전 이 학교에 왔던 군교육장은, 이만하면 됐다고 자신이 있어 도교육감을 모시고 왔던 모양이다. 청소와 정돈과 정숙을 최고의 교육목표로 알고 있는 교육장으로서는 당연한 일이다. 아래위 사람들이 모두 놀랍게도 장단이 잘 맞다. 청소를 빼고 나면 도무지 할 말이 없는 교장, 청소만 잘하면 교육은 다된다는 교육장, 아이들이고 교육의 실상은 보지도 않고 청소 상태만 보고는 교육이 잘됐다 못됐다고 자신 있게 말하는 교육감, 그리고 이런 모든 우스운 '윗사람'들을 바로 볼 줄 모르는 교사들. 이래서 교육의 질서는 정연하다.

1964년 5월 8일 금요일

다섯째 시간이 끝난 틈을 타서 아이들에게 다음과 같이 말해주었다.

"벌써부터 여러분한테 말할라고 했던 것을 잊어버렸어요. 소풍이나 다른 때에 여러분의 어머니나 아버지가 더러 술, 담배, 과자 같은 것을 보내오는데, 이런 것 이제부터 가져오지 않도록 잘 말씀드려 주세요. 고맙기는 하지만 못 가져오는 사람의 마음은 어떻겠어요? 돈만 넉넉하면 선생님뿐 아니라 동무들, 이웃 사람들이 모두 같이 나눠 먹을 수 있게 하여 웃으면서 살아간다면 좋겠지요. 그렇게 하지 못하는 것은 모두가 가난해서 그래요. 그런 것 가져오는 사람이나 안 가져오는 사람이나 나는 똑같이 생각하고 있어요. 모두 양식 걱정을 하면서 그런 일에 괜히 마음을 쓰지 말라고 집에 가서 잘 말씀드려요. 이제부터는 가져와도 받지 않겠어요. 나는 월급을 받고 여러분을 가르치고 있는 사람이고, 이 월급은 여러분의 아버지와 어머니들을 포함한 국민 전체가 낸 세금으로 받는 것입니다. 만약 남는 돈이 있으면 도화지 한 장, 연필 한 자루라도 더 사서 공

34

부나 잘하도록 하고, 그래도 남는 돈이 있어 선생님께 무엇을 사 드리고 싶다면 이렇게 하세요. 과자면, 과자를 우리 반 학생 수대로 67명이 단 한 개씩이라도 나눠 먹을 수 있도록 사 와요. 그러면 모두 같이 먹지요. 그렇지 않으면 절대로 사 오지 말아야 합니다."

저녁때 마을 뒤 산기슭을 돌아 원장 못까지 산책을 갔다. 어쩐지 오늘은 마음이 가볍다. 진작 그런 얘기를 아이들에게 해 주지 못한 것이 후회된다. 내가 학부모들한테서 얻어먹는 것이 뭐 대단한 것이랴만, 어쩌다가 사이다 한 병, 과자 한 봉지라도 부모들과 아이들로서는 큰 것이고, 또 그런 것이 대수롭지 않은 것이라고 하더라도 세상은 그저 그런 것이거니 하여 그냥 받기만 한 것은 잘못이다. 스무 해 동안 나는 세속에 질질 끌려서 내 속마음대로 살아 보지 못했구나 하고 깨달았다. 이제부터라도 나는 내가 갈 길의 키를 단단히 잡고 가야겠다고 마음먹었다.

1964년 5월 28일 목요일

오늘부터 며칠 동안 가정방문을 한다고 해서 오전 수업으로 끝났다.

점심을 먹자 곧 원로리에 갔다. 원로리에는 우리 반 아이들이 특별히 많아서 10여 명이 된다. 집마다 잠깐 들어가 인사만 하고 나와도 시간이 걸려 어두울 때야 돌아왔다.

술이고 다른 음식이고 일체 대접을 안 받기로 작정했는데, 선용이네 집에 가서 그만 하도 붙잡고 놓지 않는 바람에 곶감을 두 개 먹고 나왔다. 선용이가 쓴 '우리 집'이란 글이 마음에 들어 꼭 한번 찾아가 보고 싶었는데, 정말 제일 위쪽 산허리에 지은 초가집 둘레에는 소나무, 감나무 들이 꽉 둘러서 있었다. 마당에는 역시 선용이 글에 나오는 귀여운 송아지가 어미 소 곁에 서 있었다.

올 때, 4학년 3반 ㅅ 선생의 부탁으로 정태순이란 아이의 집을 찾았다. 장기 결석이란 것이다. 들어가 보니 그 반에서 나이가 좀 많아 보였던 바로 그 여학생이었다. 물어보니 열다섯이라고 했다. 이래서야 어찌 6학년 졸업을 하겠나? 열여덟 살에 졸업하니 말이다. 예상했던 대로 부끄럽기도 하고, 어린 동생 같은 아이들과 재미도 없는 모양이다. 그뿐 아니라 집 형편이 또 맹랑하게 어렵다. 이야기하는 중에 태순이 어머니가 장에서 돌아왔기에 얘기를 들으니 아버지도 없고(돌아가시고), 농사는 남의 논 두 마지기를 부치면서 딸 둘에 아들 하나를 기른다고 했다. 도화지나 연필을 살 돈도 어렵고, 작년에는 태순이를 어느 선생님이 3학년에서 5학년에 올려 주겠다는 것을, 그리되면 교과서를 살 수 없다고 거절했다 한다. 아들 하나—태순이 동생은 지금 3학년인데, 작년까지는 교과서를 무상으로 받고, 요새는 강냉이죽을 먹고 하는데, 지난번 기성회비 30원을 늦게 내서 미안하다고 하면서 "그것도 못 낼 것인데, 하루는 학교 갔다 도루 쫓겨 와서 하도 울고불고하여 할 수 없이 온 동네를 돌아다니면서 겨우 꾸어 주었다"고 했다.

나는 태순이 어머니 말을 듣고 분한 생각이 들었다. 학교에서 기성회비 받기 위해 아이들을 집으로 돌려보내게 한 적은 없다. 기성회비를 내는 것도 학반 재적 학생 수의 7할 정도를 목표로 하고 있다. 그런데 모조리 받아서 제 이익으로 하려고 한 것이겠지. 젊은 교사들이 왜 이렇게 돈만 생각할까? 앞으로 기성회를 새로 조직해서 3백 원을 받게 될 것 같은데, 그렇게 되면 가난한 집 부모들과 아이들의 고통은 한층 심할 것이다.

태순이 집 사립문을 나오면서 나는 군이 학교에 보내 달라는 잔인한 말을 하지 않았다. 학교에 못 보내더라도 너무 실망하지 말라고 위로할 수밖에 없었다. 월반 문제는 학교에 가서 의논해 봐야 할 일이라 뭐라고 말할 수 없었고, 다만 앞으로 학교에 다닐 수 없게 되더라도 집에서 일하면서 참되게 살아가는 것이 옳은 사람이 되는 길이라고 말해 주었다. 그러고 나오니 마음이 울적해 견딜 수 없었다.

1964년 5월 29일 금요일

오늘 오후에는 가천, 하초 방면으로 가서 어제보다 더 늦어서야 돌아왔다.

기막힌 생활을 하는 집이 많았다.

태순이 집도 벌써부터 양식이 떨어졌다. 식구는 일곱인가 여덟인가 되었고, 태순이 어머니가 얘기 도중에 하는 인사가 이랬다.

"선생님, 아래는 강냉이죽을 태순이가 가져와서 제 동생을 줬어요. 선생님이 주시던 거라나요."

그걸 제가 안 먹고 동생 갖다 줬구나! 가슴이 뭉클해졌다.

바로 그저께다. 나도 점심밥을 안 가져왔기에(쌀을 살 수 없었던 것이다) 태순이를 불렀다.

"태순아, 나 점심 안 가져왔는데, 숙직실 뒤에 가서 당번 학생한테 선생님 가져오라 한다고 말하고 한 그릇 가져오너라."

이래서 태순이가 양재기에 한 그릇 가져온 것이다.

나는 그것을 다 먹을 수 없기에, 마침 한 컵씩 받은 것을 다 먹은 태순이의 도시락 그릇에다 반쯤을 덜어 주었더니 그 도시락에 가득 되었다. 그걸 그때 먹은 줄 알았더니, 집에까지 가져가서 제 동생에게 먹였던 것이다.

태순이 집에 찾아갈 때 윤희를 따라 같이 가면서 들은 말이 이렇다.

"태순이 엄마는 아까 쌀 한 되를 우리 엄마한테 구해 달라고 해서, 그래 엄마가 구해 줬어요……."

그 쌀과 아직 채 익지 않은 보리 이삭을 잘라 장만해서 나물죽을 끓여 먹는다는 이야기였다.

태순이 동생이 있어 물어보니 나이가 아홉인데 학교에 몇 번
이나 가도 안 넣어 주더라고 했다. 명년에 오라고 하더라나?
명년이면 열 살이다. 그러면 국민학교를 졸업할 때는 열여섯
살이 된다. 어째서 학교의 선생이란 사람들이 그토록 냉혈동
물로 되었는가?
　"내가 학교 가서 의논해 보지요. 꼭 되도록 힘써 보겠어요."
　이 아이를 꼭 구해야지 생각하고, 이름과 나이를 적어서 돌아
왔던 것이다.

1964년 6월 3일 수요일

　한밤중에 일어나 이 일기를 쓴다. 지금은 1시 반이다. 쓰지
않고는 잠이 안 올 것 같다.
　오늘 학교에서 본 선생들의 태도를 나는 잊을 수 없다. 서울
에서 한창 대학생과 시민들이 데모를 하고, 중앙청과 청와대
까지 군중들이 밀어닥치고 있다는 방송을 들으면서 선생들은
거의 모두 학생들을 비난하고 있었다. 데모에 참가하지 못하
더라도 목숨을 걸고 나랏일을 바로잡기 위해 싸우고 있는 사
람들을 비난하다니! 지금 일어나고 있는 이 데모를 부정하는
자는 이 나라의 학생과 교수와 언론인과 그 밖의 모든 지성인
들의 양심과 양식과 이성을 부정하는 것이다. 그리고 정부의
부정부패—나라 땅을 팔아먹고 학원을 사찰하고 자본가와 야

합해서, 부정이 드러나면 국회에서 문제가 돼도 저희들끼리
조사단을 구성해서 흐지부지 해치우고, 통일을 외치는 양심들
은 모조리 감옥에 가두고, 3·15 부정선거의 원흉과 정치 깡패
들과 악질 모리배들을 죄다 풀어놓고 태연한 그 소위 민족적
민주주의란 것을 긍정하는 것이다. 또 그리고 일본과 수작해
서 그들의 자본을 끌어 들여 바닥난 살림을 유지하고 정권을
지탱해 보자는 짓을 옳다고 하는 태도다.

　모두 다 집에 재산이 넉넉하고 월급까지 받아 걱정 없이 살아
간다고 그런 태도가 되었겠지. 그러나 교육자로서, 인간으로
서 양심을 가졌다면, 날마다 점심시간에 운동장 한쪽에서 힘
없이 쭈그리고 앉아 배고픔을 참고 있는 아이들을 조금은 생
각해 봐야 할 것 아닌가?

　선생님들은 4·19 때도 이런 태도였을 것이 분명하다. 양심과
도덕심을 잃어버린 교육자들한테 배우는 아이들이 너무너무
가엾고 억울하다.

1964년 6월 6일 토요일

　오늘은 계성학교에서 주최하는 백일장이 있어 상주읍까지 아
이들을 데리고 갔다가 왔다. 애당초 이런 행사에는 참가할 생각
이 전혀 없었는데, 교장 선생과 교감 선생이 하도 부탁을 해서
마감이 지난 여러 날 뒤에 갑자기 참석자 명단을 냈던 것이다.

예상한 대로 출제는 엉터리였다. 산문 제목은 비 오는 날, 감나무, 밀가루, 반장 등이고, 운문은 굴뚝, 노을, 바람, 메아리, 손 들이었다. 한낮인데 어찌 '노을'이란 제목으로 아이들이 글을 쓸 것이며, 비 오는 날도 아닌데 어찌 '비 오는 날'이란 제목으로 글을 쓸 것인가? 이런 제목은 모두 과거에 어쩌다가 그런 제목으로 글을 쓴 아이들에게 그 글을 그대로 재생시키는 요행을 주는 것밖에 안 된다. '메아리'는 또 무엇을 쓰라는 것인가? '손'은 '나의 손'이라든지 '어머니의 손'이라면 좀 낫겠는데, 이런 추상적인 제목을 주는 것은 관념적인 글을 장려하는 것밖에 안 된다.

백일장 행사가 글짓기 교육을 망치고 있다. 작품의 심사도 제대로 되기를 바랄 수 없다. 출제도 옳게 못 하는 사람들이 작품인들 어찌 바로 보겠는가?

막차 시간까지 아이들을 데리고 냇가에 가서 놀았다. 백일장이고 뭐고 오늘처럼 즐겁게 하루를 보낸 일은 없었을 것이다. 모래밭에서 아이들(모두 열다섯 명)은 모래 산을 쌓고, 못을 막고, 물장난을 치고 했다. 가만히 앉아 아이들을 바라보다가 나도 어느덧 같이 모래를 쌓고 물장난을 하였다. 시간 가는 줄을 몰랐다. 잔디밭에 가서는 씨름을 하고, 또 그 밖에 아이들은 온갖 재미있는 놀이를 생각해 내었다. 글짓기고 시 짓기고 그까짓 것이 다 뭘까? 천진하게 뛰노는 아이들의 모습보다 더 아름다운 시가 어디 있는가? 저녁때가 되어도 아이들은 가고 싶어 하지 않았다. 나도 그랬다.

　돌아오면서 엿을 사 주고, 나도 먹었다. 아이들 속에서 하루
를 보낸 오늘은 너무 즐거운 날이었다.

1965년 3월 3일 수요일

대구로 전근 내신 낸 것이 결국 안 되고 말았다. ㄱ 형 말을 들으니 강등해서 대구 시내에 전입하려는 사람은 나이가 40세 미만이고, 같은 학교에 2년 이상을 근무한 사람만을 대상으로 하여 겨우 일고여덟 명가량 들어갔다는 것이다. 애만 쓰고, 무엇보다도 귀중한 시간을 허비했다. 할 수 없이 이번에는 교사로 강등하여 아무 데나 옮겨서 근무하기로 했다. 그래 '교사 강등 청원서'란 것을 내 보자는 생각을 하고는 대구 ㄱ 형한테도 가서 의논하고, ㅅ읍에 가서 장학사들한테도 말해 두었는데, 청원서는 내일 군교육청에 부치기로 했다. 괜히 교감이 됐다는 후회가 막심하다. 내 이력서에서 이놈의 교감이란 걸 없애는 데 돈이 필요하다면, 그리고 그 돈이 있다면 백만 원이라도 들이겠다는 심경이다.

청원서란 것은 그런 것을 내는 규정이 있는 것도 아니고 누가 그런 것을 냈다는 말도 못 들었지만, 하여튼 못 낼 것도 아니니 내 보자는 생각인데, 그것을 받고 오해할까 봐 과장님 앞으로 편지를 써 놓았다.

"교사라는 직분이 교감보다 훨씬 고되다는 것을 잊어버린 것은 결코 아닙니다. 그러나 교사로 있는 것이 저로서는 더욱 성실하게 살아갈 수 있는 길이라고 믿습니다. 저의 교육적 신념으로 살아가게 해 주십시오. 교감으로서는 저의 취미와 재능이 죽어 버리고, 참된 교육도 교육 연구도 못 하고 아무 보람도 없는 날을 보내게 될 것 같습니다. 부디 저의 맹랑한 고집과 세속을 벗어난 무례함과 오만을 용서해 주시기 바랍니다."

이런 내용을 썼는데, 사실은 "이놈의 교감 노릇 죽어도 못 하겠습니다. 온갖 부패와 부정을 나 자신의 책임으로 그것에 동조하거나 묵인하게 되고, 그렇지 않고서는 월급쟁이 노릇을 할 도리가 없으니, 저는 그만두는 수밖에 전혀 딴 길이 없습니다" 이렇게 쓰고 싶었지만 할 수 없었던 것이다. 칠곡군으로 전근이 안 되면 이곳이라도 좋으니 어디든지 분교장에 가고 싶다고 해 놓았다.

생각해 보니 이번에 청원서란 것을 낼 생각을 한 직접의 계기는 며칠 전 ㄱ 교사와 말다툼을 한 것 때문이다. 이기적인 목적을 달성하기 위해서 수단과 방법을 안 가리는 그를 나는 오래전부터 경원하고 있지만, 이번에는 '학교 운영 계획서'를 같이 의논해서 일거리를 나눠 하자고 했더니, 못 하겠다고 해서 언짢은 말을 주고받고 했다. 그래서 나는 그만 교감이란 자리가 딱 싫어졌고, 생각난 것이 청원서다. 어쨌든 이런 계기를 만들어 준 ㄱ 교사에게 나는 감사해야 할는지 모른다. 왜냐하면, 내가 이대로 교감으로 있다가는 앞으로 교장이 될 때까지 10년 동안을 머리를 썩여 가면서 아부·아첨하는 것들, 부정부패로 살아가는 것들을 눈감아 주면서 구역질 나는 생활을 해야 할 테니까 말이다. 그런 걸 진작 깨닫게 해 준 은인이 ㄱ 교사라고 나 해 두자.

보기만 해도 구역이 나고, 이름만 들어도 밥맛이 떨어지는 그런 인간들은 이번 이동에도 영전을 했다. 내가 보기에 아주 능력이 있고 교육 정신이 훌륭하지만 아무런 백이 없는 사람은 좌천을 당했다. 이런 거꾸로 된 세상에서 더러운 교감을 해 먹다니! 어째서 내가 교감으로 되었는지, 아무리 대구로 가기 위한 방편으로 희망했다고 하지만 참 나도 어지간히 속물이 되었던가 싶다. 대구 아니라 서울로 보내 준다고 하더라도 이젠 그따위 더러운 직분에 다시는 안 앉겠다. 지금 내 눈에는 대한민국의 모든 교감, 교장들이 버러지같이 보인다. 정말 버러지가 아니고 무엇인가!

교사 강등 청원서

소직(小職)은 본시 순진무구한 아동을 상대로 직접 교단에서 교육하는 것을 낙으로 삼고 그것을 필생의 업으로 각오하여 20여 년 전에 교직에 출발한 후 미력이나마 연구 노력해 오던 바, 수개월

전 거의 본의 아닌 교감의 직분을 하명받아 근무하고부터는 행정적인 사무 등이 소직의 기질이나 취미에 합당치 않아 적잖이 고민하고 있습니다. 부디 소직 본연의 업인 교사의 직으로 강등 하명하여 주시옵기 애심으로 바라면서 청원하나이다.

1965년 2월 26일

상주군 이안서부국민학교

교감 이오덕

경상북도교육위원회

교육감 귀하

1965년 4월 2일 금요일

얼마 안 되는 월급도 이젠 마음대로 쓰지 못하게 되었다. 저금통장으로 준다고 한다. 그 저금은 다 찾아 쓸 수 없고 언제든지 일정한 잔고가 남아 있어야 한단다.

아이들도 저금을 한 달에 10원씩 꼭꼭 해야 한다. 처음 할 때는 50원 이상을 해야 하고, 1학년 입학할 때 50원을 해야 한다. 그 돈은 졸업할 때라야 찾을 수 있다. 보통 가정에서도 일정한 목표액이 있어 저금을 해야 하고, 그 저금은 사람이 죽었을 때라야 찾을 수 있고, 찾을 때는 도지사의 증명을 얻게 되어 있다. 이런 저축법을 위반할 때는 벌칙이 굉장하다.

저축뿐 아니다. 학교에서는 피마자를 심으라느니, 왕골을 심으라느니, 나무를 어떻게 심으라느니, 자활 학교를 건설하는데 학교 자체로 돈을 만들어 경영하라느니, 강냉이를 한 되쯤 보내 주고는 그 대금이 108원인데, 이걸 아이들에게 나눠 주어서 심게 하여 가을에 거두고, 그 거둔 것을 모두 팔아 대금을 내고 나머지는 저금을 하라느니 한다. 참 기가 막히도록 묘한 교육 방법이다.

그래 오늘 오후엔 임시 직원회를 열어 나는 교감 회의 사항을 전달한다고 청년 교실이니, 자활 학교니, 저축이니, 밝은 마을이니(이 밝은 마을이란 것은 '1교 1부락'이 이렇게 둔갑한 것이다), 공부방이니, 정부 시책 철저니, 꽃길 2킬로미터 운동이니, 이동 게시판이니, 4대 운동이니 하는 따위를 한참 지껄이고, 교장은 어제 교장 회의 때 가져온 2급 비밀 문서 '한일회담은 왜 하는가'라는 인쇄물을 한 시간에 걸쳐 지껄였다. 이걸 4월 1일을 기해 전국 일제히 얘기하게 돼 있고, 3일까지 아동에게 선전하고, 다음 10일까지 또 뭘 하게 돼 있는 모양인데, 참 나도 교장 안 되기 다행이라 싶었지만, 이놈의 지긋지긋한 교감도 어서 집어치워야겠다.

오늘은 산수과 학력검사고, 내일은 국어과 검사. 검사가 시작되었는데, 뒤 운동장에 놀고 있는 아이들이 있어 가서 물어보니 4학년이라 한다. "선생님이 시험지값 안 냈다고 밖에 나가라 해요" 하는 것이다. 모두 여섯 명쯤 되는데, 참 기가 막힌다. 25퍼센트는 무료로 시험지가 와 있는데 그 돈 다 거둬 어쩌자는 것인가? 요새 젊은 교사들은 돈밖에 모른다더니 이래서 하는 소리다. "월남에 전쟁이 일어나야지요. 그만 미국이 중공을 폭격해 버렸으면 일이 다 되는걸" 이게 이 학교 교사들의 입에서 나오는 소리다. 이런 무지한 교사일수록 이기적이며, 도덕과 윤리를 짓밟고, 수단과 방법을 가리지 않고 살아간다. 나라 꼴, 젊은이들 꼴이 이러니 이 소돔, 고모라의 성은 하루빨리 망하는 수밖에 없겠다는 생각이 든다.

1966년 10월 11일 화요일

"오늘 아침에 보리밥 먹었나? 쌀밥 먹었나?"

올해는 풍년이지만, 날씨 때문에 아직도 벼를 베지 못해서 양식을 장만하지 못한 것 같아 이렇게 물었다.

"쌀밥 먹었어요."

"보리밥 먹었어요."

"그럼, 쌀밥 먹은 사람 손들어 봐요."

"보리밥 먹은 사람 손들어 봐요."

어느 쪽이 많은지 모르겠다. 그런데 잘 생각해 보니 실제로는 쌀밥, 보리밥 이렇게 둘로 딱 나눠 말할 수가 없을 것 같다. 쌀이면 쌀, 보리면 보리 이렇게 아주 한 가지만을 먹는 것이 아니고 대개는 모두 두 가지를 섞어서 먹는 실정이 아닐까? 그런데도 나는 쌀밥을 먹는다든지, 보리밥을 먹는다고 말하는 것은 어느 쪽이든지 대답을 하고 싶은 대로 하는 것이라고 생각된다. 그런데 상종이란 아이가 "에이, 그까짓 보리밥을 먹어여? 쌀밥을 먹지!" 한다. 이 아이 집은 농사를 크게 짓는다. 그래서 어떤 우월감 같은 것을 가지고 있다. 집에서는 쌀밥이 아니면 밥투정을 하는지도 모르고, 이 아이에게만은 쌀밥을 주는지도 모른다. 상종이 말을 듣고 옆에 있던 창락이가 "상종이네는 일꾼만 보리밥 주고 모두 쌀밥 먹는대여. 상종이 엄마도 보리밥 먹고."

그럴 것이다. 상종이는 공부도 잘하고, 부급장이고, 그래서 같은 동네 아이들에게는 큰소리를 잘 치니 모두 상종이를 조금은 두려워한다. 그러고 보면 쌀밥 먹는 아이가 보리밥 먹는 아이한테 큰소리하는 세상이 되었다고도 할 수 있다. 상종이 말에 나는 여기서 교육이 될 만한 대답을 해 줘야겠다고 생각했다.

"너희들이 방에서 아침밥을 먹을 때, 어머니는 정지에서 밥을 잡수신다. 너희들이 쌀밥이나 쌀이 섞인 밥을 먹고 있을 때 어머니는 보리밥을 잡수신다. 어머니는 일을 많이 하시면서 이렇게 하시는 것을 어떻게 생각하나? 또 일꾼도 그렇지. 오늘 집에 가거든 선생님이 말씀하시더라 하고 이렇게 말해라. 엄마, 밥을 풀 때 보리하고 쌀하고 모두 고루고루 섞어요. 아버지와 어머니, 일꾼, 집안 식구 모두 똑같은 밥을 먹도록 해요. 이렇게 꼭 말해라."

1966년 11월 23일 수요일

20일에 때 아닌 눈이 많이 와서 그날부터 어제까지 추위가 대단하더니 오늘은 거의 풀렸다. 학교 교실 건축 공사가 며칠 전에 시작됐는데, 추위로 중단했다가 오늘 다시 계속하게 되었다. 교육청에서는 건축도면, 시방서를 보내와서 현장 일지를 쓰면서 감독하라고 한다. 공사 시작하고 아직 한 번도 오지 않았다. 벽돌 만드는 데 시멘트 한 포로 150장 이내 찍으라고 하는 것을 160장, 170장 찍는다. 그것을 150장 이내 찍도록 곁에 보고 서서 꼬박 감독하자니 할 짓이 아니다. 기초공사로 땅을 파는데 넓이 80센티미터, 깊이 1미터 파야 할 것을 깊이는 90센티미터 정도로 고르지 않게 파 놓고, 넓이는 60센티미터로 파 놓았다. 그것을 지적하니 작업을 지휘하는 젊은이가 "어디 그걸 그렇게 다 할 수 있습니까? 그거 다 형식 아닙니까" 한다.

학교 건물 짓기 위해 만들어 놓은 시방서가 그냥 형식으로 보이기 위한 것이라니, 4,200만 원이란 나라 재산을 들여 짓는 학교 건물을 시방서에 따르지도 않고 짓는 것이 보통이라니, 참 돈벌이에 양심이고 뭐고 다 어디다 내버린 사람이다. 나이도 얼마 되지 않은 사람이.

5시가 지나 얼마 안 돼서 날도 저물어 작업도 끝났을 때, 퇴근하려니 그 젊은 사람이 나를 부른다. 교장 선생님하고 같이 가자는 것이다. 술대접이나 해서 적당히 하려는 모양이었다. 참 별꼴 다 보겠다. 대한민국의 공공건물이 이런 경로를 밟아 모두 지어졌다면, 아니 거의 모두 이런 수작으로 지었으리라.

그러니까 일제시대에 지어 놓은 집들은 나무가 썩을 때까지 모두 그대로 있는데, 해방 후에 지은 집들은 아직 새집인데 한쪽으로 넘어가고, 금이 가고 하는 것이다.

나는 그대로 나와 버렸다. 교장은 술이 먹고 싶어 따라갔겠지. 며칠 전 교비를 찾았을 때, 청부 결근 날의 노임을 청구한 것은 자기가 받아야 된다고 하고, 판공비도 따로 달라고(교비 가운데 많은 돈을 판공비로 교장 자신이 써 버린 것은 생각하지도 않고) 하던 것 생각하면, 청부업자한테 술 한잔 얻어먹는 것쯤은 아무것도 아니라고 여겼다. 학교 빚을 갚을 걱정을 전혀 하지 않는 이런 교장이, 먼 훗날 학교 집이 한쪽으로 기울어질 것을 지금부터 염려할 턱이 없다.

나올 때 그 젊은이한테 한번 호통을 쳐 주지 못한 것이 후회가 된다.

1967년 3월 7일 화요일 맑음

"다음 주일까지, 한 학급에 양동이 한 개, 컵 일곱 개, 사진틀 두 개, 커튼 몇 장, 걸레 몇 장, 비 몇 개…… 학교에서 돈을 대 줄 수는 없는 형편이니 무슨 수단을 쓰더라도 꼭 갖추도록 하 시오. 안 된다는 이유는 없으니, 토요일에 내가 돌아다니면서 모두 확인하겠습니다."

이것이 직원 조회 때 교감이 한 말이다. 이렇게 말한 교감은 다시 10분이 넘도록 말을 하는데, 무엇을 지껄이는지 한참 동 안 유식한 척 떠들어 대다가 앉았다. 그러니까 다음에는 교장 영감이 또 일어서서 월급 타 먹는 값을 한다고 일장의 연설을 했다.

이래서 직원 조회는 9시 40분에 마쳤다.

아이들은 신을 신고 교실을 뛰어다니고, 수업 시간인데도 책 보를 싸 놓고 가만히 앉아 있는 아이, 책을 펴지도 않고 장난만

● 1967년 3월 1일에 다시 평교사가 되어 경북 경주군 경주국민학교로 옮겼다.

치는 아이, 이렇게 해서 학습 태도가 전혀 안 되어 있다. 청소를 하라면 당번 중에 여러 아이가 뺑소니쳐 버리고 없다. 옆 교실 놈들이 와서 분필을 가지고 도망가고, 교실에 침을 뱉고 달아나고 한다.

비도 없고 걸레도 없고 쓰레받기도 없어서 며칠 동안 청소를 못 했다. 그래서 어제는 걸레를 가져오라고 했더니, 뜻밖에도 상당히 많은 아이들이 가져왔다. 학교에 무엇을 가져오는 훈련은 제법 잘되어 있는 것 같다. 또 어제는 어느 아이가 유리창을 열다가 문짝이 넘어가 떨어져 유리창이 다섯 장이나 깨졌다. 교실에 들어가니 아이들이 떠들면서 그런 보고를 하는데, 유리 한 장에 50원, 그래서 250원을 가져와야 된다고 저들끼리 떠들어 댄다. 이 학교에는 그런 변상 규칙이 있는 모양이다. 그래 나도 말만 "그렇지, 유리값을 물어야지" 이렇게 했던 것이다.

그저 조심하라고 그랬을 뿐인데, 오늘 그 유리 깬 아이의 누이가 교실에 찾아와서 돈을 250원 내놓고 갔다. 그걸 돌려줄까 하다가 차라리 잘됐다, 학급 비품을 언제까지 사 놓아야 된다고 했지, 이것으로 주전자와 그릇들을 사 놓기로 하자, 일부러 그런 돈을 거둘 수는 없지, 유리 깬 아이는 집이 좀 여유가 있는 것 같고, 다른 아이들도 이런 경우 다 변상을 했으니 그렇게 하기로 하자고 작정했던 것이다.

이 학교 교사는 한 달 안에 뜯게 되니까 유리는 안 끼워도 된다.

오후 3시경 시내에 나가서 농협 수표 5만 원 중 4만 5천 원은 예금을 하고, 5천 원은 현금으로 찾아왔다.

　농협을 찾는데 힘이 들었다. 알고 보니 국민은행이란 간판이 걸린 건물 안에 있었다. 왜 농협 간판은 안 걸어 놓았는가? 농협이 어느새 국민은행으로 바뀌었는가?

　좀 화가 나서 그 안에 들어가 한참 얘기했다. 왜 간판도 안 걸어 놓았느냐고 했더니, 간판 안 걸어 놓은 것을 그들도 모르는 모양이었다. 은행이란 데가 이 꼴이니!

　돌아올 때 김유신 장군 묘를 찾아갔다. 나지막한 산과, 그 앞뒤의 마을이며 집들이 고향같이 마음에 들었다. 김유신 장군 묘 앞에 한 노파가 과자와 술병을 놓고 앉아 있기에 얘기를 해보았다. 노파는, 참 사람도 귀하다면서(내가 올라갈 때도 사람을 하나밖에 만나지 못했다) 나를 자리에 앉으라고 하고 무척 말을 하고 싶어 했다. 나는 서악학교(경주국민학교를 이곳 사람들은 이렇게 말한다)에 있다고 하고, "이 부근에 방을 하나 얻을 수 없습니까?" 했더니 노파 말이 "우리 집이 추하지만 바깥영감 거처하는 방이 있는데, 같이 계실 생각 있으면 밥도 해드리겠습니다. 반찬은 형편없습니다" 한다.

　이렇게 얘기하는데 저쪽에서 한 노인이 가방을 들고 온다. 노파는 "바로 저 노인이라요" 하면서, 귀먹은 영감님이 그냥 지나가려는 것을 간신히 불러 세워, 나와 인사를 시킨다. 이렇게 해서 그 머리가 허옇지만 아주 정정해 보이는 노인을 따라 집

구경을 하고, 그 노인이 거처하는 방에 들어가 앉아서, 그 옆의 방, 한약 봉지가 달려 있는 조그만 방, 책을 넣을 수 있다는 그 방도 들여다보고 했다. 그리고는 "가서 잘 생각해 보고, 며칠 안으로 제가 다시 와서 말씀드리겠습니다. 학교까지 좀 거리가 먼 것이 염려되지만, 이런 집에서 어르신네와 같이 있게 되면 퍽 다행이겠습니다" 이렇게 인사하고 나왔다. 어쩐지 고향 같은 느낌이 들어 살고 싶은 그 마을을 자꾸 이 집 저 집 기웃거리면서 나왔던 것이다.

마음 붙일 곳 없는 외로움. 어디 아늑한 마을 한쪽에서 아무도 몰래 살아가고 싶은 마음, 구수한 마을 사람들의 얘기나 들으며, 마을 아이들의 귀여운 웃음과 뛰노는 모습이나 바라보면서, 채소를 가꾸고 염소라도 먹이면서 살아가고 싶은 마음은 앞으로도 이 고장 구석구석을 돌아다니게 할 것 같다.

돌아와 교무실에 앉아, 학교와 교육을 얘기하고, 내가 교사가 된 동기를 얘기하는데, 이양자 선생이 내 생활 태도를 도피라고 했다. 나는 그 말이 나를 정확하게 찌른 것임을 안다. 그러나 도피 아니면 어떻게 하겠는가? 이런 사회에서는 도피란 것이 가장 현명한, 진실을 지켜 나갈 수 있는 수단이 된다고 본다. 김구 선생도 조봉암 씨도, 그 밖에 얼마나 많은 사람이 적극적으로 싸워 나가려다가 희생당했는가. 그런 희생도 필요할는지 모르지만, 도피도 필요하다고 보는 것이 내 결론이다.

1967년 3월 9일 목요일

나를 도피라고 비난하거나 업신여기는 사람들에 대해 나는 며칠 동안 생각해 보았다. 그리고 이 점에 대해 나는 내가 취한 행동이 옳다고 단호한 결정을 내렸다.

첫째, 나를 도피라고 말하는 사람은 내가 편안한 자리에 있고 싶어서 그런다고 잘못 알고 있다. 교감보다 교사가 더 힘드는 자리다. 그것을 나는 너무나 잘 알고 강등한 것이다. 더 힘드는 자리에 내려와서 짓밟히며 살아가려는 것이 어째서 도피인 가? 도피란 싸움을 피하여 안전한 지대에 피신하는 것을 말함 이 아닌가?

둘째로, 입신출세와 명예와 이욕을 거부하는 것이 도피라 하 겠는가? 만일 그것이 도피라고 한다면, 도피야말로 귀하고 가 치 있는 삶이다.

노벨상을 거부한 사르트르는 도피인가? 무저항의 싸움을 주 장한 간디는 도피인가?

어떤 정치적 정세에서는 적극적으로 선전을 일삼고 입신을 하려는 것이 가장 썩어 빠진 정신을 노출하는 것으로 되고, 반 대로 소극적으로 모든 참여를 거부하는 것이 가장 건강한 정 신의 자세가 될 수 있다는 것은 일제 암흑기를 보아도 알 수 있 다. 오늘날 모든 자리에서 제 잘난 듯이 날뛰는 저 무리들, 저 들은 필경 역사의 심판을 받을 것이다.

나를 도피라고 비난하거나 업신여기는 사람은 그 모두가 나와는 전혀 다른 생활 태도, 즉 입신출세와 명리만을 삶의 목표로 살아가는 사람들이다. 이런 사람들의 말에 내가 귀를 기울일 필요가 없다.

　그렇다. 나는 통일이나 되면 교감이든지 교장이든지 하겠다. 아니, 통일이 되면, 그때야말로 아이들 앞에서 참선생 노릇을 하겠다. 그날이 오기까지 나는 밑바닥에 깔려서 신음하는 사람들과 숨 쉬며 살아갈 것이다.

　오늘 오후 충효동 쪽으로 가정방문을 갔다. 같이 간 선생들 중에서 집마다 알뜰하게 찾아다닌 사람은 나 하나밖에 없었다. 4학년 최 선생은 어느 집에 들어가더니 술잔을 들고는 그만 주저앉아 버렸다. 처음부터 술을 얻어먹고 싶어 간 것이었다. 무엇이든지 잘하는 척 입으로만 지껄이는 권 선생은 마을문고 조사만 하고는 얼굴이 벌겋게 되어 자전거로 내려왔다. 함께 가던 여선생도 어느새 돌아갔는지 안 보이고, 교육대학을 나온 얌전한 노 선생도 마을문고 조사만 하고 돌아왔다고 한다.

　나는 제일 먼 마을까지, 내가 맡은 아이들의 집은 한 집도 빼놓지 않으려고 애쓰다 보니 어두워서야 돌아왔다. 그래도 김유신 장군 묘 앞의 마을은 다녀오지 못했다. 거기만은 어두워서 못 갔고, 또 앞으로 산책도 거기까지는 더러 할 수 있겠다 싶어 그대로 두고 온 것이다.

아침에 의논할 때는 가정방문에 대해서 그렇게 큰 뜻을 말하고 논의하더니, 실제로 가정방문을 하고 싶어서 그것을 실천한 사람은 없었던 것이다.

충효 긴 골짜기는 15리쯤 될 것 같았다. 그렇게 먼 산길을 어린아이들이 날마다 다닌다는 것은 참으로 무리하다고 생각되었다. 분교장을 짓도록 힘써 보라고 마을의 몇 사람을 보고 얘기하고 왔지만, 이번에 교사를 모두 헐고 신축하는 기회에 한두 교실쯤 짓는 것은 진정을 하면 될 것 같다. 정 안 되면 헌 교사 뜯어낸 재목으로 짓더라도 될 것 아닌가?

분교장이 새로 서게 되면 내가 거기 가서 조금은 이상에 가까운 교육을 할 수 있을 텐데, 하고 공상을 해 보았다.

가정방문의 목적은 가정환경을 알아보기 위한 것이지, 형식적인 환경 조사 장부를 만들기 위해 하는 것이 아니다. 교사는 면 서기도 세무 관리도 아니다. 그따위 장부가 다 무슨 소용인가?

나는 가난한 아이들의 집을 찾아가서, 우선 학부모들과 인간적인 정을 나누고 싶었다.

안녕하십니까? 이렇게 인사를 하고는, 농사는 얼마나 지으십니까? 양식이 됩니까? 어린애들 공부시키시느라 수고 많으십니다. 이렇게 그들의 생활을 걱정하는 말로 이야기를 시작한다. 내가 얼마나 아이들의 부모들과 생각을 같이하고 있는가 하는 진정을 어떻게 해서라도 전하고 싶은 것이다. 그래서 만일 내가 찾아간 그 집에서, 아이가 제 동생을 업고 있으면 그 어린 동생의 머리를 쓰다듬어 주고, 마루 밑에 강아지가 있으면 그 강아지를 안아 주었던 것이다.

충효동 막바지에 야척이란 마을이 있어 그 맨 꼭대기까지 올라갔더니, 거기엔 참으로 기가 막히도록 불편하고 가난한 사람들이 살고 있었다. 나는 한 아이의 집에 가서 "참 여기는 좋은 곳입니다. 높은 산에서 이렇게 살면, 저기 도적들이 우글거리고 아니꼬운 소리만 들리는 시내에서, 잠깐 이웃에 가더라도 문을 꼭 잠그고, 그래도 마음을 못 놓는 것 생각하면 얼마나 속이 편할까요? 산에서는 산의 덕을 입고 살아가니, 나도 이런 곳에 살고 싶습니다" 이렇게 말했지만, 이것이 나로서는 결코 입에 발라 놓고 지껄인 말이 아니었던 것이다.

1967년 3월 23일 목요일

쉬는 시간 사무실에 누더기 옷을 걸친 아이 넷이 불려 왔다. 보니 전 담임선생이 기성회비 작년 것을 안 냈다고 야단치는 모양이다. 이걸 보고 있던 담임선생은 다짜고짜로 뺨을 무섭게 갈기면서 "이놈들, 기성회비 안 내는 놈은 모두 우리 반에만 있구나" 하고 고함친다. 맞은 아이 중에 셋은 눈물이 글썽거리는데, 키가 큰 아이 하나는 아주 서럽게 눈물을 비 오듯 흘린다. 참 기막힌 광경이다. 이제 기성회비를 걷기 시작하여 며칠이 안 되었는데, 벌써 새 담임교사는 이런 혹독한 태도로 아이들을 대하고 있는 것이다. 전 담임은 전 담임대로, 한 해가 다 지나갔는데도 끝까지 그것을 받으려고, 담임이 바뀐 뒤에도 이렇게 자꾸 야단치고.

기성회비 조정액을 그 달에 다 못 내면 그 달의 연구 수당에서 미납금을 제하고 내주는 것이 이 학교뿐 아니라 거의 모든 학교에서 하고 있는 방법이다. 그러니 선생들은 손해를 안 보려고 한사코 아이들을 조르는 것이고, 이렇게 다른 직원들이 모두 보는 앞에서도 예사로 잔인한 체벌을 가하고 있는 것이다.

이런 아이들이 자라나서 교사와 학교와 교육, 그리고 사회 전체에 대해 증오와 복수심을 갖게 되는 것이 당연하다.

저녁때 교장이 경리계 권 선생(아까 자기 반 아이들의 뺨을 후려치던 사람)과 얘기하는 것을 들었다. 권 선생이, 무슨 장부를 몇 가지 사 달라고 한 모양이다. 그러니까 교장의 말이 이렇다.

"작년에는 올해보다 돈도 많이 걷고 했지만 그런 것 없어도 됐다. 무슨 장부가 소용 있나? 정 그런 것 자꾸 말하면 기성회 사무를 다른 사람에게 맡길란다."

왜 이 영감이 장부 정리를 알뜰히 하려는 것을 싫어하나? 역시 그 이유가 있었다. 교장은 말을 이었다.

"잘 들어 봐라, 선생들이 연구 수당 8백 원을 받는다고 하지만, 2할 공제하게 된 극빈자들까지도 한둘 남겨 놓고 다 받아먹더라. 교장은 뭐가 있나? 아무것도 없지 않나?"

결국 장부고 뭐고 적당히 해서 기성회비 받은 것을 나 좀 먹게 해 달라는 말이었던 것이다. 참으로 어처구니없는 얘기다.

어제(22일)의 일을 적어 두는 것을 잊었다. 오후 4시 반경에 새로 뽑힌 기성회장이 한턱을 낸다고 모두 시내에 나가게 됐다. 삼거리 집에서 밤 8시 반까지 술을 먹는데, 나는 중간에 빠져나와 볼일을 보았다. 새로 사서 며칠 신지도 못한 슬리퍼를 잃어버렸기에 다시 120원을 주고 샀다. 그림엽서도 더 사고 해서 술집에 가니 겨우 마치고 나오는 판이라 같이 차를 타고 돌아왔다. 아스팔트 길이라 멀미는 안 했지만 저녁은 먹지 않았다. 배도 고프지 않았고.

여기서는 사흘이 멀게 술판이 벌어진다.

내 머리는 지금 너무나 어지럽다. 학교 돈을 걷어 먹으려고 눈이 뒤집힌 교장, 술, 아이들이 수라 장판이 되어도 방치해 두는 교사, 기성회비를 안 낸다고, 아니, 안 낼 것이라고 미리 예방 삼아 혹독한 체벌을 주는 '모범 교사'…… 내가 살고 있는 곳이 바로 지옥이다.

1967년 4월 3일 월요일

'장학 실적 보고서'란 것을 달마다 내기로 되어 있는데 그 내용을 보니 항목이 마흔몇 가지요, 온갖 실적의 통계를 백 가지

가깝게 내게 되어 있다. 어느 학교에도 숫자만 적당히 보고하지 않을 수 없도록 그렇게 많은 일을 시키고 있다. 어느 겨를에 아이들 교육을 하랴?

아침 첫 시간에 아이들은 버려두고, '원장 조성 계획'과 '식목 계획'을 한다고 교감과 계원을 불러 밖을 둘러보았다. 내일모레가 식목일인데, 나무 심을 계획은 아무도 안 하고 있는 것이다. 그래, 대강 의논을 해 놓고 사무실에 가서, 이번에는 10시까지 보고하라는 '보건 시설 현황 보고'를 또 계원과 의논하고 있으니 전입 학생이 있다고 서류가 들어왔다. 아이도 왔다. 보건 시설 보고는 계원에게 맡겨 두고, 새로 들어온 아이 아버지와 인사를 하고 교실에 아이를 데리고 갔더니 교실이 온통 야단법석이다. 한 시간이 거의 다 끝날 때였으니, 그동안 싸운 놈, 장난치며 돌아다닌 놈, 무엇을 잃었다고 우는 놈…… 이런 판이 된 것이다. 여기에 또 그저께 신을 잃었던 아이의 어머니가 와서 기어이 신을 찾아야겠다면서 "신 하나 잃은 게 문제가 아니라 학생 놈들이 도적질을 하니 용서할 수 없어요" 한다. 그 어머니를 달래느라고 한참 얘기하고 돌려보낸 다음 새로 온 아이의 자리를 정해 주었다. 그 자리는, 옆의 아이를 때려서 울린 놈을 벌세워 놓고, 바로 그 아이가 앉았던 자리를 정해 준 것이다. 그리고는 쉬는 시간이니 모두 나가라고 했다.

75명에 한 아이가 또 들어왔으니 76명이다. 책걸상은 70명 분밖에 없어, 나머지 아이들은 앞자리 마룻바닥에 그대로 퍼

질고 앉게 하는 수밖에 없는 형편이다.

둘째 시간에는 저금과 기성회비, 특별 회비 들을 받고 있는데 종을 쳐서 시작이 됐지만, 계원이 '보건 시설 현황 보고'를 다 썼다면서 던져 놓고 가 버린다. 또 아이들은 그냥 두고 청부 김 씨를 불러, 이걸 빨리 교육청에 가져가라고 소리쳐 놓고 돌아오니 "선생님 공부합시다" 하고 야단이다. 그렇지, 공부를 해야지. 그러나 날마다 이 장단이니 어찌 공부가 되겠나. 짜증만 난다. 아직도 월말 보고, 장학 실적 보고, 그 밖에도 무슨 보고, 보고가 수두룩하다. 교육계획서는 한 달이나 걸려 죽을 판 살 판 다 해 놓고 이제 프린트사에 보낼 판인데, 교육청에서 "계획서를 다시 만들겠으니 중지하라"는 연락이 왔다. 교육청이란 데가 이렇게 질서도 없고 계획도 없는 짓만 해서 교육자들을 골탕 먹인다. 새 학년이 되어 한 달이 지났는데도 아직까지 학급경영록을 안 보내 준다. 그런 것 올해는 학교에서 알맞게 만들어 쓰든지 선택해서 하라면 그렇게 하겠는데, 전화로 알아보니 "기다려 보라"는 대답이다. 그런데 교과 진도표는 쓸데도 없이 비싼 돈을 들여 두 가지씩이나 보내왔다. 하나는 두꺼운 교안 책 앞에 붙어 있고, 또 하나는 진도표만 책자가 되어 나온 것이다. 갈팡질팡이고, 무엇을 해야 되는지 모르는 모양 같기도 하다.

둘째 시간에 돈 걷고 도장 찍고 하는 일을 다해 놓으니, 이번에는 아이들이 "숙제 검사합시다" 해서 숙제 검사를 하게 되었다. 어제는 일요일이라, 집에서 글짓기를 해 오너라고 말해 놓았던 것이다. 그런데 글짓기 숙제를 안 해 온 아이가 스물도 더 되었다. 단 한두 줄이라도 써 왔다면 괜찮겠는데, 언제나 이렇게 공부를 안 한 아이들이 나온다. 타일러도 안 되고, 매를 들어도 안 되고, 급식 빵 배급을 안 준다고 해도 안 되고, 무슨 수단을 써도 효과가 없다. 그래 이번에도 화가 나서, 숙제 안 한 아이들을 불러내어 매로 한 차례 때려 놓고, 뒤편에 앉으라 했다. 그리고는 써 왔다는 아이들에게 책상 위에 펴 놓으라고 해서 모두 대강 훑어보고 동그라미만 쳐 주는데, 거의 다 봐 갈 무렵에 마치는 종소리가 났다.

이렇게 숙제 검사를 안 하면 거의 모두 안 하는 판이고, 검사를 하면 한 시간이 걸린다. 이럴 바에는 한 시간 동안 학교에서 그것을 쓰도록 하는 것이 집에서 써 오는 것보다 훨씬 낫겠다. 숙제를 해 오라고 할 필요가 없다. 그래도 교장, 교감이 자꾸 숙제를 내라고 하니까 어쩔 수 없이 내는가? 숙제란 것이 아이들 공부를 위해서 내는 것이 아니고 공부를 애써 시키는 것같이, 즉 학교교육의 선전을 위해서 내는 것으로 되었다.

셋째 시간과 넷째 시간에도 나는 틈을 내어 사무를 봤다. 아이들이 칠판에 써 놓은 문제를 풀 동안, 그림을 그리는 동안, 나는 아이들이 공부하는 것을 살펴볼 수가 없었다. 돌아본다고 해도 76명이나 되는 아이들을 다 봐줄 수 없는데, 이렇게 단 한 아이도 봐줄 수 없으니, 산수 계산은 남의 답을 그대로 베껴 쓰는 것이 공부가 뒤처진 아이들의 상습 수단이 된다. 오후에는 또 온갖 계획, 추진, 보고, 조사 때문에 정신없이 보내야 했으니 어느 틈에 지진아 지도를 하겠는가? 기껏해야 지진아 구제 아동 수나 보고하는 것이 하는 일이다.

최 선생 애기를 들으니, 어제 일요일 황남학교에서는 5개년 계획을 한다고 전 직원이 출근해서 밤까지 일하더라고 한다. 지난 금요일 교장 회의가 있었는데, 우리 교장, 교감은 회의 내용을 아무것도 전달하지 않았다. 틀림없이 술을 마시고 옳게 듣지도 못했을 것이란 결론이 나왔다. 이 영감님은 아침 식전마다 숙직실에 와서 술을 마신다. 낮에도 나가서 술이다. 오늘 아침 직원회에서는 무슨 애기를 자꾸 하는데, 하도 말이 안 되는 소리를 중언부언 끝없이 지껄이기에 참다 못해 내가 한마디 했다. 도대체 이런 주정뱅이 교장의 헛소리를 그냥 내버려 두는 것이 잘못이다. 오후에 공문을 쓰고 있는데, 옆에 있던 이창락 선생이 전화를 받았다. 교장이 술에 취해 운신을 못 해서, 자전거로 좀 태워 데려가 달라는 부탁이 왔으니 "이 선생, 이 공문도 좀 대신 정서해 주십시오" 한다. 나는 화가 났다. 선생들이 이렇게 바쁘게 정신을 못 차리고 있는데, 근무시간에 시내에 나가 술을 먹고는 제 발로 걸어오지도 않고 자전거로 데려다 달라니, 왜 차도 탈 줄 모르는가? "도대체 그따위 요구를 들어주니 자꾸 그 꼴이잖아요!" 하고 고함을 쳐 버렸다. 이 사람이 그렇게 큰소리 잘하고, 장학사고 교육장이고 닥치는 대로 들이받고 한다더니, 요령만 부리면서 살아가는 사람이구나 싶었다.

교장은 결국 김 씨가 자전거로 태워 온 모양이다. 저녁때 교육장이 학교 개축 문제로 와서 교사를 둘러보는 사이에도 교장은 술이 만취가 되어 온갖 헛소리를 하고 있었다.

오늘은 그럭저럭 보냈지만, 내일 교장, 교감 연석회의가 있다는데. 그 5개년 계획인가 때문에 한차례 골탕 먹게 될 일을 생각하니 입맛이 쓰다. 또 교육계획서 다시 쓰라면 이것도 예삿일이 아니다. 어서 이 한 해가 가 버려야겠다.

1967년 4월 13일 목요일

옥순이가 오늘도 안 왔다. 시내에 밥 얻으러 어머니와 같이 가더라 한다. 이제는 정말 거지가 아주 되어 버릴지 모른다. 어떻게 하나? 한 아이에게 빵을 싸서 보내면서, 내일은 학교에 나오도록 잘 얘기하고 오너라 했다.

저녁때 냇가 방천 둑에 나가려고 했더니 그만 갈 수 없었다. 잔칫집에 모두 가게 되었다. 국수를 두 그릇이나 먹고 돌아와서, 도시락에 담아 두었던 저녁밥은 옆방 아주머니에게 주었다. 아홉 식구가 오늘 밤에는 쌀알 몇 개라도 든 죽을 먹게 되는가 보다.

오늘 오후 사무실에 들어가니 숙이(사환)와 이창락 선생이 무슨 편지를 읽으면서 웃고 있었다. 알아보니 교장 집 식모로 있는 처녀가 제 언니와 형부한테 한 편지인데, 하도 틀린 글자가 많아 웃고 있는 것이다. 주소를 잘못 썼는지, 되돌아온 것을 교장 선생이 뜯어보고는 책상 서랍에 넣어 둔 것인데, 그것을 다시 꺼내어 읽는 것이었다. 그 편지를 읽어 보니 "나는 너무나 외로와서 자꼬마 울고 싶다. 언니야, 글씨는 못 썼지만 편지 받거든 답장해 주면 고맙겠다" 이런 말이 있다. 아마 학교 공부도 못 한 듯, 글자가 많이 틀려 겨우 맞추어 읽는데 힘이 들었지만 참 애끓는 심정이 들어 있었다. 주소도 연필로 후미끼리 12번, 이렇게 적어 놓았으니, 아마도 배달원이 주소 불명으로 되돌렸으리라. 그래도 이만큼 편지를 쓰고 부치기까지 했으니 참 대견스럽다. 나한테 몇 번이나 김치를 가져오고, 그릇을 가져가고 하면서, 그렇게 명랑한 목소리로 잘 웃어 보이던 그 처녀다. 소문 듣기에 며칠 뒤에는 교장 집에서 떠난다 하는데, 그렇게 마음씨 좋은 소녀의 앞날이 행복하기만을 빌 뿐이다.

1969년 8월 24일 일요일 맑음

  방학 동안에 일어난 일, 글 쓸 것 정리할 사이도 없이, 가장 급한 것을 해야 한다고 억지로 일을 했다.

  10시까지 현우를 보고, 다음은 벌통을 들여다보고, 변소의 똥오줌을 쳐서 가지밭과 나물밭에 내고 했다. 편지를 두 통 썼다.

  벌통에는 꿀이 여전히 거의 없었지만, 새끼는 많이 쳐 놓았다. 해충 나방이 죽은 것을 여남은 마리나 끄집어냈다.

  밭고랑을 타고, 풀을 베어서 길을 내고, 똥바가지를 손질하고, 그리고 똥오줌을 나르는데 무척 힘이 들었다. 몸이 약해서다.

  저녁때 겨우 한숨 잘 수 있었다.

- 1968년 일기는 찾을 수 없다.
- 1968년 3월 1일에 도시 학교를 떠나 경북 안동군 임동동부국민학교 대곡분교로 옮겨 부부 교사로 일했다. 둘째 아들 현우가 태어났다.

1969년 9월 2일 화요일 맑음

오늘부터 학교 일이 다시 시작된다.

교실을 쓸고 닦고, 오랫동안 파리들이 더럽혀 놓은 유리창도
닦고, 책걸상도 번호대로 놓고, 바깥의 풀도 뽑았다. 그리고 나
서 아이들을 교실에 넣었다.

"오늘이 9월 2일입니다. 어제부터 공부해야 하는데, 어제는
비가 오고 물이 내려가고 해서 못 했습니다. 37일이라는 긴 방
학 동안 여러분들은 집에서 일도 많이 하고 공부도 하고, 또 새
로운 생각도 많이 했겠지요. 그런데 학교에 와서 방학 전과는
달라졌다고 본 것이 없습니까? 있다면 말해 봐요."

아무도 손을 드는 아이가 없다.

"달라진 것이 있습니다. 그것을 여러분도 보고 있어요. 첫째,
운동장 둘레에 심어 놓은 코스모스가 많이 피었지요? 수수가
이삭이 났지요? 학교 것은 아니지만 앞밭에는 조들이 방학 전
에는 겨우 손가락 길이만 하여 솎아 내고 풀을 매고 하는 것을
보았는데, 지금은 저렇게 키만큼 자라서 이삭이 나왔지요. 그
밖에도 곡식들이 모두 자라났습니다. 배추도 없던 것이 파랗
게 났고, 벼 이삭도 나왔지요. 하늘도 어쩐지 높아진 것 같고,
구름도 달라진 것 같지 않아요?

곡식들이 이렇게 달라졌는데, 여러분들은 어떤가요? 분명히
몸도 커지고, 마음도 달라졌을 것입니다. 방학 동안 일이나 공

부나 무엇이든지 새로 배웠다고 생각되는 것이 없습니까? 있
다면 손을 들어 봐요!"

대여섯 아이가 손을 든다.

"그럼, 내가 종이를 나눠 줄 테니 그것을 써 봐요. 지금 손을
안 든 사람도 잘 생각해 보면 아주 조그만 것이라도 무엇을 배
우거나 깨닫거나 새로 안 것이 한두 가지는 꼭 있을 테니, 그런
것을 쓰도록 합시다."

이래서 아이들이 모두 써내게 되었다.

다음은 아이들이 쓴 것 중에서 몇 편을 들어 본 것이다.

꼴

2학년 김선모

나는 남모한테 꼴 비는 걸 배와서 점점 더 잘 비기가 되었다. 식
캐덤불은 내가 많이 비 봤기 때문에 식캐덤불이 있다면 싹 깎아 부
니, 그래서 내가 점점 더 잘 비게 되어서, 남모 맨꼴 반 자닥 빌 동
안에 나는 한 자닥 빈다.

산수 공부

3학년 성숙희

내가 2학년 때는 산수를 몰라서 어머니한테 가르쳐 달라고 해서
썼지만 이번 여름에는 마음에 떠올랐습니다. 그래서 요새는 나 혼
자 하였습니다.

찰흙 만들기

조대흙을 파다가 나와 분자와 만들어 보니 참 잘 된다. 방학 전에
는 안 되더니 참 잘 된다. 그래서 방학 동안에 오리, 공작새 같은
것을 참 재미있게 만들었다.

담배 빼면서 생각한 것

3학년 김순희

담배를 빼며 생각하니
글때 담배가 쪼매턴 게
하마 자라서 빼나?
세월도 빠르다.
그럴 때는 나도 내 마음으로
담배도 그러니 나도 공부를 열심히 해야 한다 싶으다.
2학년 때는 이런 생각 못 했다.

낮에 뒤 골짜기에서 목욕을 하고, 오후에는 아이들 숙제 조사
를 했다. 역시 방학 때는 집에서 공부를 안 하는 모양이다. 그
래도 글짓기와 그림 그리기를 열심히 한 아이가 몇이 있었다.

저녁때 《국민교육헌장 독본》이 78권 왔다. 이걸 또 얼마씩으
로 팔라는 걸까?

교실 증축 서류가 왔는데, 공사 감독 일지와 설계도도 왔다.

이 가을엔 글을 좀 쓰든지 책을 읽든지 하려고 했더니 허탕인
가 싶다.

풀벌레 소리가 너무나 아름다운 밤이다.

1969년 10월 8일 수요일 흐림

학구내 동민 대회란 것을 오늘 열기로 했다. 독립 학교로 승
격시키려면 학교의 부지가 2천 평은 되어야 하기 때문에, 모자
라는 약 천 평을 사들일 의논을 하는 것이다.

12시가 훨씬 지나서야 겨우 시작했다. 모인 사람 약 80명. 교
장이 국민의례를 그대로 다 하라 한다. 교육헌장을 읽으라 해
서 읽었다. 경과보고를 할 때, 내가 이 대회를 갖게 된 경과를
얘기하고, 부지 구입을 위해 성의를 다해 달라고 말했다. 다음
은 회장이 나가서 의논했는데, 오랫동안 의논이 분분하다가
결국 땅 9백 평 살 돈 13만 5천 원을 집마다 배당해서 내기로
했다. 올해는 고추고 담배고 흉작이라 모두 걱정하면서 정한
것인데, 돈을 징수하는 데 어려움이 많을 듯하다.

그런데, 회의가 끝나서 교장과 지서장이 선거 얘기를 한바탕
했다. 물론 공화당의 정책을 지지하도록 호소한 것인데, 지서
장이야 직업이 그것이니까 그렇다 하더라도 교장이란 사람의
말이 너무 지나치다. 그렇게까지 충성을 하는 것이 참 가관이
고 아니꼽다. 5분 동안 얘기한다고 해 놓고는 20분이나 지루

하게 지껄였다. 회의에 앞서 자기 인사를 할 때도 엉뚱한 얘기로 지루하게 지껄였다. 이 사람은 학교 운동장에서 아이들을 세워 두고도 이렇다는 얘기를 들었는데, 아주 전형적인 속물 관료주의자다.

마치고 나서 상량을 했다. 음식 차려 놓고 절하고, 들보에 돈 봉투 달아 올리는 것을 처음 보았다.

오늘 기성회 비용이 많이 나갔다. 더구나 저녁때 어두울 무렵 영선계장과 경리계장이 함께 또 와서 술과 식사를 하는 바람에 늦게까지 정신없도록 분주했다.

1969년 10월 17일 금요일 맑음

그렇게 바쁜 농사일도 그만두고 10리, 20리의 산길을 투표하러 가는 농민들, 투표하고 돌아오는 마을 사람들, 무엇 때문에 가는지, 무엇을 하고 돌아오는지를 알기나 하는가? 소금을 사고, 비료 포대를 지고 10리, 20리, 혹은 30리를 왕복하는 것밖에는, 가족 중에 누가 다쳐 팔다리가 부러져도 누워 꿍꿍 앓고 있는 그대로 버려두고 낫기만 기다리는 사람들이, 오늘은 이렇게 바쁜 추수기에 모두가 투표를 한다고 나선 것이다.

정말 이 나라 사람들의 그 이른바 민도라는 것이 그만큼 높아서 이럴까? 그렇다면 유럽의 여러 선진국들보다 독재정치를 하고 테러가 횡행하는 후진국들이 훨씬 민도가 높다고 해야 할 것이다.

일 년 내 고기 한 도막 맛보지 못하는 그 얼굴들은 마치 몇 달이나 먼지가 앉아 찌든 간고등어처럼 볼품이 없고, 그 눈들에는 생기가 없다.

모두가 ○표에 동그라미를 찍고는, 그저 살아가려면 하라는 대로 시키는 대로 해야만 무사하다는 생각으로 돌아오면서, 국민의 의무라도 수행했다는 안도감이라도 느끼고 있는 것일까?

1969년 10월 29일 수요일 맑음

1교시를 마쳤는데 갑자기 연락이(청부 용희가) 와서 구강 검사를 한다고 아이들을 모두 데리고 본교에 갔다. "충치 ○개" 이런 걸 치과 의사가 말해 주면 나는 받아 적었다. 어쩌다가 아주 못쓸 것이 있으면 집게로 잡아 빼기도 한다. 내가 "충치가 위쪽인지 아래쪽인지, 신체검사표에 적어 넣게 되어 있는데요?" 했더니 의사 말이 "적당히 써넣으면 안 됩니까?" 한다. 그렇다. 적당히 아무 데나 써 놓으면 될 것을, 내가 묻는 것이 어리석다. 똑똑히 적어 놓은들 무엇하랴?

가는 데 60분, 오는 데 60분, 학교서 한 시간, 이래서 돌아오니 오후 2시가 됐다. 신체검사고 구강 검사라면 당연히 의사가 학교까지 와야 하는데, 분교장이라고 아이들을 10리도 더 되는 본교까지 부르다니, 어디 이럴 수 있는가?

오늘은 첫 시간에도 공부 못한다고 아이들 꾸짖기만 했다. 또 작업을 한다고 그 한 시간도 공부를 제대로 못 했지. 다 해진 바짓가랑이를 꿰매지도 않고 펄럭펄럭하며 돌아오는 아이의 어머니는 게을러서 그런 것도 아니고 참으로 눈코 뜰 새 없이 바빠서 그런 것이다. 그래도 아이들만은 공부를 시켜야 된다고 10리, 20리를 찢어진 고무신으로 보내고 있는데, 오늘은 다시 또 20리도 넘는 배고픈 길을 걷게 하면서 무엇을 했는가? 구강 검사? 말이 좋다.

　이 불쌍한 아이들을 이대로 돌려보낸다는 것은 죄악이다. 무엇이라도 단 한 가지, 아주 간단한 지식이라도 가르쳐서 보내야지. 우유라도 끓여 먹여 보내야지. 이렇게 생각하고 돌아오니 솥에 점심을 앉혀 놓고 있다. 이럴 때 우유를 끓여 놓을 줄 모르는 아내가 원망스럽다. 교실에서 나는 생각하다 못해 치과, 내과, 외과 그리고 충치란 몇 가지 말을 가르쳤다. 이에 대해 간단히 얘기도 했다. 그리고는 그대로 보내는 수밖에 없었다. 이래도 나는 교사인가?

1969년 12월 15일 월요일 맑음

밤새 눈이 와서 온 산천이 하얗다.

　난로를 따뜻하게 피워 놓고 아이들과 마주 앉으면 이런 날은 교과서 따위를 공부하기가 싫다. 아름다운 이야기를 해 줄 수 있으면 얼마나 좋을까?

방에서 세 권의 책을 가지고 나왔다. 김요섭 동화《날아다니는 코끼리》, 박경용 시집《어른에겐 어려운 시》, 이주홍 동화집《섬에서 온 아이》.

이 세 권을 살펴보았더니 김요섭 씨의《날아다니는 코끼리》는 이곳 아이들에게 좀 어렵고, 이주홍 선생의 호랑이 얘기를 읽어 주고 싶었으나 아직 이가 아파서 긴 얘기를 읽을 수 없고, 할 수 없이 박경용 씨의 시를 읽어 주기로 했다.

'허전한 아픈 자리에' 이 시는 어제저녁 마해송 씨 회갑 축하로 출판한 작품집에 들어 있는 것을 읽었다. 그 책에 많은 작품이 있는 중에 그래도 시가 되었다고 생각되는 것이 이 작품이었다. 다른 것은(이원수 선생의 작품 말고는) 거의 모두 얘깃거리도 안 되는 것이었고, 버젓한 현역 중견 시인들의 작품도 형편없는 것이었다. 모두, 아이들이란 재롱만 부리고 귀엽기만 한 것으로 보고, 동시를 안이한 태도로 만들어 낸 것뿐이어서 시가 되지 못했다. 어른들이 읽는 시의 경우에는 그럴듯한 어려운 말로 얼버무려, 얼핏 보아 작품이 되었는지 안 되었는지 모르는 수가 많지만, 동시에서는 속임수가 듣지 않는다.

박 씨의 시를 읽어 주니 아이들도 좋아하는 듯했다. 아이들을 얕보지 말 것이다. 이런 산골의 저학년 어린애들도 얼마든지 시를 이해하고 쓰는 것이다.

다음은 며칠 전에 써낸 아이들의 작품이다.

햇빛

햇빛은 세상 같다.

온 세상을 만들어 주고 있다.

햇빛 아니면 세상이 캄캄하지.

해도 힘이 들지.

세상을 만들어 준다.

소나무

권상출

딴 나뭇잎은 단풍이 들어 늙어 가지고 다 떨어졌는데,

소나무는 잎은 안 떨어지고 서 있다.

바람은 소나무 잎을 떨어 줄라고 흔드니

소나무는 끄떡도 안 하고 서 있다.

눈도 소나무 잎을 떨어 줄라고

어떤 때는 소나무 가지에 무겁게 올라타고 있다.

　이렇게 아름다움을 느끼고 표현하는 아이들에 비해 요즘 쓰는 이른바 동시인들의 시란 얼마나 맛없는 것인가. 우리는 이 아이들에게 참된 시를 보여 줄 의무가 있다.

1969년 12월 19일 금요일 맑음

아침 8시에 영하 12도. 그래도 낮에는 영하 1도로 바깥은 따뜻한 느낌이다.

용희(수위)가 왔다. 몇 달 만에 처음 와서 미안한지 이런저런 변명을 한다. 방학책을 두 권 모자라게 가져와서, 나중에 찾아 주겠단다. 이런 것도 본교에서 다 찾아 가져가고 남은 것을 보내고 있는 것이다.

어제 오후에는 교감이 편지를 보냈다. 크리스마스실, 위문 카드, 위문금 등 30원씩을 19일, 그러니까 오늘 보내 달라는 것이다. 16일 본교에 가서 확인해서 17일 통지해 겨우 하루 모았는데 벌써 돈을 내란다. 위문 엽서를 꼭 오늘 써 보내 달라고 아이 하나를 11시가 지나도록 기다리게 해서 써 보냈다. 모두 17장.

며칠 전 12월분 평가지 보내온 것, 용희가 말해서 펴 보니 그 안에 교감이 보낸 봉급 명세서란 것이 있는데, 평가지 두 달분 대금과 방학책값, 그리고 증명사진값까지 떼고 있다. 증명사진은 우리가 찍어 놓은 것 가져가고서 이 짓을 한다. 돈에 환장한 사람이다.

첫째 시간에 위문편지를 쓰게 했더니 다음과 같이 써낸 아이가 있다. 아이들이 진정을 쓴 이런 편지야말로 군인들이 받으면 즐거울 터인데 "후방의 슬픈 이야기"를 써서는 안 된다는 당국의 지시로 이것을 보내지 못하고, 훗날의 참고나 할까 싶다.

  일선에 계시는 군인 아저씨께
  국군 아저씨, 지금도 이 추운데 우리들을 지키느라고 얼마나 수
고하십니까. 지금 우리는 대곡분교장에서 편지를 쓰고 있습니다.
여기에는 그렇게 춥지도 않습니다마는 지금 국군 아저씨가 계시는
데는 얼마나 춥습니까. 국군 아저씨는 밤에도 주무시지도 않으시
고 우리를 생각해서 총을 걸머메고 있지요. 우리는 정미소에서 밤
12시에 불이 나서 살지도 못하게 되었습니다. 동네 사람들이 나무
한 토배기금 비 조다고 벌금을 물리고 해서 동네를 통 다 배러 났
습니다. 그럼 이만 씁니다. 안녕히 계십시오.
                                  1969년 12월 19일 홍명자가 씀.

  이 글에서 "동네 사람들이 나무 한 토배기금 비 조다고 벌금
을 물리고……" 한 것은, 명자네 정미소가 불이 나서 다 타 버
렸는데, 마을 사람들이 걱정을 해서 나무 하나씩을 베어 와서
집을 짓게 해 주었던 것이다. 이것이 산림법 위반이 되어 온 마
을 사람들이 몇 번이나 안동까지 불려 가고 하여 벌금까지 물
게 되었던 일을 말한다.

1970년 2월 12일 목요일

아침에 출석을 부르려는데 태운이가 "선생님, 규창이는 신이 없어서 못 옵니다. 다음 장날 지나야 옵니다" 한다.

태운이는 규창이 형인데 같은 2학년이다. 신이 없어서 며칠 전부터 안 왔구나.

"신이 왜 없느냐?"

"다 떨어져서 신을 수 없어요."

다 떨어져서 신을 수 없어? 나는 얼른 할 말이 안 나왔다.

"할 수 없지……."

정말 할 수 없는 일이다. 일월산이 건너다보이는 높은 산꼭대기에 살고 있는 아이들이, 맨발로 험한 산길을 이런 겨울에 오르내린다는 것은 생각할 수 없는 일이다. 가까운 곳이라면 발에 맞지 않는 어른들의 것이라도 끌고 온다 하지만.

또 장날이 아니면 신 한 켤레 사려고 80리 길을 걷기도 어렵겠다.

그런데, 왜 신이 그렇게 알뜰히 떨어지기 전에 미리 사 두지 않았나? 담배 돈을 찾아서 다음 해의 기성회비까지 미리 내놓 겠다던 그 아버지였는데, 참 부모들도 너무 무심하구나 싶다. 그러나 아니다. 옷이 없어서 어른들이 입던 커다란 바지를 입 고는 가랑이를 걷어 올리고 학교에 오고, 어떤 때는 또 어른들 의 커다란 한복 저고리를 걸치고 오면서도 아주 태연하던 이 아이들을 생각할 때, 부모들의 무심보다도 역시 아이들의 시중 을 들어줄 만큼 여유가 없는 것이 분명하다. 그런 빈궁한 생활 에 너무 익숙해 왔기 때문에 고무신 떨어진 것 신고 다니는 것 도 예사로 알아 왔던 것이리라. 더구나 음력설도 다 지나간 지 금에 무슨 돈이 있어 미리 아이들의 고무신을 예비해 놓으랴.

이렇게 기막힌 가난을 살아가면서도 어쩌다가 돈이 생기면 그래도 어떻게 해서든지 아이들 공부만은 시켜야 된다고 다음 해 기성회비까지 내놓겠다고 말하는 착한 사람들 아닌가. 돈 있는 사람들도 이런 납부금은 될 수만 있으면 내지 않겠다고 버티는 세상이다.

1970년 3월 10일 화요일 흐린 뒤 맑음

경칩이 3월 6일로 며칠이 지났는데 아침마다 영하 6도, 7도 로 기온이 내려간다. 한겨울같이 추운 듯하여 견디기 안됐다. 감기가 번져서 날마다 20명에서 30명 사이로 결석이다. 더구 나 새로 들어온 1학년은 난로도 피울 수 없어 몹시 떤다. 새 학년은 4월에 시작하는 것이 좋겠다. 1학년만이라도 4월부터 다니도록 해야 옳겠는데, 이 나라에는 모든 제도와 시설이 어른 중심이다.

금년에는 이 분교장에 새로 들어온 아동이 1학년이 65명이다. 2학년 37명과 3학년 43명 모두 80명을 한 교실에 넣어 복식으로 가르치자니 힘이 너무 든다. 올해는 좀 고생을 하게 되었다.

또 나이가 열세 살, 열다섯 살이나 되는 미취학 소년들이 2학년이나 3학년, 혹은 4학년에 들자고 서넛이나 학교에 며칠째 나오고 있다. 그 아이들의 열성에 나도 감복하게 되어 교장 선생님께 얘기하고, 편지를 써서 다시 부탁하고, 교과서 걱정도 해 주고 했다. 둘은 3학년에, 하나는 4학년에 들기로 결정했다.

4학년에 들도록 오늘 교장 선생한테 부탁 편지를 써서 쥐여 보낸 아이 하나가 돌아오는 길에 아랫마와 굿못의 불량소년들에게 잡혀 호주머니를 털리고, 맞고 했다. 여학생들이 와서 그런 얘기를 하기에 곧 보리밭을 질러가서 그 현장을 목격하게 되었다.

두 놈이 돌과 막대기로 위협하고, 다른 두 놈은 뒤에 앉아 있다. 앉아 있는 중의 한 놈은 아주 큰 놈으로 학교에도 종종 놀러 오는 놈이다. 화가 몹시 나서 고함을 지르니 모두 달아난다. 뒤를 따라 굿못 마을을 차례로 물어 가는데, 마을 뒷등으로 달아나고 있는 것이 보여 다시 달려가 두 놈을 붙잡아 학교에 데리고 오니, 나머지 두 놈도 어디서 따라온다.

"통학을 방해하는 놈들은 그냥 둘 수 없다. 경찰서에 넘겨야겠다" 하고 위협도 하고, "너희들이 만일 저 골안에서 학교에 다닌다고 해 봐라. 점심도 굶고, 학교에 가고 오는데 도중에서 못 가게 하고 때리고 하면 어떻겠느냐?" 하고 타이르기도 했다.

이름을 적어 놓고 돌려보냈다. 국민학교 졸업한 아이가 둘, 이제 6학년에 올라가는 판인데 그만 가지 않은 아이가 하나, 그리고 큰 놈이 하나다.

나중에 일을 당한 아이를 불러서 물어보니 "돈이 있지?" 해서 없다 하니 호주머니를 샅샅이 뒤지더라는 것이다. 그리고는 인사하라느니 하고 위협하더라는 것. 참 세상은 다된 세상이다. 아이들 되어 가는 걸 보면 볼수록 이놈의 사회를 이토록 엉망으로 만들어 놓은 놈들에 대한 증오감이 치밀어 와 참을 수 없다. 에이, 더러운 놈의 세상!

교과서 걱정을 해 주고, 그런 놈들에 겁내지 말고 열심히 다니라고 격려해 주고 했지만, 모처럼 싹이 튼 배움의 길에 대한 생각이 아주 시들어 버리지나 않을지 걱정된다. 한문을 여러 해 동안 배워 지금은 《맹자》를 읽고 있는 소년이라는데, 아이를 학교에 보내지 않고 한문 공부를 시키고 있는 부모도 세상을 너무 모른다고 할 수 있지만, 그렇게 깊은 산골에 살자니 학교 다니기도 엄두가 안 날 만큼 되었으리라는 생각이 든다.

1970년 3월 17일 화요일 맑음

대한항공기 승객 송환 진정 연판장(이것을 어디로 보내는지 알 수 없다)을 만든다고 두 시간째 수업을 제대로 하지 못하고 있는 중인데, 갑자기 용희가 편지를 가져왔다. 보니, 육성회를 본교와 합해서 예산편성을 하라 하니 그 자료를 만들어 오늘 중에 와 달라는 내용이다. 20일까지 회의를 해서 보고하게 되어 있다니까 급하다. 행정사무란 이렇게 말단에 와서는 항상 급박하게 처리하고 보고하게 되는 것이 이 나라의 실정이다. 아이들을 한 교실에 모두 넣어 1학년의 형제 조사를 하느라고 1시까지 걸렸다. 점심을 먹고 다시 명부를 만드는데, 3시 20분에야 겨우 나설 수 있었다. 아직 통계도 다 못 낸 채.

봉급을 받고, 통계를 내주고, 그다음엔 내가 술을 한턱낸다고 하고 돈을 주어 홍 씨를 보냈더니 탁주는 없고 소주와 사이다가 왔다. 내가 본교 직원들에게 술을 내는 것은 처음이다. 인색해서 그런 것이 아니라 언제나 시간이 없고, 또 술 마시는 자리가 별로 반갑지 않아서 그리된 것이다. 그런데 이번에는 여러 날 전부터 본교 유 선생이 술을 얻어먹고 싶어 하는 눈치다. 내가 문교부 장관상을 탔다고 그런다. 상을 탔으면 축하해 줄 일이지 술을 얻어먹는 풍습은 또 뭔가? 그리고 나로서는 그런 상이 조금도 반갑지 않다. 그까짓 상이야 어찌 되었든, 한번쯤 이런 자리를 만드는 것이 사람 사귀는 데도 좋으리라 생각했다.

술이 다 되어 갈 무렵인데, 아까부터 운동장에서 훈련을 받고 있던 향군, 그중의 지휘관인 듯한 두 사람이 들어와 앉는다. 인사를 하기에 나도 했다. 그러더니 그중에 한 사람이 떠들썩하게 지껄인다. 손을 흔들고 주먹을 쥐고 군인 꼴로 떠벌린다. 무슨 말인지 몰라 어리둥절하고 있는데 나중에 알고 보니 본교 교감과 분교장인 나한테 하는 소리인데 이런 말이다.

"대원들의 잠자리는 우리가 걱정하겠지만, 학교에서 많이 후원을 해 주시오. 하다못해 아동들한테 돈 10원씩이라도 모으면 되는 것 아닙니까. 그래야 때로 술이라도 한잔하지요. 분교장에서도 공책 한 권씩 거둔다든지 해서 주면 좋겠는데, 그러면 곧 신문 기사에 올리지요. 신문기자들이 지금 딱 대기하고 있어요. 큼직하게 내주고 말고요……."

세상에 참 뻔뻔스럽고 무식한 것들이 판을 치는 것이 산골의 현실이다. 학교 아이들을 돈 걷어 먹는 도구로 알고 있다. 이게 월급을 받고 있어 버젓한 공무원이 되어 있는 향토 방위군의 지휘관인가 하는 사람이다.

"오전에는 아이들이 많고 해서 우리도 들에서 훈련을 하겠지만 오후에는 날마다 학교 운동장 좀 빌려야 되겠어요" 했을 때 교감 선생은(교장 선생은 오늘 일찍 나갔다. 교장이 있어도 그랬을 것이지만) "그야 국토방위를 맡고 있는 분들이 당연하지요" 하며 도리어 미안해했다. 뭘 하는지 날마다 훈련을 하는 모양이고, 중대장이 잠자리 걱정까지 한다는 말을 들으니, 아까 기성회비 예산편성 자료 때문에 아이들 숫자 세느라고 다른 선생들이 하는 얘기를 흘려들은 것이지만, 훈련을 해서 서울까지 간다나, 그래서 상을 타려고 한다느니 했으니 합숙 훈련이라도 하는지 모른다.

학교 운동장이 방위 군인들의 훈련장으로 되고, 아이들은 그 방위군들의 술값을 걷어 모으는 수단이 되고…… 상을 타고 자기 이름을 내기 위해 교육과 아이들을 짓밟는 것을 당연하게 여기는 사람들은 방위군 지휘자뿐 아니라 학교 행정을 맡고 있는 사람들 속에서도 얼마든지 볼 수 있다. 내가 왜 그런 인간들을 앞에 두고 바른 소리 한마디도 못 했던가 생각하니 후회가 되고 나 자신이 미워지기까지 했다.

학교라는 곳이 아무리 무식한 자들이 들어와서 짓밟아도 큰소리 못 하게 되어 있다. 장사꾼이나 무식자들이 아이들을 돈 걷어 내는 좋은 끈줄로 안다고 했지만, 교원들이야말로 바로 그런 태도로 아이들을 대하고 있는 것 아닌가. 학부형회가 후원회로 되고, 후원회가 사친회로 되고, 사친회가 기성회로 되고, 기성회가 육성회로…… 이렇게 둔갑을 거듭해 온, 돈 걷어 내는 회를 아무리 대통령이나 교육회장들이 그럴 듯하게 변명한다고 해도 그 정체를 순진한 아이들과 백성들이 모를 까닭이 없다. 하루빨리 나는 이 거짓스런 직업에서 벗어나야 되겠다고 생각하면서 10리 길을 걸어왔다.

1970년 3월 23일 월요일 맑음

오후 본교에 갔다. 육성회 조직을 한다고 해서.

어른들이 강당에 대강 차도록 모여 있는데, 오전에는 임원 선거가 있었던 것 같고, 오후 3시쯤 들어가니 담당 교사가 예산안 설명을 하고 있었다. 총예산이 백만 원을 넘었다. 회비는 전액이 240원이고 반액이 120원이 되게 정했다. 교육청의 지시는 2백 원, 백 원이던 것을, 교지를 좀 사서 넓힌다고 더 붙인 모양이다. 회비가 많다는 의견이 나왔고, 땅 사는 것은 다음 해로 미루자느니, 연차 계획을 하자느니, 논란이 있었지만 교장이 몇 번이나 나가서 "교육청에서 나와 볼 때마다 학교 환경이 어설프다고 걱정한다"는 얘기를 해서 결국 그대로 통과시켜 버렸다.

작년 기성회비는 처음에 전액이 50원이었는데, 2학기부터 갑자기 배로 백 원이 되었다. 그것이 올해는 240원으로 되었으니, 농민들의 소득은 여전히 그대로인데 부담이 너무 많다. 육성회란 것을 무엇 때문에 만드는 것인지, 정부의 의도는 잡부금 없애서 부모들 부담을 덜고 아이들에게 돈 걱정 안 하게 하기 위해서라고 무슨 대단한 선책을 쓰는 것 같지만, 실제로는 부모들 부담이 더 많아지고(더구나 농촌에서는 그렇다) 아이들도 돈 걱정을 더하게 되었다. 아이들 통해 돈 받는 것 일체 금지한다는 것은 말뿐이다. 시골에서 아이들을 안 통하면 한 푼도 모일 턱이 없다. 이 사실을 모른다면 정치할 자격이 없다. 알고도 모른 척하는 게지. 그리고 또 교사들의 연구 수당이란 것은 9천 원에서 3천 원 사이로 받게 되어 있는데, 여기서는 최하의 3천 원으로 정해 놓았으니 이것도 이곳 선생들의 불평 거리가 되어 있다.

본교에서 육성회를 조직하면 분교에서도 따로 조직해야 하겠는데, 올해는 예산을 같이 편성하도록 지시가 왔다 해서 따로 할 수 없게 되었다. 그렇게 되면 회의에 분교장 학부모도 같이 참석해야 되겠는데, 회의가 있다는 연락을 나한테도 하지 않았다. 아이들 편에 탐문을 해서 알았다. 더구나 본교에서 교지를 구입하기 위해 필요한 돈까지 분교장 부모들에게 부과한다는 것이 될 말인가? 이곳 분교장도 이제는 곧 독립해야 할 처지고(1학년 학생은 본교 1학년과 같은 수다), 작년에도 운동장을 사려고 기금을 모으려다가 흉년이 들어 못 모으고 말았다. 분교장의 발전은 교장이 조금도 염두에 없는 것 같다.

어차피 분교장에서는 학부모 회의를 해야 한다. 본교의 육성회 결과를 알리기 위해서도 모임을 가져야 한다. 교장은 전체 모임은 필요가 없고 임원회를 소집하면 된다고 하지만, 회의 조직도 없는데 무슨 임원인가?

내가 오늘 오후에 간 것은 예산 내용과 회비 액수를 알아서 이곳 분교장에서도 곧 회의를 열어야 되겠다 싶어 갔던 것인데, 사무 담당 교사는 이런 말을 했다.

"예산 세운 것은 대강 그렇게 해 놓은 것이고, 이것을 실제 부모들에게 부과하기 위해서 임원회를 열든지 해야 합니다. 어떻게 해야 할지 저도 잘 모릅니다. 엉망이 돼 있습니다. 그러니 분교에서 회의를 하는 것은 좀 뒤로 미루도록 해 주시지요."

엉망이란 것은, 예산 설명할 때는 전액자와 반액자로 나누기만 했지만, 교육청에서 지시한 바로는 면제자가 몇 퍼센트 나오고, 전액과 반액이 각각 몇 퍼센트 나와야 된다는 규정이 있기 때문에 이런 사정을 말하는 것 같다. 할 수 없이 그대로 돌아오기로 했다.

지난해 기성회 증빙 서류에 결재 도장을 찍으라고 내준 것을 아직 그대로 서랍에 넣어 놓고 보지 않았다고 한다. 꼭 세 번째다. 5킬로미터의 길을 세 번이나 왕복해서 부탁을 해도 아직 안 봤다고 하는 교장이다.

안동시에 이사한 아이는 전학 서류를(생년월일이 호적과 틀린다고) 학교에서 안 해 줘서, 그 어머니가 사흘 동안 계속 학교에 가서 꿇어앉아 빌어 겨우 입학하게 되었다는 얘기를 하고, 이제는 전학 서류를 그 학교로 부쳐 줘야 되지 않겠나 하니, 이번에는 교무 선생이, 그것도 곤란하다 했다. 이미 편입이 됐으니 이런 서류는 필요 없다는 것이다. 교장도 따라서 서류 부치는 것은 곤란하다 한다. 그럼 아이는 이미 다른 학교로 가 버렸고 어찌해야 하나 하니 교무는 휴학계를 내도록 보호자의 도장을 받아 달라 한다. 휴학도 아닌 아이를 휴학으로 처리하는 것은 될 일인가? 호적과 생활기록부의 생년월일이 안 맞으면 호적대로 생년월일을 고치면 될 터인데, 그걸 핑계로 전학 서류도 안 해 주고 있다가(전출해서 간 안동시의 국민학교에서는 전입 서류도 없이 받아 주는데 말이다) 휴학 서류를 엉터리로 만들자는 수작은 위법 아닌가? 참으로 어이가 없는 짓거리들이다.

부모들이 가난해서 아이들 학교에도 못 보낼 처지가 되면 나라에서도 학교에서도 구제해 주지는 안 하고, 의무교육에서 퇴학 처분이란 것도 있을 수 없으니 이런 휴학이란 형식으로 아이들을 서류 처리해 버리고 의무교육이 정상으로 되고 있는 것같이 하고 있는 것이 농촌의 실정이다. 이런 것을 당연한 것처럼 하자고 주장하고, 거짓 문서를 만들어 형식을 갖추어 놓는 것을 무슨 특별한 사무 기술이나 가진 것처럼 여기는 선생들이 한없이 밉다. 더구나 이번 경우는 같은 선생들이 잘못해서 적어 놓은 생활기록부를 고치지도 않고 그걸 핑계로 아이가 전학도 못 하게 그토록 괴롭힌 끝에 이 짓을 하니 말이다. 관료주의가 골수에 박혀 있는 교장과 선생들, 나는 오늘 하마터면 증오감에 북받쳐 싸울 뻔한 것을 겨우 참았다. 이사해 간 것이 사실이고, 다른 학교에 가서 취학한 것도 사실인데, 휴학은 무슨 휴학인가? 저쪽 학교에서 생활기록부를 만들 수 있도록 자료라도 보내 주어야 할 의무가 있지 않은가. 정 서류를 보내기 안됐으면 그건 그만두고 전학 절차를 안 밟고 갔으니 제적 처리를 해야 이치에 맞지 않은가.

그럼 동장한테, 이 아이가 이사 갔다는 증명을 받아 보내 달라 한다. 그런 증거라도 있어야 제적이 정당하게 된단다. 그런데, 전학하는 아이들은 퇴거증과 학령부를 전입해 들어가는 학교로 가져가게 되어 있다. 증거는 무슨 증거가 학교에 남는단 말인가? 돌머리들인지 일부러 나를 골탕 먹일 속셈인지 알 수 없다. 오냐, 해 보내 주마! 하고 왔다.

하루빨리 이 직업을 버려야 하겠다. 이런 날이 일주일만 연달아 있게 되면 발광을 하겠다.

1970년 3월 26일 목요일 맑다

오후에 밖에서 홍석규 할아버지를 만났다. "석규 전학 서류는 다 만들어 놓았는데, 성칠이(석규 형) 것 학령부 만들어 왔습니까?" 하니 안 되더라 한다. 면에서 안 해 주는 것이 아니라 학교에서 안 해 주더라고 한다. 온 식구가 다 이사를 안 하고 할아버지가 남아 있으니 안 되더라는 것이다. 아무리 부탁해도 안 되어서 그만 돌아오는 길이란다. 부모들이 다 옮겨 가고 아이들이 다 옮기고 했는데, 할아버지가 안 간다고 아이 전학을 못 하게 하다니! 참으로 괴상한 짓을 해서 아이들을 붙잡아 놓으려고 한다. 나는 교장과 교무 선생이 하는 짓에 또다시 증오감을 느꼈다.

교장은 어떻게 해서라도 아이들이 줄어드는 것을 막으려고 한다. 아이들이 한둘이라도 줄면 그만큼 수입이 줄어들고, 그만큼 학교가 작아지니 교장의 체면에도 영향이 있다. 이렇게 생각하고 있는 것이 틀림없다. 그래서 요전에 나이 많은 아이 여럿을 중도에 입학시키려고 했을 때, 그렇게 규정이고 법을 지키고 고집하는 사람이라 결코 허용하지 않을 줄 알았더니 "우리가 아이들 가르치기 위해 있는 것이니 가엾은 아이들 힘이 들더라도 넣어 줍시다" 하고 뜻밖에 쉽게 허락해서 놀랐지만, 그것도 지금 생각하니 한 아이라도 학생 수를 늘리는 것이 목적이었던 것이다. 아이들을 돈으로 보는 교장이다. 교무란 사람도 언젠가 전학 서류를 만들어 갔을 때 교장이 하도 까다롭게 말하는 것을 듣고 "왜 그렇게 어렵게 해서 안 해 줄라 할까?" 하고 불평하더니, 요즘은 교무가 교장보다 더 심하다.

1970년 3월 28일 토요일 맑음

아이들 글에 벌써 감자를 심었다는 얘기가 있다. 농사일이 시작된 것이다. 대곡 2동 2백 호에서 올해는 몇 집이 줄었을까? 우선 분교장의 아이들만 해도 네 아이가 실제로 그들의 부모 형제와 함께 대개 도시로 이사를 갔다.

낮에 들으니 숙자 오빠가 벌써 집 나간 지 열흘이 되어도 소식이 없다 한다. 국민학교를 나와 집에서 두어 해 일을 하더니, 중학교 다니는 형이 있는데 저는 죽자 살자 일해도 꾸지람만 듣는 처지를 견디다 못해 집을 나간 것이라 짐작된다. 열다섯 쯤 되는 아이가 지금까지 여행이라고는 진보란 곳에 한 번 부모 따라가 보았을 뿐이라는데, 돈 한 푼 안 가지고 어딜 갔을까? 부모들과 온 식구가 걱정한단다. 산에 나무하러 가서 지게를 나무에 매달아 놓고 갔다니, 옛날부터 흔한 농촌 소년들의 가출형이다.

그런데, 영양 어느 곳에는 최근 한 마을에 소년들이 일곱이나 몽땅 이렇게 하여 지게를 산에 버리고 도망을 가 버렸다고 하는데, 이런 아이들이 전국에 얼마나 많을까? 신문을 보니 여자 아이들도 집을 몰래 떠나 도시로 나가는 아이들이 많은 모양이다.

1970년 4월 11일 토요일

서울 와우동 아파트가 무너져 사람이 34명 죽고, 38명이 중경상을 입었다는 신문 보도가 났다. 또 일본 오사카에서는 지하철 공사장에서 가스가 폭발해서 92명이 죽고, 2백 명이 중경상을 입었다는 소식도 나왔다.

첫째 시간에 나는 칠판에다 초가집을 한 채, 그 옆에 기와집을 한 채, 다시 또 그 옆에 높다란 빌딩을 한 채 그렸다. 그래서 아이들에게 물었다. 이 집들 중에서 어느 것이 가장 마음에 드는가, 어느 집에서 살고 싶은가?

아이들은 모두 벙글벙글 웃고 있을 뿐 대답이 없다. 그래서 다음과 같이 얘기해 주었다.

너희들은 모두 도시에 있는 이런 좋은 집에서 살고 싶을 것이다. 너희들 아버지, 어머니 들도 그렇겠지. 그러나 라디오방송에도 나왔겠지만 신문에서 보니 그저께 이른 새벽에 서울에 있는 와우아파트라는 5층 집이, 새로 지은 지 얼마 안 되었는데 그만 폭삭 내려앉아 그 안에 이사해 들어갔던 18집 식구가 모두 깔려 죽고, 혹은 크게 다쳐서 병원에 실려 갔다고 한다. 어제 신문에 34명이 죽고, 38명이 중경상을 입고, 아직 파묻혀서 파내지도 못한 사람도 많다는구나. 만일 새집에 모두 다 이사해 들어갔더라면 수백 집 식구가 몰살했을 것인데, 먼저 들어간 18집만 그런 변을 당했지. 그 옆에 있는 높은 집들도 금이 가고 해서 사람들이 뛰어나오고 했단다.

한집 식구가 몽땅 죽은 집이 많고, 새벽에 일하러 나온 아버지만 살아남은 집도 있다더라. 트럭 짐차 몇 대씩이나 되는 무게의 육중한 콘크리트 돌짝이 떨어져 내려앉았으니, 그 밑에 있는 사람이 어떻게 살겠나. 그날 살아남은 사람들은 가족을 잃어서 울고, 친척들이 와서 울고, 온통 수라장이 되었단다. 지금도 무너진 벽을 뜯어내고 천장을 파내는 중인데, 아직 살았는지 죽었는지 파내지 못한 사람이 많다니 얼마나 무서운 일인가?

도시는 그저께 밤에 본 영화에 나오듯이 좋은 옷 입고 좋은 차 타고 잘사는 사람이 많고, 모두 잘사는 것 같지만, 이런 무서운 일이 가끔 일어난다.

이런 집은 돈을 받고 집을 짓는 사람들이 날림으로 지어서 돈만 벌려고 하다 보니 이렇게 된단다. 또 집을 옳게 지었는가, 날림으로 지었는가를 검사하는 사람들도 돈을 주면 잘 보지도 않고 검사를 해 주는 일이 많아 이렇게 되지. 사람들이 많이 모여 사는 복잡한 도시에는 온갖 무서운 일들이 일어나 억울하게 죽는 사람이 끊일 새가 없단다.

일본 오사카에서는 지하철 공사를 하던 인부들이 가스가 폭발해서 92명이나 죽고 2백 명이 다쳤다는 소식이다. 오사카는 서울보다 더 큰 도시다. 문명이 아주 발달한 나라의 도시도 이런 일이 있단다.

우리는 모두 초가집에 살고 있지. 아버지, 어머니 들이 흙과 나무로 지은 집에 살면서 농사일에도 고생이 많지만 그런 끔찍한 일을 만나지 않으니 참 다행스럽다. 도시 사람들 부러워하지 말아야 돼. 도시에 가서 살고 싶어 하는 것은 잘못된 생각이다.

그러나, 이런 내 말이 어느 정도 효과가 있을까? 또 이렇게 말해 주는 것이 그 어느 아이에게도 백 퍼센트 교육적이라고 과연 말할 수 있을지 그것도 의문이다.

1970년 4월 17일 금요일

 간밤에는 오랜만에 비가 와서, 아침에 일어나니 보리밭이 새
파랗다. 참꽃과 살구꽃이 한창 피어나겠지.
 셋째 시간에 요즘 아이들이 산이나 들에서 구해 먹는 것들을
조사했더니 송구송기, 잔대, 참꽃, 뽀해기, 모메, 오요강아지강
아지풀…… 이렇게 많았다. 산이나 들에서 이런 것을 따 먹거나
캐 먹거나 꺾어 먹었던 일을 잘 생각해 내서 시를 쓰도록 해 보
았다. 재미있는 시가 여러 편 나왔는데 그중에서 한 편을 적어
둔다.

송구

3학년 김숙자

한 개 벗겨 가지고 먹으니까
물이 서북서북한 게 아주 단 게
송구도 덜 벗겼는데 춤이 꿀꿀 넘어가서
훌훌 핥아 먹었다.
막 훑어 먹었다.
한 개 다 먹고
꽁 알 주까 새알 주까 쎄
했다.

1970년 4월 23일 목요일 흐림

이 대곡 골짜기 막바지가 되는 가리점 마을에서 다니는 아이들 중에 홍석호란 3학년 아이가 있다. 나이는 이제 만 12세가 되었는데도 제 이름과 겨우 짧은 낱말 몇 개를 쓸 수 있는 정도다. 어릴 때 심한 병을 앓고 오랫동안 걸어 다니지도 못했다 한다. 지금 봐서 그럭저럭 국민학교는 마칠 수 있을 것 같다. 저보다 나이 어린 아이들한테도 놀림을 당하고 얻어맞고 한다.

어제는 같이 다니는 가리점에 있는 홍성윤이가 와서 "석호를 아이들이 놀리고 있습니다" 해서 조사를 해 보았더니 아이들 여남은 놈이 "코야 코야 석호야" 하고 놀려 댔단다. 놀린 아이들을 불러 놓고 벌을 세우고 야단을 쳤다. 나중에는 "남을 놀리는 것이 어째서 나쁘냐?" 하고 물었더니 아무 말이 없다. 대답을 하면 보내 준다고 해도 말을 못 한다. 지능이 높은 아이도 대답을 못 한다. 내일 다시 물을 테니 집에 가서 잘 생각해 오라 하고 돌려보냈던 것이다.

그래 오늘 첫째 시간에 그 아이들을 또 불러내 놓고 물으니 역시 대답이 엉뚱하다. 이래선 안 되겠다고 첫째 시간은 아주 이 일로 시간을 보내기로 했다.

"남을 놀리는 것이 어째서 나쁘냐?"

벌을 서지 않은 아이들도 대답하는 사람이 없다.

"그럼 남을 때리는 것은 좋은가, 나쁜가?"

"나쁩니다."

"어째서 나쁜가?"

여전히 대답이 없다.

"남을 욕하는 것은 어째서 나쁜가?"

대답이 없다.

한참 있다가 한 아이가 손을 들었다. 김일겸이다.

"그 아이 마음이 나빠집니다."

옳다. 뜻밖의 대답이다. 이런 대답이 나올 줄은 몰랐다. 참 좋은 대답이다. 남을 욕하거나 놀리거나 때리는 사람은 그 사람의 마음이 나빠지니 좋지 못한 것이다.

그런데, 나는 또 다른 대답을 기대했다. 그래서 다시 물었다.

"남을 때리는 것이 어째서 나쁜가?"

여전히 말이 없다.

그때 나는 아이들을 모두 일어서게 하고, 매를 잡고 두 손바닥을 좀 야무지게 때렸다. 3학년 아이들 하나하나 좀 아프도록 때렸다. 아이들이 얼굴을 찡그리고 있었다. 때리면서 나는 "왜 나쁜가 안 사람은 앉고, 모르는 사람은 서 있어라" 했다. 매를 맞은 아이들이 하나하나 앉더니, 나중에는 다 앉았다.

"인제 알았나?"

"예, 알았습니다."

"대답해 봐라."

"맞는 사람이 아픕니다."

거의 모든 아이들이 일제히 이렇게 대답했다.

"야, 이놈들아. 그래, 그렇게 맞아야 안단 말이냐? 맞아야 아프다는 것을 알다니, 지금까지 무슨 공부를 했느냐? 남을 때리는 것이 나쁘다는 것은 맞는 사람이 아프고 기분 나쁘니까 때려서는 안 되는 것이다. 남을 놀리는 것도 놀림을 당하는 사람이 기분이 나쁘고 분하니 그래서는 안 되는 것이다. 이제 나쁜 까닭을 알았으니 다시는 그런 짓을 마라."

이렇게 한 시간을 모진 경험까지 시켜 가면서 가르친 보람도 없이 다음 쉬는 시간에 또 어느 아이가 때리고 어느 아이가 맞았다는 보고가 들어왔다. 때린 아이가 2학년의 여갑술이다. 불러내어 왜 때렸나 하니 지나가면서 받혔다고 했다. 맞은 아이에게 물어보니 받힌 것이 아니라 주먹으로 등을 쥐어지르더란다. 갑술이한테 따지니 주먹으로 등에 그냥 대어 보았단다. 이쯤 되면 사실은 뻔하게 드러난 셈이다. 또 매를 들어 종아리를 여러 번 때렸다. 갑술이는 2학년이지만 나이가 만 열 살이다. 성적은 아래쪽. 며칠 전에 만든 교우 조사표를 보니, 이 아이를 좋아하는 아이는 없고, 싫어하는 아이가 다섯이나 되어 가장 많다. 걸핏하면 남을 때리고 물건을 빼앗고 한다. 그렇게 한 시간 내 가르친 보람도 없이 돌아서자 또 이 모양이니 나도 좀 화가 났다.

이런 산골 아이들에게는 힘을 써서 남을 짓밟으려 하는 아동들의 생활 태도가 가장 큰 문젯거리다. 아이들의 야성적인 마

음을 다치지 않게 키워 가야 할 교육일수록 민주적 생활 훈련
을 하는 일이 중요한 과제가 되는 것이다.

1970년 4월 24일 금요일 흐림

거짓말 글짓기를 시켰다.

"지금까지 글짓기라면 실제로 보고 듣고 한 것을 그대로 자
세히 썼는데, 오늘은 보지 않은 것, 듣지 않은 것, 하지도 않은
것을 본 것같이 들은 것같이 한 것같이, 그러니까 거짓말 글을
써 보기로 합니다."

이런 지도를 생각해 본 것은 두 가지를 노린 것이다. 그 하나
는, 아이들의 자유로운 상상을 이 '거짓말'이란 것으로 쓰게
할 수 있지 않을까 하는 것인데, 그러니까 거짓말이라고 했지
만 사실은 거짓말이 아니고 어디까지나 마음의 진실을 표현하
게 하는 수단이다. 또 하나는, 생활글을 쓰게 하는 하나의 방법
이 될 수도 있겠다는 생각이다. 즉 아이들은 지금까지 체험한
사실만을 글로 썼는데, 체험하지 않은 것을 체험한 것처럼 꾸
며 쓰게 하면 그것이 얼마나 어려운가를 깨달을 것 같다. 그래
서 '글이란 역시 내가 보고 한 것을 쓰는 것이 더 쉽고 더 잘
쓸 수 있겠다'는 사실을 깨닫고 생활을 자세히 정확하게 쓰는
태도를 분명하게 가질 것이라 생각된다. 아이들은 이 두 가지
중 어느 쪽일까? 거짓말 이야기를 쓰라고 했을 때, 쓰고 싶어

하면 앞의 경우가 되겠고, 쓰기를 어려워하면 뒤의 경우가 되
리라. 나는 이곳 아이들이 뒤의 경우가 될 줄 알았는데, 뜻밖에
도 아이들은 거짓 글을 쓰자고 한 내 말에 모두 호기심과 흥미
를 가지고 열심히 썼다.

아이들이 써낸 글은 다음 세 가지로 나눌 수 있었다.

1. 소망의 표현

대부분의 아이들이 '비행기'란 제목으로 비행기를 타고 다닌
얘기를 썼다. 그다음으로는 새가 되어 날아다닌 얘기를 쓴 아
이가 몇이 있었다. 또 돈 이야기, 돈을 벌어서 과자를 사 먹
고, 옷도 사 입고 하는 얘기를 쓴 아이도 좀 있었다. 돈을 벌
어서 술을 실컷 사 먹는다는 얘기를 쓴 아이도 둘 있었다.

이것을 보면 이 산골 아이들의 바람이 무엇인가를 알 수 있
다. 버스를 타자면 분교장에서도 30리를 걸어 나가야 하는
이 아이들은 거의 모두가 날마다 10리에서 40리의 험한 산길
을 걸어서 학교에 다닌다. 그러니까 멀리 마음대로 다녀 보는
것이 가장 큰 소원이 될 수밖에 없다. 돈을 가지고 싶어 하는
것도 학용품조차 마음대로 살 수 없는 어려운 가정에서 살기
때문이다.

2. 현실의 표현

현실을 그대로 쓴 것인데, 얼마든지 그런 일이 있을 수 있는
얘기다. 네 명이 이렇게 썼다.

3. 시적인 표현

두 아이가 시적인 공상을 썼다. 이런 글은 시 쓰기 지도의 자료로 삼을 수 있겠다.

다 쓰고 난 다음에 나는 아이들에게 물었다.

"어떠냐? 참말 글쓰기가 재미있나? 거짓말 글쓰기가 더 재미있나?"

아이들은 모두 대답했다.

"거짓말 글쓰기가 더 재미있습니다."

아이들의 거짓말은 거짓말이 아니라 또 다른 참말이다. 붙잡혀 있고 억눌려 있는 아이들의 마음을 풀어 놓아주기 위해서 상상과 공상으로 마음껏 그 소망과 욕구를 쓰게 할 필요가 있는 것이다.

1970년 4월 28일 화요일 맑은 뒤 흐림

셋째 시간에 아이들을 뒷산에 데리고 가서 낙엽송을 그리게 했다. 이것은 마음속의 생각을 그리는 그림이 아니고 눈앞에 있는 것을 보고 그리는 그림인데, 낙엽송을 잘 보고 그 모양과 색이 어떤가를 잘 잡도록 하고, 아름답구나 하고 느낀 것을 모양이나 색으로 나타낼 수 있도록 했다. 그런데, 별로 그 결과가 기대한 만큼 나오지 않았다. 그냥 아무것이나 그리라는 식으로 해서 그린 것보다는 나았지만, 뭔가 덜 된 것 같다. 나무를 제법 사실적으로 그리려고 애썼다 싶은 그림에는 살아 있는 나무의 아름다움이 없는데, 모양을 서툴게 그린 것이 오히려 아름다운 색으로 살아 있는 그림이 되어 있었다. 이것은 어째 서인가? 아이들의 생활 속에 들어가 있지 않은 어떤 물건을 갑자기 보기만 해서 그리게 한 것이 잘못이라고 깨달아진다. 처음 보는 것이라도 그것이 움직이는 것이거나 아이들의 호기심을 크게 자아내는 것이어서 보는 순간 깊은 인상을 주게 된다면 모르지만, 움직이지도 않는 자연의 경치가 어떻게 아이들 마음을 사로잡겠는가? 그리고, 그보다도 내가 맡은 이 저학년 아이들(2, 3학년)은 객관의 물체를 보고 정확하게 그리기에는 너무 이른 나이다.

이 아이들은 어디까지나 자기가 그리고 싶은 것을 마음대로 그리는 자유상화(自由想畵)로 키워 가야 하는 것이다.

아이들이 그림을 그리는 동안 나는 종이에다 시 같은 것을 썼다.

온몸이 가렵게 잎이 돋아난다.
햇빛이 잎마다 따갑게 찔린다.
하늘 향한 가지 끝마다 귀가 있어 호로롱 삣종!
산새 소리에 마구 춤을 춘다.
부풀어 오른 구름이 넘어가는
산봉우리를 쳐다보며
온몸으로 하늘을 마시는 낙엽송.

산에서 나는 다음과 같이 다짐 말을 생각해 보았다. 이것을 아침마다 암송하게 하면 어떨까?

1. 우리는 산을 사랑합니다.

2. 우리는 나무를 사랑합니다.

3. 우리는 벌레와 새와 모든 동물을 사랑합니다.

일제 식민지 시대에 군국주의 구호를 아침마다 외게 한 것이나, 요새 무슨 헌장이란 것을 외게 하는 것을 본받아 하려는 것은 아니지만, 나는 요즘 이런 교육을 할 필요를 절실히 느끼고 있다. 아이들이 아무 필요도 없이 나무나 꽃을 꺾어 버리기가 예사다. 산에 피는 참꽃은 내가 보는데도 쉬는 시간이면 한 아름씩 꺾어 와서 그냥 내버린다. 살구꽃도 그렇다. 무슨 꽃이든지 그저 꺾어 버리고 싶어서 꺾는다고밖에 생각되지 않는다.

본교의 아이들이 오늘 아침에 내려가는데 보니까 모두 한 아름씩 참꽃, 이팝꽃, 조팝꽃, 살구꽃, 복숭아꽃 들을 꺾어 안고 갔다. 아마 선생들이 꺾어 오라고 한 모양이다. 그 많은 꽃을 다 어디 꽂아 두겠는가? 선생들이고 교장이고 이런 아이들을 보면 좋아할 것이고, 학교를 사랑하는 아이들이라 칭찬하겠지. 며칠 전 토요일에도 갯골 벼랑에 있는 회양목을, 4학년 이상의 아이들과 선생들이 와서 캐 갔는데, 가고 난 뒤에 길바닥에 내버린 회양목들을 이곳 아이들이 많이 주워 오는 것을 보았다.

하필 이 학교뿐 아니고, 대한민국의 학교치고 필요 없이 나무

를 캐거나 캔 나무를 심지도 않고 남는다고 마구 버려서는 안
된다는 것을 아이들에게 가르치고 있는 학교가 없는 줄 안다.
지난번 장학사가 왔을 때, 분교장에는 교지 정리가 안 되어 있
어서 어디 나무 심을 데가 없다고 해도, 나중에 뽑아 옮기면 되
니 우선 심어 놓는 것이 좋다고 했다. 온 산이 나무인데, 옮겨
심을 것을 무엇 때문에 심는가? 이런 사람들도 나무를 뽑아 죽
이는 것쯤 학교 겉치장을 위해서는 당연히 해야 하는 것으로
알고 있는 것이다.

  이런 장학사나 교장이나 선생님들이 자연보호라면 어깨띠
두르고, 아이들 데리고 다니면서 사진을 찍고, 통계 보고를 하
고 한다. 이건 공문서로 지시가 내렸기 때문이다. 교육이 무엇
인지 생각을 가지고 하는 것이 아니다. 시키면 하고 안 시키면
안 하고, 완전히 허수아비요 기계다. 또 너무 시키는 것이 많기
때문에 시키지도 않는 것을 할 수가 없다. 시키고 부리는 정치
는 바로 이것을 노린다. 그대로 놓아두면 생각을 하게 되고 진
짜 교육을 하게 되니 그것을 막기 위해서 온갖 잡동사니 일을
지시하고 보고하게 한다. 그렇게밖에는 볼 수가 없다.

  생명을 경시하고 학대하는 짓은 나무나 꽃보다도 곤충과 동
물에 더 심하다. 학교 교실에 놓여 있는 어항은 장학사나 그 밖
에 천박한 교육관을 가진 어른들에게 보이기 위해 끊임없이
물고기들을 질식시켜 죽이는 도살장이 되어 있다. 새장도 토
끼장도 그렇다. 여름마다 아이들은 곤충채집이란 이름으로 생

명을 학살하는 훈련을 강요받는다. 이런 아이들이 어떻게 아름다운 심성을 가질 수 있으며, 자라나 어른이 되었을 때 평화로운 통일 민주 국가를 만들어 갈 수 있겠는가?

일전에 학교 건너편 어느 집에서 아주 탐스러운 털을 가진 삽사리 한 마리를 개 장수한테 팔았다. 얼마를 받았는가 묻는 말에 3,700원 받았다고 좋아하면서도 "우리가 잡아먹을 것을 팔고 보니 아까웠습니다" 하더란다. 이 골짝 사람들은 우리가 개 한 마리를 3년째 기르고 있는 것을 보고 이상하다면서 이해를 하지 못한다. 새끼도 못 낳는 걸 왜 안 팔고 먹이는가, 팔고 강아지를 기르라고 모두 그런다. "한식구처럼 기르던 것을 어찌 팔아 죽이겠어요" 하면 참 이상한 사람들도 있다는 표정들이다.

귀엽다고 머리를 쓰다듬어 주면서 기르던 가축을 조금도 마음에 거리낌이 없이 잡아 죽이는 것이 이곳 사람들뿐 아니라 모든 어른들의 태도다. 교과서에는 1학년부터 귀여운 강아지가 나오는데, 이런 눈가림의 엉터리 교육이 어디 있는가?

사람이 동물이나 식물에 대해 그 잔인성을 아낌없이 나타내고 있는 현상은, 그것이 곧 그대로 인간끼리 서로 죽이고 죽고 하는 전쟁으로 나타나고 있다. 크고 강한 나라들이 남의 나라를 쳐서 그 국민들을 학살하고, 한 나라 안에서도 종교와 계급이 달라서 이해가 대립되면 흔히 극악무도한 짓을 감행한다. 그러면서 자유니 정의니 평화니 질서니 하여 온갖 아름다운 구호를 다 내걸고, 신(神)을 팔기도 예사다.

이런 악독한 인간들이 오랜 역사로 이어 온 전통과 습관은 이 아름다운 산수의 자연 속에 살아가는 사람들의 몸에까지 깊이 배어 있다. 이것을 바로잡고 씻어 내지 않고서는 인간에게 희망이 없다. 아무리 과학이 발달되고 교육이 보급된다고 해도 그런 것은 결국 인간 스스로 해치고 속이는 수단밖에 안 될 것이다.

'남들이야 어떻게 살든지, 나만은 좋은 옷 입고, 세상 구경 기분 좋게 하고, 맛있는 음식 먹으면서 고생 안 하고 살겠다.'

이것이 모든 사람의 희망이고 삶의 목표라면 사람 세상의 꼴이 어찌 제대로 되겠는가?

1. 우리는 산을 사랑합니다.

2. 우리는 나무를 사랑합니다.

3. 우리는 벌레와 새와 모든 동물을 사랑합니다.

왜 산을 사랑하는가? 나무를 사랑하는가? 잠자리며 개미며 새들을 사랑하는가? 아이들은 그 까닭을 모르고 어리둥절할 것이다. 그러나 그럴수록 이런 가르침은 아이들을 참된 인간으로 살려 내는 가장 귀한 교육일 것 같다. 이런 극도로 폐쇄된 사회에서 살벌하고 잔인하게만 자라나는 아이들에게는 인도주의적 정신 위에 선 교육이 아니고는 구제할 길이 없다고 본다. 글짓기 교육, 시 교육도 필경 착한 심성을 가지고 바르게 살아가는 인간을 기르는 것이 목표가 될 수밖에 없다.

1970년 5월 4일 월요일 흐린 뒤 맑다

기성회장이 아직도 안 오고, 또 언제 올는지도 알 수 없어 그만 그 육성회비 통지서란 것을 내기로 했다. 영수증을 달마다 쓸 수 있는 조그만 봉투를 아이들에게 나누어 주었다. 그 속에는 교육장의 빨랫줄같이 긴 계몽 편지글(뒷면에 내가 간단히 적어 놓은 편지글도 있는 것)이 적힌 종이가 접혀 들어가 있다. 아이들은 봉투만 보고도 "육성회비, 육성회비" 하면서 떠들었다. "육성회비 얼마씩 낸다더냐?"

이렇게 물었더니 모두가 알고 있는 대로 대답했다. 이래도 아이들에게 비밀로 한다고 한다. 그래서 교육장의 계몽 편지까지(그 어려운 문구의 글까지 아이들이 알까 봐) 꼭 봉투에 넣어 보내라는 지시가 내린 것이다. 그럼, 아이들이 돈 가져올 때는 어른들이 돈을 봉투에 넣는 것도 안 보아야 하고, 돈 걱정하는 것도 안 보고 안 들어야 하고, 선생이 돈 받고 봉투 내용을 검수하는 것도 보지 말아야 하지 않겠나. 어떤 아첨꾼 관리가 이따위 교육적 배려 방법을 고안했을까?

농사일을 어른들과 같이 걱정하는 아이들이다. 어른들과 같이 일하고, 살림을 걱정하고 살아가는 것이 농촌 아이들이다. 이런 아이들보고 집 걱정하지 마라, 돈 걱정하지 마라, 하는 말이 무슨 소용이 있는가? 그런 말은 아이들을 이기적으로 불성실하게 만드는 것밖에 아무것도 될 수 없다. 또 걱정이 가득한 아이에게 그 원인은 없애 주지 않고(도리어 걱정거리를 만들어 주면서) 걱정하지 말라고 하면 걱정을 안 하게 되는가? 문교부란 데가 이런 짓이나 교육이라고 시키는 곳이다.

1970년 5월 10일 일요일 흐린 뒤 비

아이 엄마가 아침에 무좀 약으로 쓰고 있는 옥도정기를 사려고 장에 나가는 인편에 부친다고 나갔다 오더니, 귀봉이네 모녀가 나가기에 부탁해 놓았다 한다. 귀봉이 어머니는 고사리를 큰 보퉁이로 한 보퉁이 이고 가고, 귀봉이도 다른 아이들 모두 여름옷인데 겨울옷 입었다고 하도 옷 사 달라 해서 같이 데리고 간다면서 가는데 귀봉이도 나물을 한 보퉁이 이고 가고 있더라 했다.

그런데, 오후에는 비가 왔다. 장에 간 사람들이 고생이겠다 싶었는데, 저녁때 바깥에서 누가 부르고 아이 엄마가 나갔다 오더니 옥도정기를 사 왔더라고 한다. 그리고는 "글쎄, 그 많은 나물을 겨우 2백 원 받았답니다" 했다. 고사리 꺾는 데 적어도 일주일은 걸렸을 것이다. 그걸 또 40리를 왕복했으니 80리 길을 걸은 셈이다. 그 무거운 짐을 비를 맞으며 이고 가서 겨우 그 돈밖에 못 받다니, 가난한 산골 사람은 죽으란 세상 아닌가. 귀봉이 옷은 어찌 되었을까? 아마 다른 볼일도 제대로 못 봤을 것이다.

홍근표라는 1학년 아이가 형을 데리고 와서 회비 2백 원을 냈다. 형은 스무 살 가까이 되어 보이는, 허수룩한 옷을 입은 청년이다. 형이 가고 난 다음 처에게 말을 하니 "그 집이 살기가 아주 어려운데 어떻게 돈을 장만했을까. 겨울이면 밥 굶기를 예사로 한다는데" 한다.

사정 얘기를 들으니 이렇다. 돌미기골에 집이 있는데, 아버지는 갈매골 성기탁(숙희 아버지) 씨 집에 머슴 일을 하다가 빚과 괴로운 노동을 견디다 못해 그만 지난해 자살했다. 오늘 돈 가져온 그 청년은 큰아들인데 손버릇이 나쁘고, 도시에 제멋대로 나가 돌아다니고, 어린아이 둘을 데린 어머니가 논밭 한 뙈기 없이 살아간단다. 여러 해 전에 큰딸 하나를 견디다 못해 학교 앞 굿못에 있던 형모(나병 환자, 마약 밀경자密耕者, 지난해 죽음) 씨의 아들(나이가 겨우 여남은 살 되는 아이)에게 주었는데, 시집간 딸은 어린 남편이 게으르고, 집일도 안 보고, 매질을 하고, 밥을 굶기는 등 학대를 한다고 하니 참 어처구니 없이 살아가는 집이다.

근표를 불러, 돈 어떻게 장만했나 물었더니, 어머니하고 저하고 산초 뿌리(삽주 뿌리)를 캐서 팔았다 한다. 1학년 아이가 약초를 캐서 판 돈을 육성회비로 가져온 것이다.

"그 어머니 만나면 육성회비 안 내도 좋다고 말해 줘요" 하고 처에게 말했다. 이 돈을 어쩌나? 돌려줘야지. 공책이라도 사라고 해야지.

1970년 5월 19일 화요일 흐림

급식 건빵이 왔다. 5센티미터×5.5센티미터, 두께 6밀리미터, 이런 것 열 개를 한 갑으로 해서 토요일과 일요일을 제한 1주 5일, 한 달 20일을 날마다 한 갑씩 아이들에게 주게 되어 있다. 재 너머 영양군의 백도학교는 벌써 3월부터 아이들이 건빵을 먹는다는 얘기를 어디서 듣고 온 아이들이 전하고, 이곳 본교에서는 며칠 전에 와서 급식을 하고 있는데, 겨우 어제 월요일, 그것도 요행히 트럭 편이 있어 본교에서 실어 보낸 것이다. 모두 다섯 상자. 한 상자가 280인분으로 표시되어 있는데, 네 상자는 찌그러지고 부서지고 한 상자만 온전했다.

이 급식 건빵은 운반이 큰 문제다. 교육청에서는 운임이 나올 데가 없어 골치를 앓고 있다고 한다. 그래서 임동까지 갖다 놓으면 그다음은 각 학교에서 책임을 지고 가져가게 해 놓았단다. 여기 대곡에는 요즘 장차도 잘 안 들어온다. 그러니 30리 길을 사람의 등으로 져 나르는 수밖에 달리 방법이 없다. 본교까지 가져오는 것은 본교에서 책임을 진다 하더라도 본교에서 분교장까지 어떻게 운반하나?

청부가 있어도 교장이 안 보낸다. 아무리 말을 해도 안 된다.

112

지난해 여름부터 분교장 근무로 되어 있는 청부가 아직 분교장에 근무한 일이 없다. 그러면서 아무것도 없는 분교장 기성회비, 육성회비로 수당을 지출하란다. 어제 건빵을 차에서 내릴 때도 포장이 다 풀어지고 부서진 건빵 상자를 아내가 학교까지 옮겨 오는데 혼이 났단다. 분교장의 청부는 어제도 오지 않았단다. 차 타고 오다가 그만 내려가 버렸다는 소문이다.

어제 교육청에 들어가 ㄱ 장학사에게 분교장 사정 얘기를 했더니 아무 말이 없었다. 독립교로 추진하기 위해서는 부지 2천 평을 지방민이 책임지고 확보해야 한다고 하면서도 일체 돈을 걸을 수 없다고 하니, 그러면 분교장은 아주 독립 학교를 만들 수 없나, 했더니 그제야 이렇게 말했다.

"뭣하러 알뜰히 그런 일을 할라 하나? 하지 마라 하면 안 하면 그만 아닌가?"

나는 이 말을 듣고 크게 놀랐다. ㄱ 장학사가 이렇게 노골적으로 말할 줄 몰랐다. 그렇다. 시키지 않은 일은 안 하면 그만이다. 그런 요령으로 모두 장학사도 되고 교장도 되고, 과장도 교육장도 되었겠지. ㄱ 장학사와는 잘 아는 터라 그런 말을 했는데, 알고 보니 그와 나는 천 리 먼 딴 세계에 살고 있는 것이다. 그래 나는 다시 더 말할 여지도 흥미도 잃고 나왔지만, 세상은 참 더럽게도 돼 버렸다. 그래도 오늘 신문을 보니 일선 교장들의 권한을 넓혀 주는 여러 가지 조치가 취해진다고 크게 보도되었으니 가관이다. 지금 도내 체육대회가 있다고 각 학교의 교장들이 출장비를 타서 대구에 모여 노는 판인데, 장학사들은 이런 기회에 교장들한테 한턱 얻어먹고, 교장들은 장학사와 과장들에게 제 돈도 아닌 학교 돈으로 선심을 써서 잘 보이고, 이래서 그들은 언제나 서로 죄를 용서하고 두둔하는 한통속이 되어 있는 것이 몇십 년 전부터의 질서인 것이다.

오후에 건강 기록부를 적고 있는데, 연한이 할아버지가 와서 제삿집에 가자 하셨다. 누구 집인가 했더니 기성회장 송한 씨네라 하신다. 참 그렇지. 작년 이때 그 어른이 돌아가셨지. 그렇잖아도 오늘 오후쯤 육성회 의논도 하고 가 보려고 했더니 잘됐다 싶어 갔다. 부조는 초 한 봉.

올 때 홍석규 할아버지를 만나 석규 얘기가 나왔다. 알고 보니 그때 석규 할아버지가 다섯 번째나 학교에 가서, 면의 몇 가지 증명과 저쪽 이사 간 곳의 거주 증명과 그 밖의 모든 것을 갖추어 냈더니, 이번에는 부모와 식구가 다 가도 할아버지가 안 가고 있으니 분가계를 내어서 오라 하더란다. 그래 할 수 없이 다시 영양으로 가서 그 얘기를 같은 교원으로 있는 석규의 재종숙 되는 사람에게 했더니 "어디 그럴 수 있는가, 부모가 다 이사를 했는데 분가계를 내야 전학 증명서를 써 준다니 정 그러면 안동교육청에 가서 교육장님한테 얘기를 해 버리지. 교장 아니라 세상없는 사람이라도 전학 증명서 안 해 주고는 안 될 테니" 이렇게 말하더라 한다. 그래 그길로 돌아와서 안동교육청에는 안 가고 다시 학교에 갔더니(아마 교육장한테

간다고 말했던 모양이지) 그때야 해 주더라 한다.

세상에 이렇게 나쁜 사람은 흔하지 않을 것이다. 손톱만큼 한 이익을 위해서 남이야 곤경에 빠지든 말든, 어린아이들이 평생 공부를 못 하게 되어 그 장래를 망치게 되든 말든 수단 방법을 안 가리고 상급 관청의 지시나 규정을 교묘하게 이용하는 사람. 그러다가 자기에게 불리하다 싶으니 지금까지 어길 수 없다고 그처럼 고집하던 그 규정을 헌신짝처럼 내던져 버리는 사람. 이런 사람이 교장으로 지금까지 몇십 년 있는 동안 얼마나 많은 아이들과 그 아이들의 부모들을 울리고 불행하게 만들었을까?

안명숙이란 아이는 결국 전학 증명서를 못 얻고, 이젠 소식도 없다. 아주 학교를 단념한 모양이다.

낙기와 강기 두 형제는 두 달 동안 안동에서 살다가 할 수 없이 돌아와 다시 여기서 다닌다. 그 가난한 형편에(면의 구호 대상자다) 누나는 매월 240원, 동생은 120원을 3월부터 모두 내었는데, 일부러 덜 갖춘 서류를 만들어 보내어 다시 돌아오게 했다. 이쯤 되면 사기꾼 아니고 무엇인가?

김후자는, 부모도 없는 이곳에 있을 수 없어 안동에 가 버렸다. 후자 할아버지 얘기 들으니 후자 어머니가 여러 날 안동 중앙국민학교에 가서 무릎을 꿇고 빌어서, 전학증 없이 2학년에 들어가게 되었다 한다. 그런 얘기를 교장한테 했더니 좀 난처한 기색을 보이면서 "이 학교에 재적해 있는 아이를 전학증도 없는데 입학시키다니 그럴 수가 있는가" 했다. 전학을 가야 할 아이에게 서류를 만들어 주지 않으면서, 천신만고로 저쪽 학교에 들어 놓으니 이번에는 왜 입학시켰는가 한다. 그럼 결국 그 아이는 학교에 다니지도 마라는 말 아닌가.

이런 아이들 말고도 전학 증명서 얻기가 까다로워 이사를 못 가고 있는 집이 몇 집 있다. 벌써 이사 간 사람들도 아예 증명서 얻을 생각을 안 하는지 소식이 없는 이들도 있다. 강원도로 간 민영자와 민경석 형제도 그중에 든다. 먹을 것도 없이 죽지 못해 떠난 사람들이 무슨 돈이 있어 차비를 써 가며 몇 번이나 증명서를 내기 위해 왔다 갔다 하겠는가. 면까지 40리, 학교까지 30리를 적어도 네댓 번은 다녀야 하고, 또 이사 간 강원도에서 오고 가야 한다. 그래도 내주지 않는 것 아닌가.

모두가 가난한 사람들이다. 가난하기 때문에 교육조차 못 받은 사람들이 할 수 없이 쫓겨 오다시피 한 이 골짝에서 흙을 파고 짐을 지면서, 어떻게 해서라도 어린것들만은 공부를 시켜 이런 억울한 가난에서 벗어나야겠다고 학교에 보내기 위해 온갖 애를 다 쓴다. 그런데, 글자 한 자 모르고, 관청의 사정 같은 것 알 턱이 없는 이들에게 온갖 어려움이 강요되고 박해가 가해진다. 이들을 대변해 줄 사람은 아무도 없다. 정치도 교육도 이들을 완전히 외면하고 있다. 이 산골 사람들의 뼈만 남은 어깨와 등에는 어두운 지구의 온 무게가 짓누르고 있는 것이다.

1970년 6월 8일 월요일 맑음

본교에서 갑자기 학예회를 하니 오라는 연락이 와서, 아침에 아이들을 모두 데리고 갔다. 교실 두 개를 사이의 벽을 없애고 만들었으니 어른들이 웬만큼 모여도 자리가 비좁겠는데 어디 아이들 구경할 자리가 있겠나 싶었지만 오라고 하니 안 갈 수 없었다.

가 보니 역시 아이들을 분교장까지 합쳐서 어느 다른 교실에 대기시켜 놓는다. 대기하는 교실도 자리가 좁아 앉지도 못하고 꽉 짜서 서 있는데 날씨는 덥고 아주 수라장이다. 아이들 구경은 어찌 되는가 물으니 안 시킨단다.

본교 아이들은 어제 일요일에 다 보았단다. 그럼 분교장 아이들이라도 보여야 할 것 아닌가. 이런 곳에 가두어 놓을 바엔 뭣 때문에 오라고 했는가 하니 교장 선생이 그렇게 하라고 하더란다. 화가 나서 교무실에 가서 말했더니, 그럼 복도에라도 세워서 보도록 할까 하는 것이 교장, 교감의 대답이다. 결국 어른들이 많이 오면 자리를 내주기로 하고 안에 들어가 앉혔다.

그런데, 그냥 구경만 하고 있기가 안됐다는 생각이 들어 분교장 아이들도 둘이 나가서 노래를 부르게 했다. "우리도 아무 준비 없이 하는 거지요. 뭐, 평소 하는 대로 부르겠지요" 해서 낸 것이다.

한 이틀쯤이라도 앞서 연락만 주었더라면 같이 출연을 했을 것이다. 아무리 바쁘더라도 너무 성의가 없다. 그러면서 먼 길을 걸어온 아이들을 구경도 안 시키고 교실에 가두어 놓다니, 어디 이럴 수 있는가.

학예회는 거의 독창과 제창만으로 순서가 짜여 있는데, 너무 단조로웠다. 노래하는 정도야 말할 것조차 못 되지만, 어째서 평소 학습한 내용의 공개라면서 낭독 같은 것도 하나쯤 없었을까.

연극이 하나, 교과서에 나온 것을 그대로 한 것인데, 이것 역시 아이들이 가엾다는 느낌이 들 정도였다.

제일 나쁜 것은, 시작하기 전과 중간과 마지막에 교감, 교장, 기성회장 들이 번갈아 올라가서 긴 연설을 하는 것이었다. 모두 육성회비를 빨리 내줘야겠다는 얘기였다. 아침에 내가 가서 교장을 만났을 때 "아무것도 준비 없이 하는 것이지요. 그거 육성회비 걷기 위해 할 수 없이 하는 겁니다" 이렇게 교장, 교감이 말하고 있어서, 도중에 교장이 긴 얘기를 하리라고 예상은 했지만, 정작 들으니 어처구니없이 재미없고 너절하고 긴 말이라 지긋지긋했다. 불쌍한 아이들! 불쌍한 어른들!

돌아올 때는 무덥기도 해서 아이들이 모두 맥이 빠졌다. 그래도 구경 잘했다고 집에 가면 자랑할까? 가을에는 우리 분교장에서 진짜 재미있는 학예 잔치를 해 보고 싶다.

'협동조합'이라고도 하고 '조합 저금'이라고도 하는 것을 교
육청에서 하라고 지시가 왔다면서 교사 한 사람에 3백 원씩 내
라고 하기에 내주었다. 교원들 보수가 적고 하니 이런 돈을 내
서 무슨 장사라도 해서 보탬이 되도록 하라는 모양인데 그게
무엇이 되겠나. 가뜩이나 복잡한 사무에 아이들 가르칠 틈도
없는데 누가 그런 장사를 하고 있겠는가. 본교에서 류 선생이
그 사무를 맡고 있다기에 대관절 어떻게 할라는 거요, 하고 물
으니 "교육청에서 꼭 하라는 지시가 있어서 어쩔 수 없지요.
이걸 가지고 장사니 뭐니 한다고 하다가는 십중팔구 본전도
못 찾고 내 돈 물어넣는 꼴 될 테니, 할 수 없이 이대로 저금이
나 해 두었다가 교육청에나 보이고, 이동되면 내주는 게지요"
했다. 뻔한 일이다. 교육청에서는 일선 교원들이 이렇게 스스
로 살아갈 연구를 하도록 노력하고 있다는 것을 윗사람들에게
보이기 위한 통계 숫자의 자료나 생기면 목표는 달성하는 것
이니까.

결국 손해를 입는 것은 교원들이다. 부패한 행정에서는 관료
들이 일선에서 일하는 사람들을 도와준다고 하는 모든 일이
오히려 그들을 뜯어먹기 위한 수단으로 되어 있다.

회충약 온 것을 세어 보니 188개 되어야 하는데 180개다. 본
교에 온 것도 모자란단다. 교육청 사무원들이 이런 것을 슬쩍

했는지도 모른다. 지난해엔 〈새교실〉 부록이 별책으로 나왔는데, 거의 한 번도 보내온 적이 없었다. 그런데 얼마 전 교육청에 갔더니 관리과 사무직원들이 〈새교실〉 부록으로 나온 수첩을 가지고 있었다.

1970년 6월 23일 화요일 맑음

어제 동장한테서 편지 연락이 왔다.

　제목 : 예방접종 실시
　때 : 1970. 6. 23.
　곳 : 위 2동 샛터
　내용 : ① 장티푸스 5세에서 60세까지
　　　　② 천연두 3개월에서 5세까지
　　　　③ 기타 피임 루프 희망자

　아이들 통해 동민들에게 널리 알려 주시오, 하는 내용이다. 아침에 편지 받고 곧 동장 집으로 찾아갔다. 전에도 이런 연락이 와서 가니 아무도 오지 않아 그 먼 길을 모두 헛걸음하고, 그 많은 사람들이 바쁜 일 그만두고 어린애까지 업고 데리고 점심까지 굶어 가며 가서 온종일 기다려도 안 와 결국 그대로 돌아온 일이 있었기 때문에 단단히 알아보고 광고를 해야겠다고 생각한 것이다. 동장은 자기도 그런 염려를 하고 단단히 다짐을 받았다고 하면서 "이번에는 그렇지 않겠지요" 했다. 그래서 돌아와 아이들에게 한바탕 예방주사 얘기를 해 주고, 장티푸스와 천연두 얘기도 하고 나서 공책에다 쓰라고 칠판에 적어 주었다.

내일 위 2동에서
장티푸스(장질부사) 예방주사 5세부터 60세까지
천연두(우두) 3개월부터 5세까지

그리고 아침 일찍 가도록 말하라고 했다. 늦게 가면 약이 모자라 못 맞을는지 모른다고.
그런데, 국민학교생들은 어쩌나? 보통 때 같으면 학생들도 오라고 기관에 공문을 보내는 것인데 아무 기별이 없다. 아마 따로 또 기회를 주겠지. 그래도 염려가 됐다. 장티푸스가 안동군 어디에 많이 생겼다고 하는데 걱정이다. 할 수 없이 최 군한테, 내려가서 학교에 공문이 왔는가 안 왔는가 알아보고 내일 아침 일찍 와서 알리라고 했던 것이다.
오늘은 1시까지 기다렸다. 12시경에 우체부가 와서, 올라올 때 보니 아직 사람들이 기다리기만 하더라 한다. 최 군도 아무 소식이 없다. 생각 끝에 할 수 없이 아이들을 집으로 돌려보내 버렸다. 이렇게 더운 날씨에, 내려가서 주사를 맞는다 하더라도 왕복 두 시간에다 세 시간은 걸려야 분교장까지 돌아온다. 먼 골짜기에 있는 아이들은 오후 5시라야 집에 도착한다. 점심도 굶고, 이 더위에 더구나 장티푸스 주사 맞아 놓으면 열이 나서(재작년에도 그랬다) 먼 길 걷기가 힘든다. 병 예방하려다가 생사람 잡는 꼴 나겠다 싶었던 것이다.

아이들 다 보내고 나니 1시 반이나 되어서야 최 군이 왔다. 주사를 맞도록 말이 되었다고 한다. 아이들 다 가 버린 뒤라 할 수 없고, 아이들 안 가고 있다 하더라도 그 시간에는 갈 수 없는 것이다.

벽지의 아이들은 이래서 가엾다. 나라의 행정 전체가 도시 중심, 있는 사람 중심인데, 말단 월급쟁이들이 이런 산골짜기까지 가난한 사람들 위해 찾아오기 싫어하는 것은 당연하다.

나는 긴 글을 써서, 이 산골 아이들을 위해 부디 한 번 더 와 달라고 하는 편지를 써 보냈다. 거의 가망이 없는 줄 알면서.

2부

1971년부터
1973년까지

1971년 3월 17일 수요일˙

 오전에 두 시간 동안 가정방문을 했다. 약 20호 정도, 아이들을 데리고 바삐 다니면서 문 앞에서 인사하고 나오는 식으로 다녔는데, 거의 모두 셋방에 들어 있고, 제 집을 지키고 있는 집은 겨우 세 집뿐이었다. 골목이 꼬불꼬불하여 겨우 한 사람이 다닐 만한 좁은 길인데, 세상에 이런 미로가 있는가 싶었다. 비산동이란 곳을 새삼 느꼈다.

 부모들이 있는 집은 대개 담배를 한 갑, 혹은 두 갑씩, 안 받으려 해도 억지로 주머니에 넣어 주는데, 참 난처했다. 나중에는 주머니가 불룩했다. 어느 집에서는 돈을 백 원 주었고, 5백 원을 봉투에 넣어 주는 집이 두어 집 있었다. 오후 수업 중에 어느 선생이 봉투를 가지고 와서 "이거 천진호 집에서 전하는 겁니다" 하고 주는데, 나중에 보니 천 원이 들어 있었다. 참으로 쑥스럽고 난감하다. 다른 선생들은 이 재미로 대구라는 도

––––––––––––––––––––––

 ● 1971년 3월 1일에 경북 대구시 비산국민학교로 옮겼다.

시에서 사는 맛을 즐기는 모양이지만 나는 아무래도 죄스럽다. 가정방문을 할 수 없이 하지만, 정말 가기 싫다. 부모들의 표정이 꼭 무슨 얻어먹으러 찾아오는 신사 거지라도 대하는 것처럼, 겉으로는 반기는 척하지만 내심으로는 난처한 기색을 읽을 수 있다. 무엇보다도 담임선생을 대해서 여러 가지 아이 교육에 대한 생각이나 부탁의 말을 해야 할 터인데, 그런 말은 도무지 없고 담배니 술이니 하여 대접하는 걱정부터 하느라고 쩔쩔맨다. 도시의 교원들이 모두 그렇게 부모들을 대하고 그런 것을 바라서 가정방문을 하였다는 것을 알 수 있다.

이곳은 도시의 변두리여서 이런 정도다. 도심지에서는 가정 방문을 안 가더라도 부모들이 찾아와서 몇천 원 정도는 주고 가는 것이 예사로 되어 있는 일이라고 한다. 그러면 담임은 그 돈을 가지고 교장, 교감에게 상납한다. 교장, 교감은 교사들이 상납한 돈의 액수에 따라 근무 성적의 서열을 매기는 것이 상례라고 한다. 내가 잘 알고 있는 시내의 선생들이 모두 그렇게 말한다. 교육이 너무너무 타락되었다.

비산동, 이곳은 대한민국에서 셋째 가는 큰 도시가 무서운 속도로 팽창하는 지대다. 학교 옆 철조망 너머에는, 내가 와서 두 주일도 못 되었는데 벌써 빈 땅이 다 차도록 집들이 꽉 들어서고 있다. 길도 수도도 없는데, 그래도 건축 허가는 나는 모양인지 마구 집을 짓는다. 질서도 없이 마구 지어 놓은 집들 사이를 이리 돌고 저리 돌고 하는 골목은 이래서 수수께끼 문제를 푸는 미로같이 생겼다. 대구시는 이렇게 터져 나가는 지대를 그대로 방치해 놓고 있다. 길도 계획하지 않고 있다. 가난한 사람들―공장의 직공, 막벌이 노동자, 실직자, 농촌에서 찾아온 이농 가족…… 들은 이곳에서 5, 6만 원짜리 도지 방을 얻어, 어떻게 해서라도 살아가려고 발버둥친다. 그래서 조금이라도 돈이 생긴 사람은 평당 1만 3천 원에서 1만 5천 원짜리 땅을 사서 조그만 집을 지어 놓고 셋방을 내놓는다. 구멍가게를 차리기도 한다.

비산동
이곳은 커다란 도시가 부풀어 터져 나가는 곳
똥 무더기와 쓰레기와 흙탕진구렁이가
수수께끼 문제같이 돌아가는 골목마다
마누라보다 소중한 장화에 밟히는 곳
앓는 조국의 상처
곪아 터지려는 부스럼
나는 오늘도 가난한 아이가
고개 숙이고 안내하는 셋방 집을 찾아가
핏기 없는 얼굴의 그 어머니들이 내미는
신탄진 담뱃갑을 어쩔 수 없이 받으며
교장, 교감에게 이제 내가 무엇을 상납할 것인가
육성회비를 어떻게 받아 낼 것인가

태산 같은 걱정을 하며
골목마다 쳐다보는 아낙네들이 부끄러워
절벅절벅 장화를 끌고
죄인처럼 고개 숙여서 미로를 간다.
미로를 간다.

1971년 3월 18일 목요일

오늘도 오전은 가정방문을 했다.

고한나라는 아주 쾌활한 여자아이가 있다. 어제부터 제 집에
간다고 따라다니다가 시간이 없다고 돌려보내고 하던 아이다.
골목을 얼마나 돌았는지 한길까지 나가 다시 되돌아 산기슭을
올라오는 골목길에 하나가 있었다. 길을 지나다가 그 아이가
"우리 아버지 저기 가네요" 해서 보니 시커먼 옷을 입고 리어
카를 끌고 가는 사람을 가리킨다. "우리 아버지 연탄 가지러
가요" 한다. 물어보니 연탄 장사를 한다 했다. 나는 한나가 더
욱 귀엽게 보였다. 아마 좁은 골목이지만 버젓한 가게를 차리
고 있겠지 하고 갔더니, 아주 기어들어 가야 할 것 같은, 문도
다 헐린 조그만 셋방이고, 부엌에 연탄이 겨우 몇십 개 쌓여 있
었다. 어머니가 한참 있다가 나오는데 "우리 한나가 걱정이래
요. 너무 남자아이 같아서요" 하고 부끄러워하는 눈치다. 한나
어머니는 담배도 한 갑 주지 않았지만 나는 그 집 식구들에게

축복을 하며 나왔다.

최현주란 아이가 있다. 영양 상태가 좋아 보이고, 얌전한 아이다. 집에 찾아갔더니 텔레비전과 전화가 있었다. 아버지가 회사에서 오토바이로 달려왔다. 가정방문을 시작하고 나서 처음으로 방에 들어갔다. 넉넉한 집이라서 들어간 것이 아니다. 마침 따라다니던 아이들이 몇 아이밖에 없었고, 또 현주 어머니가 아무리 말려도 그만 전화를 걸어 아버지를 불렀기 때문이다. 그렇게 나를 만나기 위해 집에 돌아온 아버지를 보고 방에 들어가지 않을 수 없었다. 따라온 몇몇 아이들이 어떻게 생각했을까? '현주네 집은 부자라서 선생님도 방에 들어가신다'고 생각했을 것이 틀림없다. 그렇잖아도 아이들이 따라다니면서 담배를 받는 선생님을 보고 "야, 선생님 돈 많이 벌었다"고 말하는 아이들 아닌가.

괴롭다. 어서 가정방문을 끝내고 싶다.

현주네 집에서는 맥주를 내놓았다. 현주가 적령 이전에 들어갔으니 잘 보아 달라고 했다. 반 아이들이 흔히 때린다고 했다. 현주 아버지는 5대 독자인데, 그도 아들이 하나뿐이고, 그래 딸 하나와 가족이 넷이란다. 건축업을 한다고 해서 건축에 대해 몇 가지 물어보았다.

나올 때 봉투를 내주었다. 안 받으려고 했지만 안 되었다. 이것이 모두가 인정하는 도시의 풍습이다. 교원들은 이렇게 해서 부수입을 얻어먹고 산다.

모양이 다른 거지. 이것이 교원이다.

오후의 미술 시간.

대곡분교장에서는 그렇게도 유쾌하던 미술 시간이 여기서는 아주 싫은 시간이 되었다. 아이들이 떠들고 장난하면서 그리는 것도 그렇지만, 그리는 그 그림이란 것이 아주 보기 싫다. 모두 어른들의 그림과 그리는 태도까지 흉내 내서 그린다. 철저하게 흉내 내는 훈련만을 받은 것이다. 극히 형식적이고 개념적인 그림, 진실성이란 조금도 없고, 어린이다운 느낌의 표현이란 찾아볼 수 없다. "이 아이가 참 그림을 잘 그립니다" 하고 이칠우 선생한테서 소개받은 지미정이란 아이가 있는데, 무슨 미술 대회에서 상을 받았다 한다. 그래서 저도 취미가 있어 날마다 집에서 그림을 그린다고 그의 어머니도 언젠가 와서 얘기해 주었다. "하도 그림을 그려서 왼손이 동상에 걸렸어요" 했다. 왜 왼손이 동상에 걸렸는가? 겨울에 찬 방에서 그려서 그런가 잘 모른다 했다. 아버지가 사업에 실패하여 어디 나가 버리고 집이 곤란하다는데, 그래도 그림에 대한 희망이 대단한 모양이다.

그런데(오늘이 내가 이 아이들을 맡고 나서 두 번째 미술 시간이다) 그림을 그리는데 보니 아주 보기 싫다. 먼젓번에 그린 것을 일부러 교실 뒤에 걸어 놓고 그 밑에 그림에 대한 비평의 말을 써 붙여 놓았는데, 오늘 그린 것 보니 조금도 고쳐지지 않고 그대로다. 형식적으로 쓱쓱 구도를 그리고, 거기 울긋불긋 색깔을 칠해 놓은 것이 아주 어지럽고 미칠 것 같다. 사람의 얼굴이고 그림자고 틀에 박힌 것을 찍어 내듯 한 것이 조금도 개성이 없다. 내가 다시 그림을 내걸어 놓고 비평을 했더니 그 아이는 엎드려 딴짓을 하고 있었다. 나는 좀 화가 나서 고함을 질렀다.

오늘 다른 아이들이 그린 그림은 지난번보다 좀 나은 것이 더러 나왔다. 두어 달쯤 지나면 이 아이들이 제 느낌을 그림으로 나타낼 수 있을까?

그러나 그때는 내가 아마 이 학교를 떠나 있을 것이고, 그래서 다시 다른 어느 선생님으로부터 기괴한 그림 그리는 기술을, 흉내 내기를 배우고 있을 것 아닌가? 틀림없이 그럴 것이다.

그림을 이해하며 아이들을 그림으로 병들지 않게 가르치는 선생이 60명 가운데 한 사람이라도 있을 것 같지 않다.

1971년 3월 19일 금요일

아침 출근이 괴롭다. 같이 있는 김 선생도 그렇단다. 도살장에 끌려가는 짐승이라면 좀 과장한 표현이지만, 참 가기가 싫은 학교다. 그 원인이 어디 있는가? 교장, 교감의 찡그린 얼굴, 결코 진실이라고 할 수 없는 거짓 교육의 강요 때문이다. 그리고 또 몇 가지 견딜 수 없는 것이 있다.

우선 아이들에게 정이 안 붙는다. 수업 시간에 실컷 열을 올려 수업을 진행하다 보면 한 20분이나 지났는데도 아직 여기저기 가방에서 책도 안 내놓고 장난치는 아이들이 있다. 이 아이들이 지금까지 학교에서 정상적으로 학습지도를 받은 일이 없었다는 것, 그래서 학습 태도가 전혀 되어 있지 않다는 것을 너무나 잘 알 수 있다. 숙제를 내어 달라는 아이가 많은데, 내주면 해 오지 않는 아이가 반도 더 된다. 아무리 타일러도 야단쳐도 전혀 효과가 없다. 제 옆의 아이를 때리기만 하는 아이도 여럿 있다. 학습이고 생활이고 아이들의 세계가 너무 황폐되어 있다. 대체 이 도시의 교사들은 아이들을 어떻게 가르치고 있는가? 수업 시간을 어떻게 보내고 있는가?

다음 또 하나 고통스러운 것이 먼지다. 교실이고 복도고 먼지 투성이다. 동향 교실에 볕이 안 들어오는데도 아이들이 있을 때 들어가면 안개가 낀 것같이 뿌옇다. 복도도 그렇다. 물걸레로 닦으면 먼지가 좀 닦여 나가겠는데, 마룻바닥이 검게 보인다고 물걸레를 쓰지 못하게 한다. 그래서 비로 쓸고 마른걸레로 문지르기만 하는 것이 청소다. 뿌연 먼지 속에서 온종일을 살아가는 아이들이 너무나 불쌍하다. 6년 동안 이렇게 먼지만 마시고 자라난다는 것은 예삿일이 아니다. 내 자식은 어떻게 해서라도 이런 도시 학교에 보내지 말아야겠다는 생각이 든다. 변소에 가면 온통 똥 무더기가 변소간마다 쌓여 코를 찌르는데, 청소 용구 하나도 사 주지 않고 "어떻게 해서든지 아이들에게 시키면 한다"고 말하는 것이 교감의 대답이다.

미술 시간에 아이들 그림을 들여다보는 것도 고통스럽다. 농촌에서 이농해 오고, 도심지에서 밀려온 셋방살이 무직자들에게 앞으로 육성회비는 어떻게 받는단 말인가?

오늘도 가정방문을 했더니 참 눈물이 날 정도로 가난한 집들이었다. 셋방이라야 고작 사글세 1만 원에서 2만 원짜리고, 좀 더 좋은 집에 들어간 사람이 5만 원짜리 도지 방이다. 아버지가 없는 아이, 어머니가 없는 아이가 어째서 또 이렇게 많은가? 더구나 아버지 없는 아이가 열도 넘는다. 과부들이 모여 사는 가난뱅이 마을 같다. 건축 청부업이 하나, 회사원이 하나, 그 밖에는 모두 무직이거나 노동이 아니면 기껏 일자리를 가진다는 것이 시장에서 세금을 받고, 야경을 하고, 오물 청소 '구루마'를 끌고 하는 일들이다.

1971년 3월 23일 화요일

새벽에 일어나 이 글을 쓴다. 간밤에는 일찌기 잤는데, 밤중에 일어나 오랫동안 잠을 못 들었다. 옆방에서 시끄러운 소리가 들려왔기 때문이다. 두 젊은 부부가 날카로운 소리로 싸우고 있었다. 그들은 옆방에 방해가 되는 줄 알 터인데, 다른 방에서 시끄럽다고 고함을 쳐도 전혀 개의치 않고 오랫동안 악을 쓰고 싸웠다. 그러다가 이번에는 저쪽 또 다른 방에서 이상스런 남녀가 떠들었다.

이래서 새벽에 잠깐 눈을 붙이고 잤는데, 오랫동안 꾸지 않았던 그 맨발 꿈을 또 꾸었다. 신을 잃어버리고 맨발로 어찌할 수 없이 돌아다니는 꿈은 내가 가끔 꾸는 것인데, 얼마 전부터 그런 꿈을 안 꾸게 되어 잠시 잊어버렸더니 또 꾼 것이다. 이 학교에 와서 새 구두를 잃어 버렸기 때문일까?(몇 해 동안 이 학교에 있었지만 신을 잃은 선생님은 없었다고 말하는 분이 있는데, 나는 신장에 넣어 둔 새 구두를 잃어버린 것이다)

꿈에 신이 없이 쩔쩔맸다. 내 발에는 고무신이 한 짝만 신겨 있었다. 마침 보니 건너편에 고무신 가게가 보였기에 거기 가서 운동화를 샀다. 그 가게까지 걸어가는데, 이번에는 웬 찢어진 고무신이 맨발인 한쪽 발에 신겨 있는 것을 깨닫고, 그래도 다행이라 여기고서 그 가게를 찾아가는 꿈이었던 것이다.

하도 학교 일이 어수선하고 마음에 맞지 않고 보니 이런 꿈을 꾸게 되나 보다. 프로이트는 이런 꿈을 어떻게 보고 있는지 모르지만, 그것 없이는 다닐 수 없는 신발은 곧 그것 없이 살아갈 수 없는 직업이 아닐까? 신발을 잃어버리고 쩔쩔매는 꿈속의 나는, 마음에 드는 직업을 갖지 못하고 괴로움을 당하는 현실의 나가 아닐까?

도살장으로 걸어가는 짐승 같은 기분으로 이 아침에도 나는 학교란 곳으로 가야 한다.

둘째 시간에 국어 수업을 교장, 교감, 교무가 참관했다. 수업안은 교실 뒤편에 붙여 놓았다. 이 학교에 처음 오는 사람은 다 이렇게 수업을 교장에게 보여 지도를 받게 되어 있다.

어제 오후에는 수업안을 쓰고, 교실 뒤편의 환경 정리를 하느라고 부산하게 어둡도록 일하고, 오늘은 또 일찍 출근해서 청소하고, 못다 한 환경 정리를 하고…… 이래서 참 오랜만에, 그리고 어쩌면 이것이 마지막이 될지도 모르는 연구수업을 위해 성의를 다했다. 같은 교실을 쓰는 3학년 5반 권 선생도 어제부터 와서 교실 청소고 정리고 거들어 주었던 것이다.

내가 할 수업은 국어과 3학년 1학기 '4. 운동장'이라는 시 교재의 첫째 시간이다. 교과서의 교재를 읽고 그것을 감상하고, 시와 산문을 구별해서 이해하도록 하는 것이 목표다. 뒤의 표는 교실 뒤편에 붙여 놓았던 지도안이다.

국어과 학습지도안

지도자 제3학년 6반 담임 이오덕

일시, 과목, 단원	1971년 3월 23일 제2교시 국어 3-1, 4. 운동장에서		
단원 목표	시를 읽고, 시의 마음과 그 형태를 알고, 시를 쓸 수 있게 한다.		
학습 계획			
차시	학습 내용	시간	자료
1 (본 시)	시를 읽는 가운데 시의 마음을 느끼게 하고, 그 형태를 이해시킨다.	40분	교과서의 작품
2	여러 가지 시를 읽어서 시를 감상하고, 시가 무엇인가를 이해하도록 한다.	40분	이원수 작 '새눈' 기타 동시집
3	시를 써 본다.	40분	권영애 작 '내 얼굴'
4	앞 시간에 쓴 작품의 감상 비평.	40분	아동 작품

본 시 학습 계획

지도 목표	시 작품을 정확하고 자연스럽게 읽는 동안에(읽기), 무엇을 노래한 시인가를 이해하게 하고(감상), 시가 무엇인가를 알게 한다(이론보다는 감성으로 느끼게).			
본 시 지도 계획				

단계	학습 문제	학습활동		시간	자료
		교사	아동		
도입	시란 어떤 모양의 글인가?	1. '삼월의 하늘'과 같은 글을 어떤 글이라고 했는가? • 시가 이야기 글과 다른 점은? • 오늘은 그와 같은 시를 또 하나 공부하기로 합니다.	시(동시) 줄이 짧다······.	약 5 분	교과서
전개	무엇을 나타낸 시인가? 어떻게 씌어 있는가? (작품의 형태 이해)	• 틀리지 않게 읽어 봅시다. • 발음 고치기(판서) • 교사 범독 1회 • 무엇이 씌어 있는가 생각하며 읽어 봅시다. • 무엇이 씌어 있는가? • 무엇에 놀랐는가? • 어째서? • 여러분도 이런 때가 있었는가? • 어떤 곳이 재미있다고 생각하는가? • 다른 이야기 글과 달리 씌어 있는 점은? • 이 시를 읽고 느낀 점을 간단히 써 보자.	읽기(지명독 2회) 틀리기 쉬운 낱말을 똑똑하게 읽는다. 자유독 1회. 구슬치기하다가 새싹을 본 것······. 새싹······. 봄이 왔구나! 하고 놀라는 마음. 있다. 없다······. 어라! 풀이 돋았네 ······. 다섯 줄씩 2연으로 되어 있다. 감상문 쓰기 (2, 3명 발표시킴)	약 30 분	교과서
정리	시란 무엇인가를 확인한다.	• 시란 어떤 마음을 쓴 것일까? • 다음 시간의 예고	무엇을 가만히 보고 있다가, 혹은 무엇을 하다가 문득 머리를 스쳐 가는 느낌. 아, 하고 놀라는 마음을 짧게 쓴 것.	약 5 분	교과서

136

대관절 수업이란 얼마나 어려운 것인가? 그러면서도 우리는 얼마나 쉽게 날마다 이 일을 해치우는가. 자신있게 해치우는가.

나는 내가 하는 수업을 남들이 볼까 두렵다. 언제나 그렇다. 그러니 연구수업이란 것도 여간 조심 되지 않는다. 그래 기왕 서툰 수업이라면 좀 열성이나 내어 보자. 목표를 뚜렷하게 세워서 그 목표를 향해 마구 달려가는 수업을 해 보자. 이런 심정으로 수업을 시작했다.

처음에 읽기를 몇 번 했다. 발음 지도를 했다. 교장은 처음부터 들어와 지도안을 들여다보더니, 한 15분쯤 보다가 나갔다. 조금 있으니 교감과 교무가 들어왔다.

내용에 대한 연구를 문답으로 한 것은, 이 시가 무엇을 쓰려 하였는가? 어떤 곳이 재미있는가? 좋다고 생각하는가? 시가 다른 이야기 글(산문)과 다른 점은 무엇인가를 묻고 대답하는 것이었다.

"이 시를 읽고 참 좋구나, 잘됐구나, 하는 것을 말해 봐요."

"'어라, 풀이 돋았네!'가 재미있어요."

"파릇파릇 귀여운 새싹이 좋아요."

아이들은 제각기 한 구절을 말했다.

"그 밖에는 없어요?"

"다른 데로 가자, 한 것이 좋아요."

한참 동안 대답이 없어 다시 읽어 보았더니 어느 아이가 이렇게 대답했다.

"그렇지! 그런데 왜 다른 데로 가자고 했을까? 이렇게 말한 이 아이들은 어떤 마음을 가지고 살아가는 아이들일까? 풀이나 벌레를 보면 짓밟아 버리는 아이들일까? 동무들끼리 욕설을 하면서 잘 싸우는 아이들일까?"

이렇게 말하며 시의 마음이란 것을 이야기한 다음 "시와 이야기 글이 어떻게 다를까요?" 하고 아이들에게 물었다.

한두 아이가 손을 들었다.

"시는 짧아요."

옳다. 그만한 것은 대개 알아차리는 것이다. 이래서 나는 마지막으로 '시는 무엇인가'를 다음과 같이 말하고, 칠판에도 써 보이고, 아이들에게는 공책에 적어 놓으라 하고 수업을 마쳤던 것이다.

1. 무엇을 보거나 하다가 문득 마음을 스쳐 가는 느낌이나 생각. 아, 하고 놀라는 마음.
2. 짧게, 꼭 하고 싶은 말만 쓰는 것.

나는 이렇게 해서, 다음 시간에는 여러 가지 동시 작품을 감상 비평하고, 특히 요즘 신문이나 잡지에 많이 발표되어 아이들이 본보기로 삼고 있는 동시 작품을 같이 읽으면서, 그런 것이 시가 될 수 없다는 것을 깨닫게 한 다음, 마지막 시간에는 실제로 시를 쓰게 할 계획이었던 것이다.

교감, 교무는 수업이 반도 더 지났을 무렵에 들어와 보았고, 다시 교장도 수업 마지막에 잠시 들어왔다.

오후 우리(3학년 8반 담임교사와 나)는 교장실에 가서 교장의 강평을 들었다. 먼저 반성부터 하라고 했다. 나는, 교재가 좀 색다른 것이어서 그렇기는 했지만, 아이들과 문답하는 시간이 대부분이어서 너무 단조로웠다고 했다. 그리고 교장, 교감, 교무 선생님들이 와 보시지 않았다면 아이들이 그렇게 얌전하게 앉아 있지는 않았을 것이라 생각된다고도 했다. 또 하나, 수업의 양이 좀 많았다고 반성된다 했다. 이것은 나중에 나 혼자 반성한 것인데, 이렇게 수업(지도)안을 안 짜고, 연구수업이란 것을 안 하고 평소와 같은 수업을 했더라면 훨씬 잘했을 것이라 생각되었다. 결국 연구수업이라고 잘해 보인다는 것이 이렇게 되어 버린 것이다.

교무부터 비평을 했다. 교무는 간단히 무슨 이야기를 했다.

교감은 교사 중심의 수업이라고 말했다.

다음은 교장의 강평 차례인데, 나는 이 학교 직원들한테 들은 말이 있어 각오를 한 터라 어떤 말을 해도 내 의견을 말하지 않으리라 단단히 마음먹고 있었지만, 참 너무 일방적이고 독선적이고 거의 모욕적인 말을 하는 데는 참을 수 없었다.

대뜸 두 사람(3학년 8반 담임교사와 나)의 나이며 교원 경력부터 따지고 들어갔다. 그만하면 이 학교에서는 경력이 오래된다고 말하고는, "작년 한 해 동안에 수업 연구를 해 본 일이 있습니까?" 하고 물었다. 나는 어리둥절했다. 수업 연구를 해보았느냐고 묻다니, 무슨 속셈인가?

"수업 연구라니요. 연구수업입니까?"

"허허, 요새 누가 연구수업이라 해요. 수업 연구라 하지."

"지도안을 짜서 누구에게 보이는 수업 자체를 말한다면, 그런 수업은 해 본 일이 없습니다."

"어느 학교에 있었지요?"

"임동동부 대곡분교장입니다."

"분교장의 직원이 몇이지요?"

"둘이었습니다."

"둘이라도 수업 연구를 할 수 있을 터인데…… 하나는 수업하고, 하나는 보고 해서……."

이렇게 해서 교장은 수업이 구태의연하다느니, 아동을 파악못 한다느니, 교사 중심이라느니 했다. 그리고 책장에서 책을하나 꺼내더니, 적어도 수업 연구를 하려면 이런 책을 읽어야되지 않겠나, 그렇게 연구를 안 하고 무슨 수업 연구를 하는가했다. 교장은 그 책을 펴더니 말을 이었다.

"여기 이 단원에 세 가지 목표가 나와 있습니다. 첫째는 봄에나오는 풀이나 벌레에 대해 이야기하고, 다음은 시를 감상하고, 다음은 시의 형식에 대해 산문과 다른 점을 알리고…… 이것입니다. 시와 산문에 대해 형식적으로 구분할 줄 알도록 한다, 이겁니다. 형식적으로 구별할 수 있게 해야지, 그런 고차적인 내용에 대해 이야기하는 것은 안 됩니다. 책을 좀 보고 연구하시오."

교장이 무슨 대단한 책같이 자랑해 보인 그 책에 씌어 있다는 시 지도에 관한 내용은 내가 보기로 잘못되어 있다. 국민학교 3학년 아이들에게 시와 산문을 형식적으로 구분하게 하는 지도는 실제로 아무 필요가 없을 뿐만 아니라, 시와 산문을 형식적으로 구별하도록 가르칠 수도 없다. 아이들에게 시와 산문을 형태상으로 구별하게 하는 노력이 사실은 시를 느끼고 잡는 지도에 도리어 방해가 되는 것이다. 아이들에게는 다만 시가 무엇인가를 구체적인 작품을 통해 느끼도록 하는 것만이 중요하며, 그래서 자기의 삶 속에서 그와 같은 시를 찾게 해야 하는 것이다. 시도 산문같이 쓸 수 있다. 형태를 알리는 것은 아무 쓸모도 없고, 정확하게 알릴 수도 없으니, 도리어 시를 알고 붙잡는 데 방해가 되지만, 시의 마음을 알게 하는 것은 저학년 아이들에게 필요하고 얼마든지 할 수 있는 것이다. 이것을 고차원이니 하는 것은 시를 모르는 소리다. 이것이 바로 시 교육이고, 이것을 제쳐 두고 특히 저학년에서는 시 교육이 있을 수 없다. 어디 엉터리 문인이나 교수가 써 놓은 책 하나 읽었다고 제법 국어 교육을 연구한 것같이 뽐내며 큰소리치고 있는 꼴이 가관이라 여겼지만, 이 사람이 본래 이런 사람이고 내가 이제 이런 완고한 사이비 교육자를 설득해 낼 수도 없는 바엔 아예 입을 다물고 있어야겠다고 가만히 듣고만 있었다.

그런데, 교장의 말은 그것에 그치지 않고 자기가 아주 국어 교육의 권위자나 되는 것처럼 일장의 연설을 해 댔다. 말의 도치법을 어떻게 지도해야 한다느니, 시의 연습을 잘못 지도한다느니 했다. "시의 형식이 고정적으로 있는 것도 아닌데 다섯 줄씩 2연으로 되어 있다고 지도하는 것은 안 될 말"이라고 했다. 그것은 내가 전혀 하지도 않은 말을 제멋대로 조작해서 한 말이었다. 단지 교안에다가 이 교재가 그렇게 되어 있다고 쓴 것뿐인데, 일반적인 시의 형식이 그렇다고 내가 지도한 것처럼 착각한 것이다. 아니, 착각이 아니다. 교안을 보고 착각할 리가 없다. 헐뜯을 거리를 찾다 보니 아무거나 말이 되는 대로 해 버린 것이다.

나는 꾹 참고 있었다. 이 사람이 바로 어제 아침에 주번 교사를 그 수많은 아이들과 선생님들 앞에서 고함치고 꾸짖던 사람이다. 분교장에서 왔다고 수업 연구도 모른다느니, 책을 보지도 않았다느니 하는 것은, 어떤 교원이고 처음 온 사람은 이렇게 해서 마구 혼을 내서 기를 죽여 놓아야 그다음부터 제 마음대로 부려 먹기가 편하다는 저질적인 계산에서 하는 행동이리라 짐작만 했다. 여러 해 전 ㅅ군에 있을 때 어느 학교의 선생님한테서 들은 얘기인데, 그 학교의 교장은 아주 힘이 센 사람으로, 처음 부임하는 교사는 누구든지 다짜고짜로 뺨을 한 대씩 갈겨 놓는다고 한다. 이 학교의 교장은 뺨을 치는 것과는 달리, 좀 더 신사적인 야만성을 발휘하는 사람이라 생각되었다.

그러나 나는 또 생각했다. 만일 이런 교장에게 나까지도 아무 말 없이 굴종하기만 한다면 앞으로 누가 단 한마디라도 말을 하겠는가?

수업 연구니 하여 무슨 새로운 교육을 연구해서 아는 척하면서도 그 수업을 보고 함께 연구하고 협의하는 일은 전혀 없고 일방적으로 비판만 하고(그것도 수업의 가장 중요한 과정은 안 보고 처음과 마지막에 잠깐 보고) 비방하기만 하는 것은 얼마나 구태의연한 태도인가? 이것이 새로운 수업 연구의 방식이란 말인가?

교장의 말이 끝날 무렵 결국 나는 한마디 하고 말았다.

"교장 선생님, 수업 연구와 연구수업, 이 두 가지 말이 하나는 새로운 말이고 다른 하나는 옛날 말이라 하시는데, 저는 그렇게 생각하지 않습니다. 연구수업은 수업한 것을 반성 비판하고 논의하는 것이고, 수업 연구는 수업한 것이나 수업할 것을 사전에 혹은 사후에 책을 보거나 자료를 조사해서 연구하는 것 아닙니까? 만일 이 말이 다 같이 수업을 말하는 용어라면, 수업이 아닌 연구, 책상 앞에서 하는 연구를 무엇이라 말해야 됩니까?"

교장은 내 말에 여전히 자기가 한 먼젓번 말을 되풀이했다. 교감은 교장을 옹호하는 듯이 말했다.

"예를 들면 전에는 교감 회의라고 했는데, 요새는 교감 연수회라고 말이 바뀐 것과 같습니다."

나는 또 다음으로 말했다.

"3학년에서 시와 산문을 형식적으로 구별하기만 해서는 시 지도가 안 된다고 생각합니다. 형식보다도 시를 쓰는 마음의 상태를 이야기해야 됩니다. 시 지도는 그렇게 하지 않고서는 감상이고 쓰는 것이고 할 수 없습니다."

이런 내 말에 교감은 또 재빨리 교장 편을 들었다.

"그런 지도는 나중에 해도 될 것입니다."

하긴 나중에 지도할 수도 있다. 그러나 처음부터 지도할 수도 있고, 처음부터 하는 것이 옳고 효과적이다.

나는 모욕감을 느끼면서 교장실을 나왔다.

종례 때 또 교무, 교감, 교장의 차례로 많은 지시와 명령이 있었다. 일거리가 또 생겼다. 육성회비 등급을 담임이 매기라면서 그 명부를 내일 제출하라고 했다. 교장은 교장 회의 전달을 한 모양인데, 무슨 신풍 운동이니 하는 얘기를 했고, 넥타이를 매고 다녀야 한다는 말도 했다.

연구계에서는 오늘 중으로 부진아 검사 통계를 내라고 했다. 부진아 검사도 다 안 되었는데 통계까지 내라니 무슨 억지인가? 다른 수업을 전폐하고도 2부 수업에서는 하루 가지고 안 되는데, 결석생도 있고 어쩌자는 것인가? 그래도 60명의 교사들은 질문 한마디 할 줄 모른다. 내가 못 한다고 했다. 이것은 내일까지로 연기되었다. 그럼 기초학력 통계는 내일 아침까지 내 달라고 했다.

밤에 시험지를 가져와 점수를 매기고 통계를 내었다. 두 시간도 더 걸렸다. 이 복잡한 통계는 결국 허울 좋은 장식에 지나지 않는다. 교육을 잘하는 것처럼 장학 당국에, 학부모에게 보이기 위한 것이다.

1971년 3월 24일 수요일

며칠 전에 나는 구두를 잃어버렸다. 아침에 출근해서 신장에 벗어 놓고 슬리퍼를 신고 교실에 가서 자습 지도를 20분쯤 한 다음 교무실에 돌아와 직원 조회를 하고는 아동 조회에 나가려고 신장을 열어 보니 없다. 혹시 내가 잘못 넣었는가 싶어 다른 신장을 찾아도 없고, 나중에 쉬는 시간에 현관과 복도를 돌아다녀도 없다. 그날 조회 때는 슬리퍼를 끌고 나갔는데, 교장 앞에 열두 사람의 신임 교사가 나란히 서서 인사를 하는데 나도 끼어 서서 정신이 없었다. 더구나 복장에 대해 여간 신경을 쓰지 않는 교장이 나를 얼마나 괴상한 사람으로 보았을까?
나는 지금도 기분이 나빠 그 일을 영 잊을 수 없다. 그때 사무실 현관에는 아주 다 찢어진 구두가 한 켤레 남아 있었는데, 아마 그 구두의 주인이 바꿔치기로 신고 간 모양이었다. 계획적인 도적의 소행이다. 선생님들은 모두, 아직 이 학교에서 학교가 생긴 이후 3년 동안 그런 일은 한 번도 없었는데 한다. 참 재수가 없는 나다. 오랫동안 같이 살던 인생의 짝을 잃었을 때는 물론 이보다 더 허전하고 슬프겠지만, 지금 내 심정은 그와 비슷한 상태라고 생각한다.

나는 발이 커서 구두를 맞춰도 좀처럼 발에 잘 안 맞는다. 아직 한 번도 발에 맞는 구두를 맞춰 신어 본 일이 없다. 기성화를 사도 그렇고, 일부러 맞춰도 그렇고, 언제나 거의 다 떨어질 무렵까지 발가락이 부르트고 뒤꿈치에 피가 나고 고생을 한다. 그러다가 지난 2월 하순 안동에 있는 ㄱ양화점에서, 남이 맞춰 놓고 찾아가지 않는 신을 행여나 몇 켤레 이것저것 신어 보는 가운데 참 희한하게도 발에 꼭 들어맞아 마치 운동화를 신는 기분인 것이 있어 당장에 2,600원을 주고 샀던 것이다. 그 뒤로 나는 몇십 리 산길을 걸을 때나 도시의 거리를 걸을 때나 한 번도 발이 아파 본 일이 없이 참 애지중지 신고 다니면서, 누가 맞춰 놓았던 것인지 모르지만 결국 나를 위해 만든 하느님의 예정이었구나 하고 기뻐하였던 것이다. 그랬던 것을 이번에 그만 잃어버리게 되었다.

나는 할 수만 있으면 시내의 헌 구두점을 돌아다니면서, 마치 잃어버린 내 사랑하는 사람을 찾듯이 기어이 찾아내고 싶지만, 도저히 그럴 시간이 없다.

그 구두는 어디로 갔을까? 어느 골목의 헌 구두 가게에서 다른 구두들 속에 나란히 진열되어 나를 기다리고 있을까? 또는 어느 사람의 맞지 않는 발에 억지로 신겨 끌려다니면서 울고 있을까?

그때 현관에 벗어 놓은 그 다 찢어진 구두는 내 발에 끼어들지도 않는 아주 작은 구두였으니, 내 신을 신고 간 사람은 그것을 털털 끌고 다니거나, 아니면 몇 잔의 막걸리값으로 길가의 구두 장수에게 넘겨주었을 것이다.

잃어버린 내 구두는 설령 남의 발에 신긴다 하더라도(결국 그렇게 되겠지만) 결코 내 발같이 꼭 맞는 주인을 만나지는 못하리라. 나도 이제 그 구두같이 꼭 맞는 신을 다시는 신어 볼 수 없을 것 같다.

그 자리에 꼭 있어야 할 것이 엉뚱한 자리에서 괴로움을 당하는 사실이 이 세상에는 뜻밖에도 많다. 그것이 돌이나 나무토막일 때보다 살아 숨 쉬는 생명일 때 비극은 더 크다.

우리 모두 죽어서 흙이 되고 물이 되고 연기가 되었을 때, 그때사 비로소 크나큰 하나의 우주로 돌아가 이런 비극은 없어질 것인가? 인생은 제자리를 찾아가기 위한 애씀이요, 몸부림이다. 돌아오라, 나의 것이여! 나의 자리여!

1971년 4월 1일 목요일

도시락을 안 가지고 학교에 갔다. 이 학교에 와서 처음으로 빈손으로 출근한 것이다.

9시부터 아무리 전화를 걸어도 시교육청 장학사가 안 나온다. 모두 교육장실에 들어가 회의 중이라 한다.

"회의를 그렇게 오래 걸려요?"

"시작하면 보통 몇 시간씩 끕니다."

점심시간이 되어서 볶음밥을 시켜 먹고 또 전화를 거니, 그때 사 김재화 장학사가 나왔다.

"네, 오늘 사령이 나갑니다."

"며칠 날짜로 된 사령입니까?"

"4월 1일 자입니다."

오늘 날짜로 된 것을 오늘 내보내다니, 벌써 여러 날 전에 도에서 발령이 내렸다면서, 그것도 여러 번 독촉해서야 겨우 이러니 참 어이가 없다. 부임할 사람의 사정은 조금도 생각해 주지 않고 자기들 형편대로 다른 사무 다 하고, 잊으면 잊은 대로 내 답답할 것 없다는 태도가 아닌가.

오후 수업을 여전히 정상대로 하고, 청소 당번 지도까지 했다.

첫째 시간부터 여자아이 하나가 아프다 한다. 머리가 아프다고 엎드렸다. 그냥 두면 낫겠지 싶었더니 점점 더한 모양이다. 점심도 안 먹었단다. 머리 말고 아픈 데가 없는가 물었더니 학교 올 때 다리가 아팠다 한다. 보니 오른쪽 다리 허벅지에 무섭게 큰 상처가 있다. 아주 어릴 때 병원에 가서 수술을 했다고 한다.

"좀 전에 병원에 갔더니 또 수술해야 된다고 해요."

이 아이는 어머니가 없고, 아버지는 노동, 언니와 오빠도 공장에 나간다. 조그만 셋방에서 가난하게 사는 아인데, 무슨 돈으로 입원할까?

그런데, 머리가 아픈 것은 다리의 흉터와는 관계가 없을 것 같았다.

둘째 시간이 끝날 때는 옆구리가 아파 숨을 쉬지 못하겠다 한다. 이상하다.

교무실에 달려가 교감, 교무에게 말하고, 청부가 있으면 좀 업혀서 집에 보냈으면 좋겠다고 했다. 양호교사에게 말했더니, 약은 에이피시(APC)밖에 없고, 아이를 돌려보내 달라고 하기 때문이다.

교감은 "아이들 몇이 시켜 집에 보내시오" 할 뿐이다. 어디가 어떻게 아픈가 하고 걱정하는 기색도 없다. 아프면 덮어놓고 집에 보내 버리는 것이 상수라는 태도다.

아이들의 복장이 어떻고, 인사가 어떻고 하여 걱정하고, 어머니 교실을 운영한다고 하고, 골목 청소까지 아이들 시키는, 교육행정을 한다는 사람이 이렇게 아픈 아이에 대해서는 놀랄 만큼 냉정하다.

교무도 "양호교사가 봐줘야 하는데……" 할 뿐이다.

나는 다시 양호교사한테 가서 "선생님, 한번 가 보시기나 해야 하지 않겠어요?" 했더니 마지못해 일어섰다. 이런 양호교사란 못할 사람이 어디 있겠는가? 에이피시와 소화제, 두 가지만 갖다 놓고, 아픈 사람이 있으면 담임교사에게 몇 알씩 주어 먹게 하고, 빵값이나 독촉해 거두고, 회충 구제 통계나 내는 것이 일이 되어 있는 양호교사.

양호교사가 교실에 와 보더니 "병원에 데리고 가야 할 겐데, 아이 집에 통지를 하는 것이 좋을 듯합니다" 할 뿐이다. 나는 "그만 됐어요" 하고 양호교사를 돌려보내고, 아이를 안고 숙직실에 갔다.

숙직실에 눕자마자 음식물을 방바닥에 흥건히 토했다. 마침 들어온 사환 아이도 찡그리고 나가고, 열에 아프다고 누웠던 여선생도 "바깥에서 토하잖고" 했다. 나는 토해 낸 것을 다 치웠다.

안겨 오면서도 아프다고 못 견디어 하던 아이가 고이 잠이 들었다. 연락을 받고 온 아이의 언니를 옆에 지키고 있게 하고 교실에 갔다.

4교시를 마치고 숙직실에 가니 그대로 자고 있다. 언니 등에 안아 업혀 집으로 보냈다. 아마도 심한 체증이었던 것 같다. 점심도 안 먹었는데 그렇게 토했으니, 그리고 토하고 나서는 아프단 말도 않고 잠이 든 것으로 봐서도 그렇다. 심하게 체하면 머리가 아프고 옆구리가 결리는 수도 있다.

오늘은 생활기록부와 신체검사표의 색인표까지 다 붙이고, 내가 맡았던 사무로서 오늘까지 해 놓아야 할 일을 죄다 해 놓았다.

오후 4시경에 청부가 사령을 가져왔다는 말을 교무가 전해 주었다. 종례가 시작되자 갑자기 교감이 나를 불러내서 나갔더니, "이번에 교감으로 승진되어……" 하고 소개 인사를 시켰다. 나는 간단히 인사를 했다. 그런데, 종례를 마치고 나서도 사령장을 주지 않는다. 선생님들이 모두 퇴근을 하고 있을 때 교감한테 가서 "그 사령장 어찌 됐습니까?" 하니 "아직 사령 안 받았습니까?" 하면서 책상을 찾더니 그제야 "아, 참 깜빡 잊었습니다. 진작 드릴 것인데" 했다.

선생님들이 시키지 않아도 서로 일을 하려 한다는 학교, 아무 할 일이 없다는 교감(교장)도 이렇게 정신이 없이 살아가는 것이 대구의 학교인가 보다. 학생이든 교사든 개인의 사정이나 형편 같은 것은 털끝만치도 염두에 두지 않고 강압과 통제만으로 질서를 잡아 가는 것이 이 땅의 학교교육이다.

교장, 교감, 교무와 저녁을 같이 먹었다. 나는 교장에 대한 감정을 좀 풀었다.

밤에 이대섭 선생이 하숙집에 찾아와서 한참 얘기하다가 갔다.

1971년 4월 21일 수요일 맑음*

오전에 1학년 보결 수업. 오늘은 1학년 1반과 4학년 2반이 비었다. 한 사람은 갑자기 아프다고 안 나오고, 또 한 사람은 여러 날 전부터 안 나온다.

● 1971년 4월 1일에 교감이 되어 경북 문경군 김룡국민학교로 옮겼다.

오후에 전직원 부락 출장. 술을 좋아하는 사람은 부락 출장이
라면 반가워하는 눈치다. 교장은 선거 관계로 회의가 있다고
아침에 면에 가더니 낮에 돌아와서, 토요일에 회의를 한다고
했다.

저녁때까지 직원실 뒤편에 붙이라는 '교육 연간 계획 진도
표'를 만드느라고 온갖 허황한 구호와 지시 사항을 들여다보
았더니 머리가 아프다. 그것을 대강 큰 항목만 적어 본다.

1. 교육 계획
  • 학교 운영 계획
  • 월별 계획
2. 교육 기반 조성
  • 학습 자료 확충
  – 이것만 해도 교직원 전체가 아이들 가르치는 일 그만두
  고 매달려 일해도 다 못 할 것 같다.
  • 도서 확충
  • 향토 자료 확충
  • 반공관 확충
  • 교재원 확충
  – 이 네 가지는 모두 교직원의 힘으로 모으고 만들고 해야
  한다.
  • 묘포장 확충…….

3. 시설 장비
   - 건물 보수
   - 운동장 시설
   - 연료 계획
   - 안전 점검
   - 이것도 커다란 표가 있다는데, 무엇인지 모르겠다.
   - 급식 계획
4. 환경 정화
   - 이것은 지시한 항목이 꼭 백 가지가 있는데, 그중에서 우리 학교 자체로 하나하나 검토해서 실시할 수 있는 것 60 몇 가지를 가려 뽑아 놓았다고 하지만, 그것이 어디 있는지 알 수 없다.
5. 교육의 사회화
   - 이것은 꽃길 조성, 꽃동산 만들기, 마을 지도, 봉사 작업, 어머니 교실, 청년 교실, 부락 청소 지도, 국기 달기 지도, 마을 체육 지도, 노래 보급, 이동 게시판, 어린이 놀이터, 어린이 공부방, 민속무용 지도 보급, 자매결연, 소년단, 소녀단, 애향반 운영…… 이렇게 수없이 있다.
6. 현직 교육 강화
   - 실기 연수
   - 수업 연구
   - 연구 발표

- 1인 1연구 등

7. 자활 학교 운영

- 조림
- 무슨 나무를 몇 그루 심는 것이 목표인데, 현재 몇 그루 있고, 올해 몇 그루 심어야 한다는 것.
- 단기 계획
- 낙수(落樹) 수집을 해서 그것을 팔아 문고를 몇 권 산다는 등이다.

8. 저축 지도

- 올해의 저축 목표는 얼마고, 기별마다 얼마나 달성했다는 것을 기록하고 보고하게 되어 있다. 올해 이 학교에서는 수세미 씨를 전교생에게 20개씩 나눠 주었다. 그것을 집에서 심어 가꾸도록 지시해 두었다. 가을에 수세미를 가져오게 해서 공동판매하면 그 돈을 저금하기로 되어 있다.

9. 지진아 지도

- 기초 검사
- 언제 실시하고, 그 결과가 어떠하고, 왜 그렇게 되었는가.
- 지도 및 구제 상황 보고
- 이것은 보고도 해야 하고, 도표도 만들어 놓아야 한다.

10. 과학 생산 교육 진흥

- 계속 관찰 지도 기록
- 실험 실습 연간 계획

- 실험 실습 과정 기록
11. 보건 체육 교육 진흥
- 신체검사 및 그 결과 검토
- 1교 1리 지도
- 체육회 참가 등
12. 어린이 협동조합
- 도무지 힘이 돌아갈 수 없는 것을 하라고 한다.

이 밖에도 또 수없이 많이 있다. 그리고 여기 대강 적어 놓은 이 12가지만 해도 그것을 다시 작은 항목으로 나눈 수백 가지를 일일이 '검토'해서 '계획'하고 '실천'한 결과를 '도표'로 그리고 '수량화'해서 나타내고, 그래서 달마다, 혹은 기별로 보고하고, 장학사들이 오면 설명해 보이고, 교육장이 오면 준비해 두었던 차트로 설명해야 하는 것이다. 계획하고 실천한 것은 3월부터 내년 2월까지 그 진도를 '일목요연하게' 도표로 나타내야 한다.

이놈의 나라가 망하지 않는 것이 이상하다. 아니, 벌써 망해 버린 지 오래다. 어디에 겨자씨만큼 한 진실이 살아남아 있는가? 교감이란 자리를 지키고 앉아 있는 나 자신이 미워 견딜 수 없다.

1971년 4월 30일 금요일 맑음

아침에 밥을 먹는데 라디오에서 선거가 공명하게 잘되었다
는 말이 나왔다. 박 대통령이 크게 승리했다는 보도다. 듣고 있
던 정 선생이 "난 선거하러 갔더니 벌써 누가 찍어 버리고 투
표도 못 했어요" 했다. 왜 그리됐는가 하니, "투표장에 들어갈
라 하는데, 이장이 부르잖아요. 이장 말이, 정 선생은 공무원으
로 멀리 가 있어서 오기 어렵겠다 싶어서 기권이 되는 것을 막
기 위해 대신 투표했습니다, 하잖아요. 그래 그냥 돌아왔지요"
한다. 손 선생이 "신민당 참관인은 없던가요?" 하니, "왜 없어
요. 넷인가 다섯인가 와 있었답니다. 그렇지만 그 사람들 모두
서울서 왔다던걸요. 그 사람들 뭘 압니까? 그리고 제 것은 벌
써 점심시간에 다 투표해 놓았답니다" 하는 것이다. 나는 곧,
어제 아침 점촌 이발관에서 이발을 하면서 걸상에 앉아 들은
얘기가 생각났다.

"신민당 참관인은 딱 한 사람인데, 하 어이가 없는지 눈을 딱
감고 앉아 있더군요."

옆을 돌아보니 30대 되는 사람인데, 선거에 대해서 아주 체
념한 듯한 말씨로 혼잣말을 하고 있었다.

"어젯밤에 본 ○○○ 영화(무슨 영화라고 했는지 생각나지 않
는다)하고 우리 나라 선거하고 견줘 보니 참 비슷한 데가 있어
서 우습기도 하고 기가 막히기도 합니다."

들고 있던 이발사도 동감이란 듯이 말했다.

"술하고 공무원들 아니면 어디 이렇게 됩니까."

그런데 머리를 다 깎고, 머리를 감고, 의자에 앉았으니 이번에는 다른 젊은 이발사의 입에서 아주 다른 관점으로 하는 말이 들렸다. 그 이발사는 아침을 늦게 먹고 이제 막 들어온 듯했다.

"허허, 참 기분이 좋지. 하와이하고 보리문둥이하고 싸워서 보리문디가 이겼다 말이야."

나는 이번 선거의 두 다른 면을 보는 듯하여 쓴웃음을 짓지 않을 수 없었다.

아침밥 숟가락을 놓으면서 정 선생이 또 한마디 했다.

"아무래도 우리 나라에선 정권 교체란 것이 어려울 듯해요. 혁명이라도 일어나면 모르지만."

다른 더 젊은 선생들은 아무도 선거에 대해서 하는 말이 없었다. 무지와 이기주의와 무관심이 그들을 지배하고 있는 것 같았다.

오전에 1학년 2반 보결 수업을 들어갔다.

국어 시간. '오빠'란 낱말을 칠판에 써 놓고 여러 번 읽힌다. 일제히 읽히고, 한 사람씩 세워 읽히고, 칠판 보고 읽히고, 책 보고 손가락으로 가리키며 읽게 하고…… 이런 다음엔 글자 쓰기를 하는데, 칠판에 다시 크게 써 가면서 아이들은 손가락을 공중에 올려 같이 쓰는 흉내를 내게 했다. 그런 다음에 "자, 이번에는 공책에다 연필로 한 번만 써 봅시다" 했다. 틀림없이

"한 번만"이라 했는데 아이들은 내 말이 떨어지자마자 모두 소리쳤다.

"몇 번 씁니까?"

"몇 장 씁니까?"

어떤 놈은 "몇 페이지 씁니까?" 했다. 묻는 것이 아니라 고함치고 발악한다 해야 옳겠다. 이럴 때 나는 좀 화가 난다.

"한 번씩 쓰라고 했잖아!"

그래도 어느 구석에서 한두 아이가 소리친다.

"선생님, 몇 번 씁니까!"

산수 시간이다. 하나, 둘, 셋, 넷…… 손가락으로 센다. 1, 2, 3, 4를 칠판에다 쓴다. 그 숫자를 읽는다. 다음에는 그 숫자 밑에다 과자라고 해서 동그라미를 그린다. 1에는 하나, 2에는 둘…… 이래서 10까지 그린 다음에는 "자, 모두 공책에다 이와 같이 그려 봅시다. 먼저 숫자를 다 써 놓고, 그 밑에 알맞게 동그라미를 그리는 거예요."

그러자 또 많은 아이들이 소리쳤다.

"선생님, 몇 장 씁니까?"

"선생님, 몇 번 씁니까?"

나는 불쾌한 마음을 참을 수가 없었다. 담임선생이 언제나 이렇게 가르쳤겠지. 글자든지 숫자든지, 무엇이든지 그것을 그리거나 쓸 때는 반드시 "다섯 장 써라", "서른 번 써라" 이렇게 했던 것이 틀림없다. 아무 목적도 없이 그저 뜻 없는 동작을 수 없이 되풀이하도록 명령해 놓고 이 담임선생은 거울만 들여다 보고 있었을까? 편지를 쓰고 있었을까?

갑자기 뒤쪽에서 아이 하나가 큰 소리로 울음을 터뜨린다. 눈물을 마구 쏟아 놓으며 운다. 무슨 일인가? 바로 옆에 앉아 있던 커다란 여자아이는 싱글싱글 웃더니 얼굴을 묻고 엎드리고 있다. 다른 아이들은 모두 모른 척하고 있고, 혹은 가만히 바라보고만 있다. 틀림없이 옆에 앉아 있는 그 큰 아이가 때렸거나 무슨 물건을 빼앗아 갔는가 보다 하고 가까이 가서 우는 아이를 잡고 물어보았더니 한참 만에 겨우 대답이 "빈침요……" 한다.

"빈침이 어찌 됐단 말이냐? 잃었나? 어쨌나?"

아무리 물어도 눈물만 흘리고 있다. 할 수 없이 엎드리고 있는 옆의 아이를 깨워 물어보니 "빈침을 뒤에 앉아 있는 아이가 빼앗아 갔어요." 한다. 뒤에 아이는 벌써 바깥에 나가 버리고 없다.

빼앗기고 울고만 있는 아이도 문제지만, 남의 것을 빼앗아 가지는 아이, 그것을 보고 웃고만 있는 아이, 남의 일로서 그저 구경거리로 여기고 보고 있는 아이들…… 이것이 1학년 아이들이다. 학교란 사회에 들어와 이제 겨우 두 달이 지났을 뿐인데, 이 아이들은 벌써 국민학교 아이들의 사회 속에서 그 부박하고 이기적이고 약육강식적인 질서를 완전히 몸이 익히고 있는 것이다. 무서운 일이다. 아이들 사회를 이렇게 난장판으로 만들어 놓은 교사는 커다란 범죄자가 아니고 무엇인가? 분노를 금할 수 없다.

1971년 5월 11일 화요일 맑음

9시에 출발, 오후 4시 안동 대곡 도착.

월곡행 차에서 내려서 걸어오는 동안 본교에 다니는 대곡 아이들과 같이 올라오는데, 아이들이 이런 얘기를 하고 있다.

OO 아직 2년 더 다녀야 졸업이제.

OO 졸업하면 또 지게 지고 일이나 해야지.

선모 난 지게 안 져도 돼. 공부만 하면 돼.

태운 아이고, 어예 지게 지고 일만 하노? 난 졸업하면 도망가여. 지게 내던져 버리고 서울로 도망쳐 버린다.

OO 도망칠라면 돈이 있어야 되지.

태운 저금한 것 있잖아.

OO 돈 천 원만 있으면 되지. 그 돈 안 줄라꼬?

태운 저금 참 좀 많이 해 놔야겠네.

1971년 5월 15일 토요일 맑음

봉급날이어서 아침 7시 반 차로 읍에 갔다.

경리계에서 봉급 계산서를 쓰고 있는데, 1시 가까이 되어서야 겨우 마쳐서 계산서를 내주었다. 이런 일은 어제쯤 다 준비해 둘 것이지, 봉급 타러 온 사람들을 기다리게 해 놓고 쓰다니, 교육청에서 하는 일이 이렇다.

중앙학교 김정일 선생이 찾아와서 점심을 같이 먹었다. 김정일 선생은 처음 만나는 터인데 매우 영리한 사람으로 보였다. 언젠가 신춘문예 표절 사건이 있어서 문단에서는 매장당하다시피 되었지만, 그 후 다시 〈동아일보〉에서 진짜 자기 작품으로 당선되었다고 한다. 그는 지난날의 일을 별로 괴로워하는 기색이 없고, 아주 시원스러워 보였다.

교육청에서 봉급을 기다리다가 이상학 장학사한테 가니 이런 말을 했다.

"요새는 직원들을 옛날처럼 말로만 호령해서는 듣지 않습니다. 아주 선두에 나서서 해야지요. 할 때는 하고, 선생들 기분 풀어 줄 때는 술대접을 하든지 배구를 하든지 해서 확 풀어 줘야 합니다……."

아마도 그가 지난날 교장을 하면서 선생들을 부릴 때 썼던 방법을 말하는 것 같았다. 그는 교사들 일 잘 시키는 사람으로 이름이 나 있다. 지난번 우리 학교에 와 보고 하도 선생들 하는 것이 마음에 안 들고, 또 교장과 교감이 하는 일도 마음에 안 차서 이런 말을 하는 것이겠다. 그래서, "아직도 사무실 마룻바닥이 그렇게 어두침침한 그대로지요?" 하면서, 사무실 마룻바닥이 시커머니 아이들 시켜서 물을 퍼붓고, 짚으로 문질러

하얗게 때를 벗기고, 책상도 에나멜페인트 몇천 원어치만 사면 되니 깨끗이 칠을 하라고 했다.

"그런 건 형식이지만, 형식도 필요합니다. 그렇게 해서 우선 기분부터 싹 바꿔 놓고 일을 시작해야 합니다."

"그렇지요. 형식도 필요하지요."

나는 적당히 대답하고 나왔지만 이상학 장학사가 아주 싫어졌다.

오늘이 스승의 날이란다. 아침 차로 나갈 때 학교 오는 아이들 가운데 책보와 함께 무슨 그릇 같은 것, 냄비 같은 것을 싸 가지고 오는 것을 보았는데, 이곡리를 지나니 산북학교 가는 아이들도 보자기에 커다란 무엇을 싸 가지고 들고 갔다. 중학생들은 장작개비를 안고 가기도 했다. 나는 곧 언젠가 직원들이 모여 앉아 이야기하던 것이 생각났다. 작년 스승의 날에 아이들이 술이랑 떡이랑 과자랑 가져와서 잘 놀았다는 것, 산북학교는 어떻게 하고, 이곡학교는 어떻게 하고…… 하던 것을. 산북중학교에서는 아이들을 데리고 소풍을 가서 술과 불고기로 진탕 먹고 놀았다는 것이다.

오늘도 그러는가 싶었다. 어머니날에는 어머니들이 술 마시고 춤추고 야단법석을 벌이고, 스승의 날엔 선생들이 먹고 마시고 놀고 하는 풍습이 되었는가 싶었다.

봉급을 타서 오후 5시 반에 돌아와 보니 직원실에 술 단지가 있고, ㄱ 선생이 와서 말했다.

162

"교감 선생님, 오늘은 수업을 두 시간 하고 아이들 음식 가지
고 온 것을 먹고 잘 놀았습니다."

"잘했습니다."

해마다 그렇게 하여 온 것을 내가 무어라 비판하겠는가. 한다
고 용납이 되겠는가? 이웃에 있는 이곡학교는 한 학급이 30명
정도밖에 안 되는 6학급짜리 학교인데, 아침에 내가 탔던 차에
박 선생은 대구 간다고 했고, 남 선생과 교감 선생은 봉급 타러
간다고 하여 탔으니, 아마 수업도 그만둔 모양이다.

사환이 내 책상 위에 파고다 담배 한 갑과 손수건 한 장을 갖
다 놓는다. 아이들이 사 왔다고 한다. 또 감주와 떡을 한 그릇
갖다 놓았다. 이것도 아이들이 가져온 것이다.

"이런 산골짜기 아이들이 뭘 압니까? 다 선생님들이 코치한
것이지요."

교무 선생의 말이다.

그렇지. 도시에서는 스승의 날이 아니라도 가정방문을 해서
대접을 받고, 돈 봉투를 받고 한다. 심지어 온갖 핑계를 달아
돈을 보내라 요구까지 하는데, 음식 좀 가져오너라, 무엇 좀 사
오너라고 했다 해서 무슨 큰 죄 될 것이 있겠는가?

배가 고파 먹는 떡은 맛이 있었다. 그러나 아무래도 무엇이
잘못되어 간다는 느낌에 떡이 시원스레 소화되지 않았다.

만약에 어머닛날에 어머니가 이런 말을 했다면 어떨까?

"오늘은 어머닛날이다. 나는 가만히 방에 누워 있을 테니 너

희들 나가서 밥 짓고 빨래도 해라. 그리고, 맛있는 음식 좀 만들어 오너라."

또 스승의 날에 스승이란 사람이 이와 비슷한 말을 했다면 어떨까?

'했다면'이 아니라 한 것이다. 그래서 앞으로는 말하지 않아도 해마다 어떤 압력과 습관으로 그렇게 그렇게 되어 갈 것이다.

스승의 날은 자기를 가르쳐 준 스승을 생각하고, 그 가르침을 마음에 새겨서 앞으로 훌륭한 생활을 해 나갈 결의를 하는 데 뜻이 있을 것이다. 그리고 스승이 된 사람 편에서 말하면, 스승이 될 만한 짓을 하였는가를 스스로 반성하는 기회가 되어야 할 것이다. 그렇지 않고 스스로 스승이 되어 제자란 사람들에게 대접을 받고자 한다면 이것은 근본과 끝이 거꾸로 되었다 아니 할 수 없다.

스승의 길은 이래서 타락의 길로 되고, 자칭 스승이란 사람들은 이래서 더욱 경멸의 대상이 된다.

대관절 스승의 날을 누가 정했는가? 교련대한교육연합회 같은 단체에서 정했다면 큰 잘못이다. 스승이란 사람들이 스스로 자기들이 대접받는 날을 정한다는 것은 있을 수 없다.

1971년 5월 16일 일요일 맑음

아침에 하숙비 한 달 치 5천 원을 주었다. 낮부터 자취를 하기로 했다.

교감 임명을 다시 받아 이 학교에 온 지가 한 달 반이 지났다. 그동안의 내 생각을 정리해서 적어 본다.

내가 교감으로 다시 된 것은 여러 가지 복잡한 사정이 얽혀 있다. 할 수만 있으면 알맞은 또 다른 분교장에 옮겨 가서 우리 부부가 조용히 몇 해를 지내고 싶은 것이 내 소원이었는데, 아내는 3년이나 있었던 대곡에 그대로 있지 않으면 대구로 나가자고 했다. 대곡은 내가 있는 한, 우리가 있기에 좀 불편하고 일이 많더라도 독립 학교로 승격시켜 주어야 한다. 그렇게 하자면 올해에는 3학급이나 4학급으로 학급이 불어나고, 따라서 교원이 둘이나 더 와야 한다. 이렇게 되면 분교장의 일도 복잡해지고, 종전에 우리들만 하여 온 때와는 아주 다른 사정이 된다. 교통이 너무 불편한 것, 본교의 교장, 교감이 하는 일이 못마땅한 것도 그곳을 떠나고 싶은 원인의 하나다. 그리고 또 있다. 우리 부부가 늘 한곳에만 있으니 말다툼도 가끔 하게 되고, 변화 없는 삶에 대한 싫증도 차 있다. 이래서 나는 다른 분교장에 옮기자고 하고, 아내는 대구로 나가자 하고, 서로 세우다가 결국 내가 져 버린 것이다. 내가 지기로 한 것은, 대구로 전근을 희망하면 나는 잘 안 될 것이고, 그래서 아내만 대구로 나가게 되고 나 혼자 산골에 남게 되니, 결국 서로 있고 싶은 데 있게 된다. 그렇게 되면 멀리 떨어져 있는 동안에 다른 문제들도 풀리게 될 것 아닌가. 이런 계산도 있었던 것이다.

이렇게 해서 대구로 전출을 희망한 것인데, 결과는 예상과 반대로 아내는 대곡에 그대로 머물러 있게 되고, 가기 싫은 내가 대구로 가게 되었으니 일이 거북하게 된 것이다.

　'기왕 옮길 바에야 교감으로 임명되는 것이 나을지 모른다.'

　이렇게 생각하여 도교육청에서 지시한 방침대로 교감 승진 내신서를 낸 것도, 그 지시를 어길 수도 없었지만, 이제 어딜 가나 분교장이 아닌 곳에는 어차피 교무라는 직책을 맡을 것이고, 그리되면 지난날 경주학교같이 또 교감 일까지 도맡아 해야 할 테니 차라리 교감이 되는 것이 좋겠다는 생각도 있었던 것이다.

　그런데, 도교육청 인사 담당자의 사무 착오로 교감 승진 내신 서류는 간 곳이 없어지고, 교사로 전근이 되어 비산교에 한 달을 근무하는 동안 나는 도시 교육의 실상을 몸으로 겪을 대로 겪었다. 그래서 하루빨리 그 지옥 같은 곳에서 빠져나오기를 바랐다. 도교육청에 몇 번이나 가서, 인사이동 잘못한 것은 말하지 않고 하루빨리 교감 임명을 해 줄 것을 부탁했던 것이다.

　이래서 나는 교원 노릇 27년 만에, 그리고 다시는 교감 노릇을 하지 않겠다고 하여 교사로 강등한 지 4년 만에 다시 교감 임명을 받아 이곳 문경군 김룡국민학교로 오게 되었다.

　"교감이 되었으니 감회가 어떠합니까?" 누가 이렇게 묻는다면 나는 곧 "서글퍼요" 하고 대답할 것 같다. 정말 서글프다. 내 나이 이제 마흔일곱이다. 이 나이에, 같이 교원으로 출발했던 사람들은 모두 교장 자리에 가 있는데 이제사 이 조그만 학교에 교감으로 와 있는가……. 그러나 이런 생각에서 서글퍼하는 것이 결코 아니다. 내가 서글퍼하는 것은 다시는 교사로 될 수는 없구나 하는 생각에서 오는 서글픔이다. 정말 이제 앞으로는 교사로 다시 돌아갈 수 없다. 내가 몇 해 전에 교감에서 교사로 애써 강등한 것도 청춘의 교사 시절이 그리워서 그랬지만, 이제는 그 젊은 때가 결코 다시 돌아오지 않는다고 생각하면 정말 서글퍼지는 것이다.

나는 지난날을 달콤한 생각으로 가슴에 되살리고 있는 것이 아니다. 교사, 그것은 진정 괴로운 직업이다. 콩나물 교실에서 잡무에 시달리고, 무식한 행정관리들의 경멸을 받으면서 아무 값음도 없는 일을 온몸을 던져 해 나간다는 것이 얼마나 힘들고 괴롭고 답답한 일인가를 나는 누구보다도 더 잘 알고 있다. 그러나 무시당하고 짓밟히면 짓밟힐수록 그 속에서 한 가닥 진실을 붙잡고 버티어 온 것이 내 교사 시절이었고 내 청춘의 반골 정신이었다고 깨닫는다.

이제 그러한 청춘의 계절은 다 잃어버렸다. 내 앞에 다가오고 있는 것, 열려 있는 길은, 짓밟히고 사역당하는 편에서 빠져나와 짓밟고 부리는 자리에 서는 것이다. 행정 당국의 지시 명령을 따라 될 수 있으면 많이 교사들을 부려서 교육을 잘하는 것처럼 보여야 한다. 이제 내게는 늙어 빠진 정신을 부리는 일만이 살아 있는 표적으로 남은 것인가?

부임한 며칠 뒤 나는 군교육청에서 나온 장학 계획서를 하루

종일 들여다보다가 머리가 핑 돌아 쓰러질 뻔했다. 그것은 수백 가지의 지시 명령 사항으로 되어 있었는데, 그 지시 명령 사항을 일일이 계획하고 기록하고 보고하여야 하는 것이다.

어느 겨를이 있어 교육을 하랴?

교육대학을 졸업한 선생님이 2학년 국어책을 바로 읽지 못하고, 풍금을 치지 못하고 음악 수업을 아예 하지 않는 선생님, 교과서의 그림을 보고 그대로 그리게만 하는 미술 수업을 조금도 고치려고 하지 않는 선생님, 이런 선생님들에게 무슨 교육을 바라겠는가?

내가 부임한 지 정확하게 한 달 열이레째다. 그동안 내가 보결 수업에 안 들어간 날이 이틀뿐이다. 교장은 날마다 술 아니면 출장이다.

내가 이 교감이란 자리에서 무엇이든 조그만 진실을 붙잡고 그것으로 살아간다고 하면, 그 길은 오직 하나다. 교장에게 미움받고, 교사들에게 경멸당하고, 더구나 장학사들과 교육장에게 귀찮은 존재로 백안시당하는 길이다.

내가 교감 자리에서 벗어나는 길은 두 가지다.

그 하나는 교장이 되는 길이다. 내가 교장이 되면 온 세상의 교장들이 다 공금을 제 돈같이 쓰더라도 나는 절대로 그 짓을 안 할 것이다. 그리고 윗사람들에게 술대접을 해서 환심을 사거나 아부·아첨하는 짓은 결단코 안 할 것이다. 교육을 내 생각대로 어느 정도 할 것이다. 아주 깊은 산골짜기 학교로 쫓겨 가더라도 나는 결코 굽히지 않으리라.

  그러나 내가 교장이 되려면 교감으로서 점수를 남달리 올려야 하고, 그렇게 하자면 온갖 짓을 다해서 교장의 잘못에 동조하고 장학사나 교육장에 아첨하고 교육을 잘하는 척해야 한다. 그래서 아이들을 희생하고 선생들을 들볶아야 한다. 적어도 그런 짓을 몇 해 동안 하면서 군내의 교감 중에서는 제일 성적이 낫다고 인정을 받아야 한다. 그런 짓을 어떻게 하겠는가? 교장을 평생 못 했으면 못 했지 그런 짓으로 단 한두 해라도 내 생명을 소모시키고 싶지 않다.

  교감에서 벗어나는 또 하나의 길은 내가 아주 퇴직해서 농사를 짓는 일이다. 이것은 요즘 아주 심각하게 생각하고 있는데, 내년까지는 어디 적당한 곳에 자리 잡아 농토를 마련할 생각이다.

  아무튼 교감이란 직분은 교사보다 더 비참한 자리다. 이것은 노예 정신을 가진 사람이 아니고는 잠시라도 감당해 내기가 힘든 자리다.

  아침에 봉급을 받고 계산서를 보니 친목회비 5백 원을 공제했는데, 그것은 교장 사모님 부의금 3백 원, 교장 선생 체육대회 출장 백 원, ㄱ 선생 오빠 결혼 축하금 백 원, 이런 내역이다. 부의금이란 교장 부인 제사 때 술 한 섬을 부조한 것이고, 체육대회 출장이란 것은 대구 체육대회에 교장들이 구경하러 간 것을 말한다. 무슨 돈을 이렇게 뗐는가 물었더니 경리계 교사가 그렇게 대답했다. 체육대회는 단 하루에 마쳤는데 닷새 동안 출장을 달아 놓고 교육청에서는 미리 출장비를 타도록 하고, 학교서는 학교대로 교비와 기성회비로 출장비를 따로 받고, 다시 또 교사들에게 돈을 얻어 가다니 이게 무슨 짓인가? 선생들이 주는 것 받는데 나쁠 것 없지 않나 하겠지만, 그게 다 이런 행정 체계이고 보면 선생들에게 돈 내라고 해서 빼앗아 가는 것과 다름이 없다.

그리고 참 선생들도 문제다. 그렇게까지 아부 근성이 들었으니 말이다. 내가 교사로 있었던 10년 전(분교장에 있었을 때는 그런 것을 모르고 지냈으니까)만 해도 이런 일은 어림도 없었는데, 독재 정권은 이와 같이 부정과 부패뿐 아니라 아부 근성까지 길러 놓은 것이다. 아부 근성은 곧 노예근성이다(이 두 가지 회비는 모두 내가 없을 때 선생들이 의논해서 결정한 것이다).

1971년 5월 26일 수요일 맑음

교장은 청부 봉급을 타러 나갔다. 청부가 가게 되어 있는데 교장이 갔다. 청부는 종일 암석을 갖다 날랐다. 암석 운반 비용을 교육청에 청구해서 그것을 또 가로챌 것 같다.

6학년 두 반을 그만 합반했다. 모두 80명쯤 된다. 4학년 2반

교사가 또 결근했다. 이 사람은 노이로제에 걸려 있다.

오후 미술, 음악 연수회를 하게 되어 있었는데, 교무는 또 교실에서 낮잠을 자고, 3시 반 직원 모임 종을 쳐서야 일어나 왔다.

미술 연수는, 꽃병 정물을 수채로 그리는데, 많은 교사들이 날림으로 그리는 중에서도 유독 교무가 그러했다. 다 그린 것을 걸어 놓고 보는데, 멀다고 해도 듣지 않고 자기 책상에 앉아 보이지도 않는 것을 저 혼자 아는 것처럼 남의 것을 비평하며 떠들어 대는 것도 얄미웠다.

상, 중, 하로 하는 채점을 이름 안 쓰기로 시켰다. 날씨가 흐리고 사무실이 어두워 각자가 앉은 자리에서는 칠판에 게시한 그림들이 잘 보이지 않기에 잘 살펴보라고 했는데도 모두 자세히 보지도 않고 아무런 흥미도 관심도 없다는 듯 아무렇게나 매겨 냈다. 채점한 것을 합산해서 발표했더니 점수가 적은 선생들이 아주 불쾌한 태도를 보였다.

권 선생은 작품 뒤에 이름이 씌어 있지 않으니 써 내라고 해도 쓰지 않고 버티었다. 나도 좀 화가 났지만 참았다. 아이들의 작품은 함부로 마구 채점하고 평가하면서 자기 작품에 대해서는 모두 같이 평가했는데도 자기 것 점수가 나쁘다고 이렇게 유치한 태도를 보이니, 이래 가지고 무슨 교육자고 무슨 교육인가? 내가 단독으로 평가하고 채점했더라면 큰일 날 뻔했다는 생각이 들었다.

이 연수회는 30일까지 그 결과를 보고하는 한편 작품을 학교
에 남겨 두어야 하는 것이다.

음악 실기는, 지정곡을 풍금으로 타는데, 풍금을 만져 보지도
않은 사람이 몇이나 되었다.

음악과 미술, 이 두 가지 실기 연수는 10여 일 전에 교육청에
서 공문으로 발표했는데, 그 뒤로 풍금 연습을 하는 선생을 보
지 못했다. 다른 것은 몰라도 이런 연수만은 해야 한다고 생각
한다. 스스로 공부를 하도록 하고, 더구나 학교에서 종이며 붓
이며 물감까지 사 주어서 그리게 하는 직장이 또 어디 있겠는
가? 이런 공부를 싫어하는 사람이라면 교육자로서는 부적당
하다고 할밖에 없다.

1971년 5월 27일 목요일 흐림

간밤에 비가 와서 아침까지 빗방울이 떨어져, 그만 개교기념
일의 행사로 예정했던 교내 체육회를 그만두게 되었다.

책보를 가져온 아이도 있고, 빈손으로 온 아이도 있고 했는데,
직원 조회를 하는 사이에 빗방울이 그쳤다고 많은 아이들이 책
보퉁이를 집에 갖다 놓으러 간 모양으로 교실마다 텅 비어 있었
다. 그래서 두어 시간을 공부도 하듯 말듯, 식을 마치고 보냈다.

오후에는 종을 쳐서 직원들을 모아 사무와 안내판 만들기 등
일을 나누어 하게 했다. 개교기념일은 공휴일로 할 수 있는데

일을 시킨다고 불평을 하는 것 같았다. 할 수 없다. 내일 또 직원 세 사람이 출장을 가고, 모레는 토요일이라, 오늘 안 하고는 안 된다. 학년 초에 마쳐야 할 일을 지금껏 안 했으니 말이다. 불평은 교무가 혼자 하는 것 같았다.

저녁때 육성회 임원들이 와서 사무실에 앉아 늦게까지 술 먹고 떠들고 했다.

여기, 어제 있었던 일을 적어 둔다.

점심시간이면 선생들은 모두 점심 먹으러 가고 학교는 아이들만 남아 떠들고 제멋대로 노는 세상이 되어 있다.

자유롭게 노는 시간이라면 좋겠는데, 무정부 상태가 되고, 불법과 폭력이 쓸고 다니고, 가는 곳마다 싸움이요, 울음소리다.

점심을 먹고 있는 아이들은 제자리에 앉아 있는 아이가 없고, 모두 서거나 돌아다니면서, 장난치면서 먹는다. 여학생들은 대개 한쪽 구석이나 뒤편 선반에 돌아서서 먹고 있고, 그렇지 않으면 교실에서 쫓겨나 자료실이나 복도나 운동장 한쪽에 가서 숨어서 먹는다.

점심시간이 시작된 지 한 30분 뒤, 이제 나도 밥을 지어 먹어야지 하고 숙직실에 가서 냄비에 담가 둔 쌀을 풍로에 얹었다. 그런데, 그때 바로 뒤 4학년 교실 복도에서 아이 울음소리가 나고, 치고 패고 하는 소리까지 난다. 창 너머로 보니 큰 아이 하나가 조금 작은 아이 하나를 잡고 주먹으로 머리를 쥐어박고 얼굴을 치고 하는데, 무섭게 때리는 것이 이건 아주 무슨 일이라도 일어날 것 같다. 저놈이 왜 저러는가 하고 보는 가운데도 더욱더 심하게 패고 있다. 그런데, 한층 더 기막힐 일은 이렇게 패고 맞고 하는 두 아이를 빙 둘러싸고 수많은 아이들이 가만히 구경하고 서 있는 것이다. 모두가 남의 일 보듯 구경하고 있다. 그중에는 선도 완장을 손에 쥐고 서 있는 놈도 있다.

나는 달려가 두 놈을 떼어놓았다. 그리고는 하도 미워 큰 놈을 한 대 갈겼다.

"왜 그랬나?"

아무 말이 없다. 다시 물으니 같은 이웃에 있는데, 제 동생이 맞은 아이 집에 놀러 갔는데 마루를 닦으라 하고 청소를 하라고 시키더라는 것이다. 그것이 사실이라고 하더라도 그런 것 가지고 이렇게 때리다니, 참 기가 막힌다. 나는 그 아이를 사무실에 데리고 가서 한참 동안 타일러 보냈다. 그러나 내 머리에서는 이 일이 좀처럼 사라지지 않는다.

한 아이가 다른 아이를 치고 패고 하는데, 그것을 재미있다고 구경하는 아이들, 이런 광경은 대한민국 어느 지방의 학교에서도 점심시간이나 쉬는 시간, 혹은 방과 후의 골목에서 볼 수 있다. 싸움을 구경하고만 있는 것이 아니라 싸움을 붙이고 응원하는 꼴도 흔히 보게 된다.

일찍이 노신은 일본에 유학 중 전쟁 영화를 보다가 그의 동포들이, 러일전쟁에서 러시아의 간첩 행위를 했다는 혐의를 받

아 일본군에게 잡혀 끌려 나와 총살당하는 장면을 구경거리로
빙 둘러서서 보고 있는 그 넋 빠진 모습들을 보고, 분연히 의학
공부를 집어치우고 제 나라에 돌아가 동포들의 정신을 치료하
는 문필을 평생의 할 일로 삼아 싸웠다고 한다.

이기적이고 잔인한 어른이 되도록 길들고 있는 이 땅의 아이
들을 위해 이제 나도 모든 것을 내던지고 글을 써야 할 때가 오
지 않았나 하는 생각을 해 본다.

1971년 6월 25일 금요일

아내가 이런 말을 했다.

본교 4학년에 다니는 금동수가 그네를 뛰다가 떨어져서 일어
나지도 못하고 까무러져 있는 것을 아이들이 복도에 메다 눕
혀 놓았다. 동수는 한쪽 다리 정강이뼈가 아주 부러져서 일어
날 수도 없이 되었다. 학교에서는 다른 아이 하나를 시켜서 5
킬로미터나 되는 샛마까지 보내 부모들이 와서 아이를 업고
가라고 했다. 심부름 간 아이(5학년 숙자)가 기별을 해서 부모
들이 학교에 오려면 적어도 두 시간은 걸린다. 그런데, 세 시간
을 기다려도 안 왔다. 심부름 간 아이가 놀면서 갔다는 것이다.
그래 학교에서는 동수 누이(6학년인데, 이 아이도 몸이 아주
섬약하고 조그마하다)를 시켜 업고 가라고 했단다. 그래 누이
가 동생을 업고 그 험한 길을 몇 시간이나 걸려 가게 되었다는

것이다. 어찌 된 일인지 부모들도 오지 않고, 같이 가는 아이들도 아무도 바꿔 업어다 주는 아이가 없었다니, 세상에 어디 이럴 수가 있는가? 동수 아버지가 늦게야 소식을 듣고 굿못 앞까지 업혀 오는 것을 받아 업고 왔다는 것이다.

그래 돈도 없어 병원에도 못 가고, 집에서 약을 발라 눕혀 놓았다는데, 스무 날이 지나도 꼼짝 못 한다고 한다.

그 학교의 청부는 뭘 하자고 두었는가? 청부가 어디 가고 없으면 사람을 사서라도 업혀 보내야 할 것 아닌가? 선생들은 그렇게 다친 아이들을 보고만 있으면 되고, 집에 연락만 하면 그만인가? 10리도 넘는 산골짜기에 있는 집에 연락할 것이 아니고 바로 병원으로 데리고 가서 치료를 해야 할 것 아닌가!

아이들 통해 돈 걸고 곡식 걸고 하는 짓은 악착같이 하면서, 이렇게 아이들의 목숨은 헌신짝같이 다루다니, 참으로 괘씸하고 한심스럽다.

그러니까 이런 산골에서 분교장의 아이들이 아무리 고생한다고 해도 본교의 교장이 그 아이들 위해 독립 학교 신청서를 내지 않는 것이다. 분교장의 경비나 빼내어 이득을 보고 싶어 하는 것이다.

분교장에 짓게 되어 있는 교실을 본교(교실이 남아 있는데도)에 가져가 짓는다는 소문이 또 나돌고 있는 모양이다. 홍선생도 학교 부지 문제나 교실 문제 해결에는 전혀 관심이 없단다. 홍 선생은 차라리 언제까지나 분교장 그대로 있기를 은 근히 바랄 것이다. 그래야 편안히 지낼 수 있으니.

현우 엄마는 또 홍 선생이 회비를 꽤 많이 받아 놓고 있으면서, 수당은 4월 이후 한 푼도 주지 않는다고 불평했다. 겨우 3월 한 달 치를 받은 모양이다.

1971년 7월 18일 일요일

어제 대곡분교장에 왔다.

분교장에 새로 와 있는 권 교사, 그는 농고를 나와 강습을 마치고 부임한 청년인데, 아이들을 매우 성실하게 가르치는 모양이다. 교실을 꾸며 놓은 글씨며 그림이며, 만들어 놓은 공작품들의 솜씨가 보통이 아니다. 사범 출신이고 교대 출신이고 교원 노릇 10여 년 한 사람도 따르지 못할 것 같다. 그래서 오늘은 교실에 찾아가 대화를 해 보았다. 내가 권 선생을 보고, 기왕 교직에 나섰고, 또 권 선생의 소질을 보니 아무래도 이 길이 천직인 듯싶으니 부디 이런 산골에 있는 동안 공부도 많이 하고 열심히 해 달라고 말했다. 그랬더니 권 선생의 말이 뜻밖이다. 아무래도 끝까지 교원 노릇을 할 것 같지 않다는 것이다. 축산 방면에 힘을 써 보고 싶다고 했다. 어째서 그런 생각을 할까? 사람의 자식을 키우는 일보다는 짐승을 기르는 것이 더 마음 편해서일까? 물론 농업학교 축산과를 나왔으니 그 방면을 잘 알고 취미도 있겠지만, 이런 사람은 교사가 되어야 하고 교육계는 이런 사람이 필요하다. 꼭 교육계에 있어 주어야 할 사람은 교육계를 떠나고, 교단에 서서는 안 될 장사꾼 같은 사람은 떠나지 않고 아이들을 괴롭히고 병들게 하고 있는 것이다.

그런데, 오후에 현우 어미가 권 선생한테서 가져온 《학생지도부》란 책을 보여 주는데, 그것을 보고 놀라는 한편 권 선생의 생각을 짐작할 수 있었다.

그 《학생지도부》란 책은 보통 요즘의 교사들이 쓰고 있는 《학급경영록》과 《학습지도안》을 합본한 것인데, 대구 동인국민학교에서 근무하고 있는 권 선생의 누님 것이라 한다. 권 선생은 그것을 좀 배우겠다고 빌려 온 것인데, "이런 걸 써야 하니 어떻게 선생 노릇 할 수 있겠어요?" 하더라는 것이다. 그리고 또, "우리 누님은 이런 것 쓰느라고 빼빼 말라 뼈만 남아 있습니다"고 말하더라 했다.

나는 그 《학생지도부》란 것을 들여다보고 여간 놀란 게 아니다. 이렇게 글씨를 깨끗이 쓰다니! 이렇게 알뜰히 쓰다니!

지도안은 군데군데 그림을 곱게 그려 넣고, 신문 잡지의 참고 자료를 가위로 오려 예쁘게 붙이고, 여러 가지 색연필로 표시를 했는데, 얼마나 힘을 들여 이것을 쓰고 그리고 했겠나 싶었다. 아이들 가르치는 시간이 이 때문에 얼마나 소비되었겠는가? 무엇 때문에 《학생지도부》란 것을 이렇게까지 공들여 썼는가? 정작 아이들보다 아이들 가르치기 위해 쓰는 장부가 더 소중한 것이 되어 버린 것 아닌가? 보이기 위한 것, 가르치는 일보다 잘 가르친 것처럼 보이는 장부가 더 소중하게 되어 버린 학교의 현장!

"아이들 공부 시간에도 이런 것 쓰고 했답니다."

권 선생이 자기 누님의 이야기를 이렇게 말하더란다. 정말 그 《학생지도부》는 더러운 장사꾼들이 움직여 온 한국 교육의 역사를 잘 보여 주는 보물 일급품이란 생각이 들었다.

광적인 군대식 행정과 관료 체제가 얼마나 인간의 귀중한 재능과 정력을 아무 뜻도 없는 일에 소모하도록 강요하고 있는가? 그래서 교육자로서 참으로 훌륭한 자질을 갖춘 젊은이들이 참된 삶의 보람을 그곳에서 찾기 위해 뛰어든 교직에서, 이윽고 말할 수 없는 혐오감을 느끼고 고민하다가 드디어 하나, 둘 거기서 떠나고 마는가? 그래서 비굴과 요령과 아부·아첨을 수단으로 삼고 살아가는 저질의 장사꾼들만이 우글거리는 학원이 되고 말았는가?

어른이고 아이고 할 것 없이 인간을 죽이고 인간을 쫓아내는 곳이 학교다.

1971년 8월 7일 토요일 맑음

오후에 글밭동인회 김성영이란 사람을 만났다. 이 젊은이는 내가 대곡에 있을 때 알뜰한 편지를 보내왔고, 한번은 몹시 추운 겨울 어느 날 일부러 나를 찾아오다가 임동서 몸이 불편해서(신경통이라던가) 도로 돌아간 일도 있었다. 내가 문경 김룡에 가서도 소식을 알고 한번 찾아가고 싶다는 사연의 편지를 보내온 것을 그만 내 성의 부족으로 답장도 못 하고 말았다. 임동 대곡에 3년 동안 있을 때도 안동에 그런 문학 동인이 있는 것을 알면서도 끝내 한번 찾아 주지 못했던 것이다. 그래서 그런 사과도 할 겸 무슨 건축 사무실이란 곳을 물어서 찾아간 것인데, 참 진실하고 알뜰해 보이는 젊은이였다. 다방에서 두어 시간을 얘기하는 동안 글밭동인회가 지나온 자취와 어려운 고비를 넘어온 사정을 듣고, 또 그 동인회의 성격도 알게 되어 참 좋은 모임이구나 싶었다. 김 씨는 또, 앞으로 문인협회 안동지부를 만들려고 하는 중이라면서, 그러기 위해서는 지부 설치를 하는 데 필요한 조건으로 되어 있는 "문단에 정식으로 나온" 세 사람의 이름이 필요하니 부디 내 이름[•]을 넣을 수 있도록 해 달라고 했다. 나는 그렇게 하라고 쾌히 승낙했다. 그리고, 나도 같은 동인으로서 회비도 내고 작품 활동도 함께할 터이니 그렇게 해 달라고 말했더니 회비 걱정은 조금도 마시라고 했다.

내가 그렇게 말한 것은, 오늘날 우리 나라의 문학이 도시 중심으로 되어 있고, 도시인들의 소비생활과 향락 생활에 영합하는 문학이 되어 있어서, 농촌에서 흙의 냄새 같은 것이 풍기

• 1971년 〈동아일보〉 신춘문예에 동화 〈꿩〉이, 〈한국일보〉 신춘문예에 수필 〈포플러〉가 당선되었다.

는 생산적이고 건강한 문학이 싹터야 할 것이라고 믿기 때문이다. 땀과 흙의 냄새가 나는 문학이 생겨나자면 이런 문학 동인 운동이 각 지방에서 일어나는 것이 바람직하다.

나는 앞으로 어느 벽촌에 가 있더라도 이 글밭동인회를 잊지 않고 나 자신의 문학을 일구는 밭으로 생각하여 땀 흘려 가꿔 보리라. 그리고, 이 글밭동인회가 앞으로 머지않아 단지 안동 지방 문학청년들의 문학 수련의 동호 모임이란 성격을 지양해서 더 높은 어떤 뚜렷한 문학상의 주의 주장을 내세워, 새로운 민족 문학을 지향해 가는 하나의 횃불 노릇을 할 수 없을까 하는 생각도 해 본다. 그러한 포부와 패기와 자부심 같은 것을 젊은이들이 가져 주었으면 좋겠다.

김성영 씨는 글밭동인회의 회장으로 되어 있는 모양이다. 동인지 6집을 8월 안으로 내겠단다. 그러면서 작품 한 편을 보내 달라고 하기에 며칠 안으로 부치겠다고 했다.

1971년 9월 2일 목요일

경리 손 선생이 전근 가게 되어 어렵게 되었다. 현금 4만 4백 원을 경리에게 주어 술값 등 음식점의 빚을 갚으라고 했더니 (이 돈을 찾아온 것도 교장의 지시로 빚 갚는다고 해서 찾아온 것이다) 손 선생이 저녁까지 그대로 가지고 있다가 내일은 점촌학교로 부임해 간다고 했다. 그럼 빚을 갚아 놓고 가야 하지 않겠나 해서 학교장을 찾아가 "이 돈으로 음식점에 깔린 빚을 갚고 오겠습니다"고 했더니 교장 말이 "갚지는 말고 빚이 얼마나 되는가 조사만 해 놓으라" 했다. 조사만 하면 뭘하나? 좌우간 오늘은 같이 가 보자 하고 술집 몇 집을 찾아다녔더니, 약 3만 원 돈이 빚으로 깔려 있었다. 이 돈 가운데는 교장 개인 앞으로 달아 놓은 것—집에서 수시로 과자니 술이니 그 밖의 물건들을 외상으로 가져간 돈이 몇천 원 되는 것을 함께 계산해 놓았는데, 이것을 다시 가려내어 따로 할 수가 없었다.

손 선생과 같이 다시 교장한테 갔더니 "외상 돈이 그렇게 되는가" 하고 놀란다. 일부러 놀라는 척하는지도 모른다는 생각이 들었다. 그리고는 "좌우간 내가 다시 조사해 봐야겠다"고 했다. 정말 조사하는가 싶어 "그럼 내일쯤 저하고 같이 가서 하나하나 알아봅시다. 사실 술집의 외상은 저보다 교장 선생님이 더 잘 아시니까요" 했다. 손 선생은 돈 4만 원을 다시 나한테 주면서 "저는 내일 아침에 나가게 되니 교감 선생님이 돈을 맡으시지요" 했다. "4만 원입니다. 4백 원은 제가 맡아 있습니다" 하면서.

교장이 낮에 나와 나를 부르고 김문규 선생을 부르기에 갔더니, 오늘 밤에 경리에 대해서 얘기할 것이 있으니 좀 집에 와 달라 했다. 뭔가 이상하게 돌아간다는 기분이 들었다. 저녁에 갔더니 뜻밖에도 아주 애원하듯이 말했다. 자기가 지금 형편이 매우 곤란하니 자활 학교 자금으로 6만 원(4만 원은 이 돈에서 찾아낸 것이다) 중 3만 원은 자기한테 달라는 것이다. 나는 "그렇게 하면 뒷일을 어떻게 처리합니까, 지난봄에 교육장이 와서 개 잡아먹고 간 돈도 육성회비로 내고 나중에 자활 학교 기금이 나오면 내준다고 했는데 그런 돈도 안 갚고, 또 술집 빚이 3만 원이나 되는 것을 그냥 두고 어찌합니까, 무엇보다도 자활 학교 동식물 구입비를 다른 데다 쓸 수 있겠습니까?" 했더니, 그런 서류는 다 꾸며 놓았다 한다. 그리고 나머지 3만 원 가지고 만 원으로는 빚을 일부 갚고, 2만 원으로 흔적을 좀 내 놓으면 된다고 했다. 이러니까 옆에 있던 김문규 선생이 또 놀랄 말을 했다.

"교감 선생님, 사실 이 돈은 교장 선생님이 교섭해 오지 않았으면 나올 수 없었던 것 아닙니까? 교장 선생님이 그만큼 일하셨고 교육청에서도 다 그렇게 인정하고 있으니 드리도록 하는 것이 좋을 것 같습니다."

나는 그제야 김문규 선생을 이 자리에 같이 앉게 한 이유를 알아차릴 수 있었다.

내가 만일 이것을 거부한다면 어찌 되겠는가? 잠시 나는 생각해 보았다. 이제부터 교장과 나는 아주 대립이 되어 학교의 모든 일이 제대로 안 될 것은 뻔하다. 그뿐 아니라 일마다 싸움이 벌어질 것이고, 그래서 교육장이나 교육청의 모든 직원들이 나를 나쁜 사람으로 볼 것이 환하다. 나는 내 앞에 있었던 교감들이 어떤 일을 당했는가를 전해 들어서 이런 사정은 너무나 잘 알고 있다. 이 교장은 이런 짓을 하면서 학교와 아이들을 희생시켜 자기 잇속만을 채우고, 한편 위의 사람들에게 아부·아첨하여 살아온 것이다. 이 학교 교장이 참 좋은 사람이란 말을 나는 부임할 때부터 교육장과 과장, 장학사, 서무 직원들한테서 수없이 들어 왔다.

나는 결국 마음을 정하여 이렇게 말했다.

"교장 선생님은 저보다 학교 경영에 대한 책임이 중하다면 더 중하겠습니다. 어쨌든 그렇게 하는 것이 학교를 살리는 최상의 길이라면 제가 교감인데 안 따르고 어찌합니까?"

교장은 내가 이런 말을 하기 전에 딸 출가시키게 되는 일, 자기도 재혼을 해야 할 일들이 눈앞에 닥쳐 있으니 학교에서 이런 일 좀 도와주는 셈 치고 보태 달라고 했던 것이다.

오는 길에 김 선생이 말했다.

"교장이 오늘 밤엔 참 점잖네요."

무슨 말인가 물었더니, "그렇게 솔직하게 얘기하잖아요. 그렇게 바로 깨 놓고 말하는 데는 어찌합니까?" 했다.

1971년 10월 7일 목요일 맑음

교장이 태연히 출근해서 아침부터 경리며 교실 관리 등 부산하게 걱정하는 척했다. 나는 어제 어디를 무엇하러 갔는지 묻지 않았다. 교장도 어제 일에 대해 아무 말이 없었다. 출근 카드에는 물론 도장을 찍어 놓았다. 어차피 제멋대로 하는 학교니 그런 것 물어 무엇하랴. 아무 소용없는 짓이다.

1학년 1반 보결 수업 두 시간.

급한 전언통신과 전화 연락이 있어 갑자기 보고 문서 두 가지를 만들어 낮 1시에 청부를 읍으로 보냈다.

고전 읽기 경시대회가 있고 감상문 쓰기가 있는데, 두어 달 전부터 공문이 아마 여남은 차례나 왔을 것이다. 선생들은 이 행사에 처음부터 소귀에 경 읽기다. 이런 데다가 그 고전이란 것을 알고 보니 번역한 글도 엉터리일뿐더러 내용이 아이들 심리에 맞지 않는 것이어서 영 아이들이 읽지 않으려 하는 모양이다. 《논어》니 《성서》니 《삼국유사》니 하는 따위를 국민학교생들에게 읽히려고 하니 그렇다. 아이들이 읽어도 생억지로 읽는 모양이다. 심지어 어쩌다가 책을 사 놓은 아이도 좀 읽다가 그만둔 아이가 대부분이었다. 지도하는 선생님들은 하도 교육청에서 공문이 자주 오고, 이번에는 아이들이 쓴 감상문을 전부 다 내도록 해 놓으니 시간 중에 몇 장이라도 읽어 주어서 감상문을 쓰게 하지 않을 수 없다. 지도한 얘기를 들으니, 읽어 주어도 아이들은 무슨 이야기인지 도무지 이해를 못하고, 이야기 줄거리가 있는 책도 무슨 이야기인지 알지 못한다 했다. 그리고 워낙 글이란 것을 써 보지 못한 아이들이어서 도대체 짤막한 글을 쓰는 것도 안 된다고 했다.

이 기회에 감상문 쓰기를, 자기의 생각을 쉬운 자기의 말로 쓸 수 있도록 하는 글짓기를 전교생에게 좀 억지로라도 시킨 것은 잘한 일이라 볼 수 있다. 그러나, 책 읽기의 습관과 취미를 들이기 위해 하게 된 이런 행사가 오히려 책 읽기를 싫어하게 만든 결과를 가져온 것 같아 장학 당국이 하는 일이 원망스럽다.

1971년 10월 19일 화요일 맑음

선생들은 한 해에 한 번쯤 직원 여행이라 해서 으레 학교의 돈으로 여행을 가야 하는 줄 안다. 돈을 안 대 주면 그 교장은 인색하다느니 옹졸하다느니 한다. 어젯밤에도 그런 말이 나왔다. 다행하게도 운동회 경비를 남겨서 대었으니 그렇지, 그렇게 하지 않았더라면 아주 나부터 욕 얻어먹을 뻔했다.

학교에 무슨 돈이 있어 선생들 여행하라고 돈을 대 주겠나?

그런데 이상하게도 많은 학교에서 그렇게 하는 모양이다. 그래서 선생님들의 환심을 사고 근무 의욕을 돋우어 주는 모양이다. 그런 방식으로 선생들을 독려해서 일을 시키는 '잘 부려 먹는' 교장을 선생들이고 장학사들은 훌륭한 교장이라고 말하는 것 같다.

내가 알기로 8·15 직후에는 이런 일이 있을 수가 없었다. 1950년대, 60년대 중간까지도 이런 일이 없었다. 그러나 이런 풍조가 어제 오늘 갑자기 생겨난 것은 아니다. 교육이 정치권력을 유지하는 수단으로 점점 더 철저하게 이용되어 교육행정이 썩어 감에 따라 이런 풍조도 생겨난 것이다.

바르지 못한 수단으로 잡은 정치권력을 정당하게 보도록 하는 온갖 선전물들이 막대한 국민의 혈세로 만들어져서 쏟아져 나왔는데, 이런 일은 거의 모두 행정관리들이 맡아서 했다. 교육행정을 맡은 사람들은 선거 때마다 술값을 나눠 받았고, 선생님들은 마을에 나가 술대접을 했다. 이런 상황에서 관리고 교원들이 썩지 않는다면 기적일 수밖에 없다. 학교의 교장이 상식에 벗어난 짓을 하여 공금을 제 돈같이 마구 써도 끄떡도 없이 지내고, 그런 사람이 오히려 더 큰 학교로 영전을 하고, 그런 교장의 부정행위를 들추어내어 항의하고 바로잡도록 요청하면 그렇게 한 교감이나 교사가 도리어 쫓겨나게 되는 이런 질서가 철통같이 짜여서 인간의 양심이고 이성이고 교육자의 순수성이고 모조리 깔아뭉개 버리는 학교 사회에서, 오직 선생들이 숨 쉬고 살아갈 길은 자기중심의 동물적인 욕구 충족 그것뿐으로 되어 버린 것이다.

그러니까 교장은 교장대로, 교감은 교감대로, 교사는 교사대로, 청부는 청부대로 제각기 맡은 바 할 일을 충실히 하면 그만이라는 민주 학교의 질서가 이뤄질 까닭이 없다. 그뿐 아니라 교장이 교사들에게 공무원으로서 정상적인 근무를 요구할 수도 없게 되어 있고, 요구한다고 해도 벌써 그 지시에 위신은 사라졌고, 그런 요구와 지시를 지키지 않는 것이 예사로 되어 버린 것이다.

술대접과 여행비 마련은 이래서 나온 것이다. 나도 먹었으니 너희들도 찌꺼기 국물이나 좀 마셔라. 그래서 불평해 봐야 이익될 게 하나도 없으니 적당히 잘 근무해라 하는 꼴이다.

요즘 우리 학교에서는 직원들이 숙직이고 일직이고 하지 않는다. 요즘뿐 아니라 전부터 그러했지만 최근에 와서 더 그러하다.

지난 토요일은 염 선생이 일직인데, 누구한테 부탁을 하지도 않고 어디로 가 버렸다. 염 선생은 지난 9월에 처음 교단에 선 사람으로 매우 성실하게 근무해 왔다. 그러니 다른 선생들의 근무 태도가 어떠한지 짐작할 수 있다. 박종규 선생은 일요일부터 일직인데 토요일 허락도 없이 대구인가 어디로 가 버리고 아직 안 온다. 어제는 읍에 가서 전보를 치라고 청부한테 부탁했더니 주소를 몰라 못 치고 왔다. 도장학사가 온다고 하는데 직원들은 연가원도 병가원도 안 내고 제멋대로 다 어디로 가 버리고 없어, 할 수 없이 나 혼자 날마다 이렇게 나와서 학교를 지키고 있다.

그저께 여행 가는 날 아침 선생들에게, 손님이 학교에 오게 되었으니 여행 갔다 돌아오면 출근을 하고, 출근 못 하면 연가나 병가를 내고 가라고 일부러 말해 두었는데도 들은 체 만 체 오늘도 나오지 않았다. 나와 아내, 두 사람이 지금 사무실에 앉아 있다.

김세구 선생은 어제 아무 말 없이 병원에 간다고 갔단다. 박균수, 이영옥 두 부부 교사도 아까 9시 차로 어딜 나가더란다. 어젯밤에는 김세구 선생이 숙직이었고, 오늘 밤에는 박균수 선생인데, 모두 말없이 가 버렸다.

선생들이 이러하니 청부인들 제대로 근무할 턱이 없다. 어젯밤에는 11시 반까지 여행 갔다 돌아온 사람들과 어쩔 수 없이 주막에서 같이 앉아 있다가 왔다. 나오다가 들으니 옆방에 청부 소리가 났다. '오늘은 누가 숙직을 하고 있겠구나' 싶었다. 그래서 청부가 이렇게 나와 있는 것이지. 그런데 아침에 학교 와서 칠판을 보니 김세구 선생이 숙직으로 되어 있다. 9시 반이 되어서야 나온 청부한테 "어젯밤 누가 숙직 했어요?" 하고 물었더니 "예" 한다. "어느 선생님이 했어요?" 하니 "선생님은 안 했습니다" 하는 것이다.

학교가 빈 것을 알면서도 학교에 있지 않고 몇 시간이고 나가 놀고 있는 청부.

이 청부는 그래도 내가 알기로 아주 근무를 잘하는 사람이다. 다른 사람들도 모두 그렇게 보고 있다. 이런 사람도 이런 환경에서는 어찌할 수 없는 것일까?

21일까지 가정실습이다. 이 동안에 당직 근무는 한 사람도 하는 사람이 없게 되었다. 학력이고 생활지도고 경리고 엉망

● 1971년 9월부터 부부가 같은 학교에서 일했다.

으로 되어 있는 학교.

이것은 내 힘으로 어찌할 수가 없다. 사회와 나라가 이 꼴로
되어 있으니 내가 무슨 재주로 바로잡겠는가? 하루빨리 이 불
안한 상태에서 벗어나는 것만이 나의 희망이다.

1971년 10월 21일 목요일 흐린 뒤 맑음

복명학교의 연구 공개에 참석했다.

새벽에 김룡리에서 나오는 버스를 타려고 나갔더니 7시경에
야 삼거리에 온다고 해서 걸어서 우곡 마을 앞까지 가서 기다
리다가 물방앗간을 구경했다.

"이거, 인제 곧 없어집니다."

주인의 말이었다.

"왜 없어져요?"

"시방은 막캉 고급이 돼서 어디 이런 데 가져오나요? 건너편
에 또 정미소가 있는데."

"여기가 거기나 다른 게 뭐요?"

"이건 좀 더디지요. 그리고 보리쌀은 빛이 덜 납니다."

"그래도 기름값이 안 드니, 좀 삯을 적게 받으면 많이 올 텐
데요?"

"뭐, 한마을에서 그렇게 싸울 것 있소. 곧 저쪽 정미소에 넘
겨주기로 했습니다."

물레방아가 없어지는구나 싶으니 어쩐지 섭섭한 마음이 들었다.

7시에 창구 교감과 같이 타서 8시 50분경에 봉명에 내렸다. 봉명학교는 봉명탄광이 있는 광산촌의 학교로, 아이들의 보호자 거의 모두가 광산 노무자나 종업원이다. 3년 전에 도 지정 연구학교가 되어 사회과를 연구해 온 12학급짜리 학교다. 매우 깨끗이 정돈해 놓고 있었다. 아이들도 모두 순박하게 보였다. 무엇보다도 수업을 잘했고, 아이들이 자유스럽게 활발하게 말을 하고 있어 놀랐다. 공책 정리도 잘되었다. 자료 소개라 해서 마을과 광산의 모양을 슬라이드로 보이면서 유행가의 반주를 붙인 변사의 연설이 한참 계속되더니, 점심시간에는 경제개발 선전 영화를 보여 주었다.

점심은 빵을 주어서 실컷 먹었다.

오후에는 도교육연구원에 있는 어느 분의 사회로 질의응답과 협의 시간이 있었는데, 이 시간에 동인학교 김해인 교장이 내 생각에 맞는 말을 했다. 그것은 특설단원 시간이야말로 참된 학력을 붙일 수 있지 않겠나 하는 말이었다. 강평은 김재덕 도장학사가 하였는데, 칭찬을 한참 늘어놓더니, 별로 깊이 없는 말을 연설조로 했다. 연달아 축사라고 해서 김목규(도교위 연구원장이라던가) 씨가 엉뚱한 설교조의 얘기를 시시하게 늘어놓는 바람에 그만 불쾌하게 마쳤다.

이 학교의 연구란 것은, 지역사회에 맞는 특설단원이란 것을 만들어 한 해에 열 시간씩 광산 이야기를 교재로 가르치고 있다는 것인데, 이것은 광산이 어떤 모양으로 되어 있는가, 석탄을 어떻게 파내는가, 파낸 석탄을 어떻게 운반하고 어떻게 쓰는가, 외국에 수출하는 광석은 어떤 것인가, 기계는 어떤 것들을 쓰고 있는가…… 하는 것을 학습하게 되어 있다.

도의 김 장학사는, 그런 특설단원을 향토 사회 것만 국한하지 말고 다른 사회와 다른 나라까지 연장하고 넓혀서 가르치는 것이 좋지 않나 했다. 그 이유는, 이곳 아이들이 자라나서 모두 광산의 광부 노릇을 하는 것이 아니기 때문이라 했다. 그러나 그런 생각은 잘못이다. 세계 문제와 연결되는 것은 좋지만, 광산의 광부가 꼭 되어야 광산 이야기를 배우는 것이 아니기 때문이다. 또 김 장학사는 "내일 없는 광부 생활과 그들의 자학……(연구 보고서에 나온 말)" 이런 광산촌 사람들의 태도를 교육으로써 고쳐 주어야 한다. 농민들과 광부들이야말로 애국자다. 이런 생각을 가지도록 해야 한다고 말했다.

내 생각은 이렇다. 이 학교에서 하고 있는 특설단원 교과과정은 극히 평면적이다. 교육은 입체적으로 해야 하고, 살아 있는 것을 바로 보고 붙잡아 인식하고 판단하는 데서 시작해야 한다. 가령 광부들(아이들의 아버지들)의 관심이 가장 큰 것이 무엇인가 하는 문제부터 잡아 가는 것도 좋겠다. 그래서 광부들의 품삯은 얼마나 되는가? 그것으로 가족의 생계를 어떻게 이어 가고 있는가? 광산의 종업원은 모두 얼마나 되는가? 생명이 희생되는 무서운 사고는 어떻게 하고 있는가? 광산촌 사람들의 생활 실태는 어떤가? 석탄은 어떻게 파내고, 어떻게 운반하고, 어떻게 쓰는가? 그 값은 얼마나 되는가? 이 광산에서는 한 해에 석탄이 얼마나 나오는가?…… 이런 문제들을 조사 연구할 수 있는 데까지 하는 것이 좋겠다는 생각이다. 그리고 내일 없는 광부들의 자학적인 생활이란 것도 광부들의 절실한 관심사와 생활 실태 파악에서부터 시작해서, 광부들의 문제가 결코 그들만의 문제가 아니라 우리 모두, 온 국민이 관심을 가지고 해결해야 할 문제임을 깨닫고 그것을 해결하는 방법을 어린이들까지 소박하게나마 앞날의 꿈으로 그려 보게 할 때 비로소 참교육이 될 것이다.

'나라에 충성'하고 관에서 떠드는 '질서'를 존중하는 관점에서 사회를 겉모양만 바라보게 하는 잡동사니 지식 벌여 놓기 사회과 지도로서는 결코 참된 학력이 붙을 수 없을 것이고 아이들에게 희망을 줄 수도 없을 것이다.

버스를 한참 기다려 타서, 점촌읍에서 막차를 타고 돌아왔다.

1971년 10월 23일 토요일 맑음

조회가 되면 교장이 없는 경우 내가 단 위에 올라가서 무엇인가 한마디 말해야 한다. 이런 조회란 것을 없애야 하지만, 내가 교장이 아니니 어찌할 수가 없다.

"여러분, 지난번에는 집에서 할 수 있는 공부에 대해 이야기 했는데, 요즘 집에 돌아가서 밤으로 공부를 하고 있습니까? 일기를 쓰고 있는 사람은 손을 들어 보세요!"

아무도 손을 드는 사람이 없다.

"다른 공부라도 좋으니 조금이라도 하고 있는 사람 손들어 봐요!"

여전히 손을 드는 아이가 없다.

"그럼 공부를 조금도 하지 않는 사람 손들어 봐요!"

이상하다. 손을 드는 아이가 없다.

"어찌 됐어요? 이래도 안 들고 저래도 안 드니. 그럼 자기가 공부를 하고 있는지, 안 하고 있는지도 잘 모른다고 생각하는 사람 손을 들어 봐요!"

여전히 아이들은 꼼짝도 안 한다. 도대체 이 아이들은 어찌 된 것일까? 나는 할 수 없이, 그저께 봉명학교에 가서 본 이야기를 했다. 그곳 아이들은 우리 학교 아이들에 비기면 너무나 딴판으로 공부 시간에 자유스럽고 활발하게 말을 하고 있었던 것이다. 이 벙어리 같은 아이들을 어떻게 하면 좋은가? 그런데, 이 아이들이 저희들끼리 골목이나 운동장에서 놀 때나 싸울 때는 조금도 거침없이 내뱉는 말이 있다. 개새끼! 씨팔년! 하는 말이다. 이런 욕설밖에 배운 말이 없다는 것인가?

내가 단에서 내려온 뒤, 주번 교사가 마이크 앞에 섰다.

박 선생은 몇 가지 주의 말을 하고는 이렇게 다짐했다.

"……이걸 안 지키는 사람 발각이 되면 우물가에 종일 꿇어 앉혀 놓는다. 알았어?"

다음은 교무 선생 차례다.

"이 자식들, 아침부터 희미하게 대답도 할 줄 모르고, 모두 앉아!"

"야아!"

그제야 아이들의 입에서 일제히 운동장이 떠나갈 듯한 고함 소리가 터져 나왔다.

이것이다! 바로 이것이었구나!

"일어섯!"

"야아!"

"앉아!"

"야아!"

"일어섯!"

"야아!"

원인은 바로 이것이다. 군대식 훈련, 통제와 강압적인 명령으로 이뤄지는 교육, 여기에 무슨 민주적인 대화가 있으며, 협의와 토론과 참된 의견의 교환과 삶의 창조가 있을 수 있겠는가? 위에서 내려오는 지시 명령만의 질서와 체제에서는 아이들이 벙어리가 될 수밖에 없고, 노예처럼 길드는 동물이 될 수밖에 없다.

이놈들아, 왜 말을 못 하나? 바보 같은 것들아, 왜 욕설만 하느냐? 고운 말을 써라. 아름다운 말을 써라. 인사를 잘해라……. 이것이 다 위에서 내려오는 강제하는 교육이다. 이런 교육이 효과를 거두지 못할 것은 너무나 당연하다.

조회가 끝나고 나뭇잎 줍기가 시작됐다. 가정실습 동안 떨어져 쌓인 낙엽이 운동장에 가득하다. 아이들을 한 줄로 세워 놓고 "시작!" 해서 일제히 주워 나가는데, 처음에는 잘되는 것 같더니, 조금 있으니 줍지도 않고 앞으로 달려가는 아이, 뒤에 앉아 있는 아이, 둘러앉아 장난하는 애들……. 선생님들은 거의 모두 뒷짐 지고 구경하거나 말로 고함만 치고 있었다. 그러다가 종이 치니 주운 것도 내버리고 교실로 달려가 버렸다.

대관절 선생님들의 태도가 잘못되어 있다. 아이들과 같이할 줄 모른다. 너희들은 해라! 난 선생이니 명령만 하면 된다. 안 하면 이놈들 모조리 기합이다! 이런 태도니 무슨 교육이 되겠는가?

교사들은 가르치는 괴로움을 겪어야 한다. 괴로움의 과정을 밟지 않고서는 교육이 안 된다. 그 많은 아이들을 일제히 호령만 해서 무엇을 시켜 보려고 하니 되는 일이 없다. 얼핏 보아 잘되는 듯해도 겉으로만 그렇게 보일 뿐이지 실제로는 한 가지도 된 것이 없다.

아침에 청부가 와서 교장 집 장작을 세 평 산 값을 꾸어 대느라 혼이 났다고 했다. 학교에 나가는 길에서 만나니 또 그 소리다. 이건 결국 나더러 돈 좀 대 줘야겠다는 말인가? 김문규 선생도 이 학교에서는 지금까지 교장 집 겨울 땔나무를 학교 돈으로 사 댄 일이 많았다 했다. 석유도 사 주고, 장작도 사 주고, 출장도 아닌데 출장이라 해서 여비는 또 육성회와 교비로 양쪽에서 겹으로 받고……. 나는 화가 나서 길에서 만난 청부를 보고 말했다.

"김 씨, 그런 소리 자꾸 하는 것 보니 나보고 학교 돈 대라 하는 것 같소. 김 씨도 그렇게 하기를 원하는 모양인데!"

"아니요, 아니라요…… 안 되면 제가 대더라도 염려 마셔요."

"김 씨가 대다니, 무슨 소리요? 나무 실어 온 사람보고, 교장 선생 안 계시니 나중에 받으라, 난 모르겠다고 하면 그만인데 뭣이 답답해 그렇게까지 해 주는 거요?"

사실 김 씨는 사람이 너무 좋아 그렇다. 그런 줄을 나도 알지만 참 너무 화가 난다. 맘이 좋아도 정도가 있지, 그게 어디 사내가 할 짓인가? 참 답답하다. 학교의 청부라면 청부가 할 일만 하면 되지, 교장의 종인가!

1972년 1월 2일 일요일 맑음

〈동아일보〉당선 소설 〈4월의 끝〉을 읽었다. 이것은 어젯밤
에 누님이 읽어 보시더니 "뭐 이러노. 밑도 끝도 없이!" 하시
기에 더욱 호기심이 나서 읽은 것인데, 내용이 깊은 인생의 문
제를 다루기는 했지만 너무 글이 재치를 부려서 마음에 안 들
었다. 누님도 이런 재치가 싫었던 것 같다. 그리고 도시에 사는
다방족들의 병든 생활이 무엇보다도 혐오스러웠다.

우리 문학에서 이런 작품이 주류가 되면 어찌 되겠는가? 남
들의 껍데기만 흉내 내어 기이함을 좇고, 창백한 자의식의 표
현이나 능사로 하게 되면 백성을 위한 문학과는 점점 더 멀고
비뚤어진 방향으로 나갈 것이다.

오늘은 하도 누님이 권해서 낮 예배에 갔다. 정 목사님은 고
향 사람으로 나를 잘 안다고 하는데, 설교를 무난하게 했다. 그
러나 역시 평범하고 싱거운 이야기였다.

교회에 앉아 있는 조용한 시간만은 어느 자리에도 없는 정신
적인 것이다. 만약 이런 시간에 좋은 설교나 강화를 들을 수 있

다면 얼마나 기쁘겠는가? 그런 모임이라면 나는 빠짐없이 참석할 것이다.

예배의 차례는 예나 지금이나 같았다. 목사의 설교 다음에는 찬송과 기도, 그리고 헌금이다. 목사의 설교의 결론은 십일조를 바쳐야 한다는 것이고, 헌금이 있은 다음에는 특별 헌금을 한 사람들의 이름을 한 사람 한 사람 알렸다. 마치 헌금을 많이 하도록 하기 위한 설교 같았고, 헌금을 위한 예배같이 느낀 것은 내 태도가 불순했기 때문일까? 목사의 설교를, 약장수들이 약을 팔기 위해 나팔을 불고 노래를 하는 것과 비교해 보는 것은 내 비뚤어진 마음 탓일까?

강도상 앞에는 아직도 남은 크리스마스트리에 온갖 색깔의 전등불빛이 자꾸 깜박이고 있었다. 아무래도 나는, 정신이 떠나가 버리고 껍질만 남아 세속화한 종교 앞에 그저 덮어놓고 순진할 수만은 없다고 생각한다.

1972년 2월 7일 월요일 흐림

국방헌금을 아이들은 한 사람에 30원씩, 어른들은 봉급과 수당의 1퍼센트씩을 자진 헌납하기로 되었다.

오늘은 교육장한테서 두 번이나 전언통신으로 "기일 엄수" 납부하라는 독촉이 와서, 내일 낮 12시까지는 어떤 일이 있어도 납부해야 한다고 저녁때 아직 다 못 거둔 돈을 꾸어 대느라

한 소동을 벌였다.

　이 국방헌금인즉 교장 말을 들으니 지난 1월 15일 도내 초·중·고등 교장, 교감 회의가 있었을 때, 비상사태 선포에 대해 이선근, 신상초 두 사람의 강연을 들은 다음 어떤 교장이 나서서, 전라도에서는 국방헌금을 낸다고 하는데 우리도 자진해서 내는 것이 어떠냐고 발의를 해서 만장일치로 가결한 것이란다. 그런데, 그것이 어디까지나 자진해서 하는 헌금이라면서 이렇게 금액과 납부 기일까지 정해서 그것도 교육장이 심하게 독촉하고 있으니 참 가관이다. 이것이 비상사태 선포의 꼴이다.

　비상사태면 비상사태지 왜 또 국방헌금이란 것을 아이들 통해 짜내는가? 비상사태에서 교육자가 할 일은 돈 거둬 바치는 것인가? 교육이나 잘하고 제 할 일을 다하면 될 것 아닌가. 아이들 졸라 돈 거둬 내는 것이 교육자들의 특기란 말인가? 배운 도적질 이때나 잘 써먹어 아첨해 보자는 것인가? 어떤 놈이 발의를 했는지 모르지만 참 추악한 인간들이다. 세상 꼴이 이만하면 가히 구경거리라도 아주 특종이다.

　어찌 생각해 보니 이건 당국에서 꾸민 연극 같다. 어떤 교장을 시켜, 이번 자리에서 이러저러한 발의를 하시오, 한 것 아닌가? 틀림없이 그럴 것 같다. 그런 발의를 할 수 있게 된 것을 영광스럽게 여기는 교장들은 얼마든지 있을 테니까.

1972년 3월 28일 화요일

 교육장 오게 되는 시간이 꼭 점심때라, 닭을 잡아 놓고 점심 준비를 하는 데 마음을 써야 했다.

 예정대로 12시 반에 와서 차트 설명을 하고, 학교 안을 한 바퀴 둘러보고, 직원들 모아서 한바탕 연설하고, 그리고 점심 식사하러 홍 씨 집에 갔다.

 이번 교육장은 예천농고 교장으로 있던 분이다. 그것밖에는 전력을 모르지만 꽤 서민적이고, 교육에 대해 이해가 깊다는 느낌이 들었다. 운동장에 들어올 때 처음 인사하는 내 손을 덥석 잡았고, 교장실에 앉아 이른바 차트를 설명하는 교장의 얘기를 들으면서 '뭐, 그런 거 대강 해 두지' 하는 표정이었다. 차를 마시면서 일본의 산울림학교 얘기까지 해서, 책도 많이 읽고, 인간적으로 좋은 분이구나 싶었다. 그러나 아무리 관료적이 아닌 사람도 이런 세상에서 행정가 노릇을 하자면 별 수 없겠지 하는 생각을 하니 서글퍼졌다.

 식사를 마친 교육장 일행은 오후 2시쯤 떠났다.

 학교에 실습지가 있다. 논이 두 마지기 있는 것은 지난해 교장이 남에게 도지로 주어 쌀을 받아 자기 소득으로 하였다. 올해도 그렇게 계약을 했다고 한다. 밭은 백 평도 못 되지만 그것 역시 교장이 청부를 시켜 채소를 심어 자기만 먹고 있었고, 올해도 그렇게 할 양으로 학교 일에 바쁜 김 씨한테 퇴비를 내라고 어제부터 말한단다. 여기서 읍까지 나물 한 단 사기 위해 그렇게 자주 나갈 수도 없는, 객지에 와 있는 직원들을 생각해서 나는 벌써부터 교장한테, 올해는 실습지를 남 주지 말고 직원들이 나눠 나물 심어 먹도록 해야 한다고 말했지만 교장의 대답이 시원치 않았다. 논은 이미 남을 주었다느니, 그 논에는 나물이 되지 않는다느니, 밭은 얼마 되지 않지만 그것으로 나눠 줄까, 너무 적어서 교감 선생이나 같이 나눠 심지 안 되겠는걸, 하는 따위로 말하고 있었다. 청부 김 씨는 학교 일보다 교장 집 일에 더 충실하다. 퇴비를 내려고 하는 것을 보고 홍 씨 집에서 나오는 교장을 길에서 잡고, 실습지 어쩌려 하시는가 다그쳐 물었더니 역시 그 대답이다. "교감 선생이나 하시려면 같이 나눠 나물을 갑시다" 한다. 객지 살림하는 사람이 나뿐 아니라 모두 여섯 사람이다. "한 평이라도 고루 나눠 먹는 것이 도리지, 저 혼자서 교장 선생님과 나누는 것은 도리가 아닙니다. 저는 그만두겠습니다" 했다. 그래도 교장은 끄떡도 안 하는 얼굴이었다.

1972년 4월 5일 수요일(4월 8일 기록)

식목일이라 나무를 심게 되었다.
이태리포플러 250그루, 낙엽송 1,300그루, 회양목 50그루.
이태리포플러는 묘포장의 것을 뽑아서 냇가의 자활 학교 조림지에 메워 심기를 하는데 5학년 1반이 맡았다.

회양목은 6학년 남학생을 데리고 산에 가서 캐어 오게 하였고, 낙엽송은 새마을 조림 사업으로 3천 포기가 나온 것을 요청하여 얻은 것인데, 역시 조림지 냇가에 가서 4, 5학년과 6학년 여학생이 모두 심게 되었다.

나무 심는 방법 얘기를 단단히 했다. 그러고 나서 아이들 여남은 명을 데리고 운동장 동쪽 둑 밑에 가서 포플러 뽑아낸 자리에 낙엽송 80여 그루를 심어 놓고 조림지 냇가에 갔다. 운동장 동편 둑 밑은 찬물이 자꾸 새어 나오고 바위가 깔려 있어서 포플러도 살아나지 않고, 살아나도 뿌리를 뻗지 못해 몇 길이나 되는 것이 모두 쓰러져 버린 곳이라 이 낙엽송을 심게 되었다.

"포플러도 못 사는데 낙엽송이 삽니까?" 하니 교장은 "안 살지만 운동장 둘레가 허술해서 나중에 죽더라도 우선 울타리로 심어서 남 보기 괜찮도록 하는 거요. 그대로 심으시오" 해서 할 수 없이 심은 것이다. 죽어 버릴 나무를 남에게 보이기 위해 심다니, 심는 것이 아니라 죽이는 것이다.

조림지에 갔더니 포플러를 심는데, 얕게 파서 겨우 서 있도록 묻어 놓아서 뿌리가 보일 정도다. 낙엽송 심는 냇물 건너편에는 아이들이 많기도 하지만 나무들이 총총 서 있는 데다 심어 놓고, 더러는 여기저기 심다가 묘목을 내버려 놓았고, 심은 것도 얕게 파서 억지로 끌어 묻어 놓았다. 그런 것 일일이 말하고 타이르자니 여간 힘드는 노릇이 아니고, 또 그렇게 시켜서 심을 도리도 없다. 할 수 없이 그대로 두었다. 이런 일은 담임교사가 하루 이틀 전 교실에서 잘 교육을 해서, 아이들이 진심으로 우러난 행동으로 나무를 심을 수 있게 해야 한다. 그렇게까지 못했으면 오늘 이 현장에서는 철저히 구덩이 판 것부터 검사를 하고, 심은 것도 검사를 해야 한다. 각 반별로 심는 곳을 정해 주어서 책임을 지도록 할 필요도 있다. 그렇게 하지 않고 아이들 하는 대로 맡겨서 잘 심으라는 말만 해서는 결코 잘되지 않는다.

학교에 돌아와서 교장 말 들으니 포플러 심은 것은 모두 얕게 심어서 아무래도 내일 모두 뽑아서 구덩이를 다시 깊게 파서 심도록 해야 한다고 했다. 낙엽송 심고 건너올 때 포플러는 다시 안 보고 왔더니 역시 그렇게 된 모양이다.

이 조림지는 작년에도 낙엽송을 2천 그루쯤 심고, 포플러는 1,500그루를 심었다. 그런데, 낙엽송은 거의 모두 말라 죽고, 포플러도 심은 수의 3분의 1밖에 살지 못했다. 살아남은 것도 죄다 꾸불꾸불 가엾게 자라나, 그것이 뒷날 무슨 재목감이 되리라고는 생각할 수 없다. 원체 돌밖에 없는 냇바닥에 심은 것이라 그렇게 될 수밖에 없는 것이다. 이런 데는 조림을 할 수 없다고 말해도 심어야 한다는 것이 교장의 고집이다. 교장은 교육청의 돈을 받아 쓸 속셈뿐이다. 작년에도 6만 원을 받았는데, 그 돈은 거의 모두 교장 주머니에 들어갔다. 올해도 또 지난번 새 교육장이 왔을 때 조림 사업에 쓴다고 보조 좀 해 달라

고 했다. 교육장은 농고의 교장으로 있던 분이다. "이런 곳에
는 이태리포플러가 잘 안 되니 산에 있는 무슨 나무든지 관상
이 될 만한 것을 캐다 심는 것이 좋겠다"고 했다. 물론 교장은
그 얘기를 귀담아듣지 않았다.

회양목 캐러 갔던 6학년은 12시가 지나서 돌아왔는데, 하도
해마다 캐서 없더라면서, 볼 모양 없는 것 몇 포기를 아주 어린
나물 포기 같은 것들과 함께 가지고 왔다. 그것을 앞 화단에 심
는데, 이 화단에 심는 일도 참 딱한 일이 되었다. 해마다 거기
그렇게 심지만 해마다 아이들이 밟아서 살아나지 않는 것을
또 심는 것이다.

"어떻게 하든지 살아나도록 보호를 해야지, 이대로 심기만
해서야 되겠어요? 차라리 아주 여기 심는 것은 그만두고 잔디
나 입혀 놓읍시다."

이렇게 말했더니 교장은 역시 심어야 한다. 본래 이 화단은
운동장에 좀 나가 앉은 자리고, 플라타너스 그늘이라, 아이들
이 나무 그늘에 놀다가 거기 앉게 되고, 공이 굴러 오면 달려와
밟게 되어 있는 자리다. 이런 화단은 아주 없애야 하는데, 이것
을 굳이 보호하자면 아이들 놀이를 엄중히 감독해야 하니, 그
것이 여간 힘들고 무리한 일이 아니다. 그러나 아이들의 운동
이나 놀이나 생활보다도 학교의 겉모양이나 형식적인 아름다
움이란 것이 더 소중하게 되어 있는 관리자들의 머리로서는
아무리 아이들과 그 아이들을 지도하는 선생들이 불편함을 당

하고 고통을 겪어도, 또한 나무들이 비참하게 죽어 가도 그런 것을 이해할 턱이 없고, 해마다 식목일이 되면 오직 나무 심는 뜻있는 행사만을 강조하는 것이다.

회양목을 심는데 구덩이를 파라고 하고, 깊이 안 판 것을 더 깊이 파라고 하여 내가 직접 심었다. 죽을 때 죽더라도, 한두 달 겨우 살더라도 우선 살려 놓고 싶은 심정이니 어쩔 수 없다. 한참 심어 가다가 저쪽에 묻어 놓은 것을 보니 한 구덩이에 어린 나무들을 묻었는데, 뿌리가 위로 올라와 있고 잎과 줄기가 땅 속에 묻혀 있다. 얼마 안 되는 것을 또 이렇게 해 놓았구나. 해마다 식목일이면 보게 되는 나무 심는 광경이다. 이 아이들이 이렇게 자라나서 어떻게 될까? 이렇게 된 책임을 누가 져야 하겠는가? 선생님들은 어느새 거의 모두 술집으로 가 버리고 없다. 배고프다고 수군거리는 아이들에게 급식 빵을 나눠 주고 싶은 생각조차 들지 않는 나 역시 비참하게 메마른 동물이 되었는가, 사무실 앞에 정신없이 서 있었다.

오후에는 모두 모여 배구를 하고, 술을 먹었다.

1972년 5월 18일 목요일 맑음

학교에서 토끼를 길러 잘되는 것을 못 보았다. 흔히 굶기고, 겨울인데 오랫동안 물을 안 주어 죽게 하고, 새끼를 잡아먹게까지 하는 것을 보았다. 담임교사들이 참된 교육으로써 토끼

206

기르기를 지도하지 않는다. 아이를 키우는 일이 애정 없이는 안 되는 것같이 짐승 기르는 일도 마찬가지인데, 학교의 선생님들은 사랑이 없는 것이다. 그리고, 너무 엉뚱한 할 일이 많아 그런 것을 돌볼 틈이 없다. 또 장학을 한다는 사람들은 진정 교육을 위해서 '1교 1사육' 같은 것을 장려하는 것이 아니라, 교육을 잘하는 것처럼 보이기 위해 하는 것이다. 이렇게 해서 담임선생이고 아이들이고 지시를 받아 억지로 기르는 닭이요, 토끼니 그게 잘될 리가 없다.

어제는 청부 김 씨가 "토끼장 하나 만들었습니다" 하기에 가 보니 헌 책상을 뜯은 판자로 상자를 만들었는데, 사과 궤짝보다도 작다. 더구나 사방을 판자로 꽉 막아 놓고, 문도 판자로 꽉 닫게 되어 있다. 이건 살아 있는 짐승을 기르기 위해 만든 것이 아니라 무엇을 잡아 가두어 놓고 아무도 보지 못하게, 그 안에 있는 동물이 꼼짝도 못 하게 해서 죽이려는 것이 아닌가?

"왜 이렇게 작게 만들었어요?"

"크게 만들라고 했는데, 교장 선생님이 이렇게 작게 만들어라 했어요. 저도 이래선 토끼가 일어나 있지도 못할 것 같아 아무리 말해도 기어코 이렇게 하라는걸요."

"그물을 앞에 쳐서 보이도록 해야지, 이렇게 작은 통 속에 보이지도 않게 가둬 놓고 기르는가?"

"교장 선생님이 이렇게 하라고 했어요."

이것은 소견이 없어서 이러는가? 아니면 생명 학대증 같은 정신병에라도 걸려서 이러는 것일까? 토끼 한 마리 기르는 집조차 이렇게 만들게 하는 사람이, 7백 명의 아이들을 무슨 사랑이고 덕이 있어 교육하겠는가?

이 토끼장이란 것을 보고 있으니 곧 변소 생각이 났다. 이 학교에 단 한 채 있는 변소는 교사 바로 뒤에 있다. 그것은 7백 명의 아이들과 16명의 직원들이 쓰고 있는 단 하나의 변소간이다. 그 변소에서 풍겨 나오는 냄새 때문에 2학년 2반 교실과 3학년 1반 교실은 더구나 여름철이면 머리가 아파 견딜 수 없다. 지난해 한번 그 교실에 들어갔다가 혼이 난 일이 있다. 어쩌자고 변소를 그런데 지어 놓았을까? 교장한테 변소 걱정을 했더니 대답도 안 한다. 그런 것은 애당초 관심이 없다. 그리고, 변소가 그렇게 냄새가 나는 것은 변소와 교실과의 거리가 가까워서도 그렇지만, 변소의 구조 때문이기도 하다. 대변과 소변이 모두 한 커다란 콘크리트 구덩이에 모이게 되어 있는데, 대변소에 앉아 있으면 거기에서 지독한 냄새가 나서 눈물이 쏟아진다. 대변소 안은 유리창 하나 없이 질식할 것 같다.

"변소가 그래서는 안 되겠는데, 문이라도 좀 고쳐 환기가 되도록 해야 하지 않을까요?"

이렇게 말하고, 문 아래쪽에 공기가 들어가도록 하는 방법을 얘기했지만 교장은 들은 척도 안 했다. 그야말로 소귀에 경 읽는 격이었다.

교장이 언젠가 이 변소를 자기가 지었노라고 자랑같이 얘기하던 것이 생각난다. 변소 문은 또 안에 들어가 고리를 걸거나 잠그는 장치가 전혀 없다. 그래서 여학생들은 한 아이가 들어가면 같이 따라온 다른 아이가 문 앞에서 파수를 보게 된다. 대변소 열 칸을 7백 명의 아이들이 이렇게 해서 쓰는데, 돈 몇 푼 안 들이면 걸 고리쯤 간단히 될 것을 지난해부터 얘기해도 교장의 귀는 여전히 말 귀 소귀다. 그래서 할 수 없이 올봄에는 보다 못해 교장한테 의논도 하지 않고 걸 고리를 사다 안에서 걸도록 해 놓았던 것이다.

토끼 한 마리의 생명을 아무렇지도 않게 여기는 사람은 7백 명 아이들의 생명도 아무렇지도 않게 여기는 사람이다.

1972년 6월 8일 목요일 맑음

지난 5일 학력검사 감독 일로 이웃 창구학교에 갔다 온 김성호 교무 선생이 들려준 이야기를 적어 놓는다.

아침에 창구리로 걸어가니 대승사 올라가는 데서 아이들이 여럿 앉아 쉬고 있었다. 오늘 이웃 학교 선생님이 오시니 인사를 하라는 말을 들었는지, 본디 인사를 잘하는 것인지 모두 인사를 하기에, "왜 안 가고 앉아 있나?" 했더니 "아이들 모두 모여서 같이 가야 돼요" 하더라는 것.

그래 김 선생은 같이 좀 앉아 쉬다가 아이들과 함께 학교로 가는데, 모두 두 줄로 서고 한 아이가 지휘해서 노래를 불렀다.

쉴 새 없이 노래를 부르느라고 힘이 빠지고, 노래도 아주 엉망
으로 불렀다. 학교까지 10리 길을 이렇게 해서, 아무리 아침이
라 하지만 더운 여름에 고함을 치고 가자니 아이들이 기진맥
진으로 되지 않을 수 없다. "애들아, 된데 노래 그만 부르고 가
지!" 보다 못해 김 선생이 이렇게 말해도 여전히 억지 노래를
불렀다. 지휘하는 아이가 "이렇게 부르고 가야 돼요!" 하고는
다시 "아가야 나오너라, 시작!" 하니 또 목쉰 소리로 곡도 엉
망으로. 더 정확하게 말하면 노래라기보다는 억지 고함 소리,
아니 우는 소리를 내면서 가더라는 것이다.

학교에 가서 교감 선생한테 노래 부르면서 오는 아이들 얘기
를 했더니 "새로 오신 교장 선생님의 지시로 그렇게 한답니다"
하더라는 것이다.

바로 여러 해 전에 우리 학교에서 재봉틀을 팔아먹고 갔다는
그 교장이다. 교육이 뭔지도 모르는 인간들일수록 행정의 지
시 명령에는 충실하다. 이런 무식한 교장이 이 나라에 얼마나
많겠나! 참으로 불행한 아이들이고 불행한 민족이다.

1972년 7월 7일 금요일 흐림

여러 날 전에 '아동 시의 이해' 90장을 써서 이원수 선생 앞
으로 부치고 생각하니, 시 교육에 대해 문제가 많고 쓸 것이 많
아 계속 쓰고 있는 중이다. 이번 여름쯤 이걸 다 써서 책으로

내고 싶다.

며칠 전에 라디오에서 들었던 남북 성명 발표가 오늘은 신문에 나왔다. 우리 직원들도 모두 좋아한다. 정치와 사회의 문제에 매우 좋지 않은 생각을 가진 ㄱ 선생도 진심으로 기뻐하는 눈치다. 신문 기사를 보니 시장의 상인들이 라디오를 듣다가 눈물을 흘리는 사람, 만세를 부르는 사람, 온통 기쁨과 감격의 한동안이었다고 한다. 8·15 이후의 가장 큰 사건이라 한다. 이렇게 온 겨레가 감격하여 환영하는 것을 왜 지금까지 못 하게 하였는가? 그런 말만 해도 잡아가고 고문하고 죽이지 않았는가? 그렇게 아무도 못 하게 하여 놓고, 이번에는 비밀로 저희들끼리 마음대로 해서 세상을 놀라게 하고는 마치 남북대화를 자기들 힘으로 하는 것처럼, 자기들만이 할 수 있는 일인 것처럼, 자기들의 은혜로 베풀어 주는 것처럼 여기게 하다니!

극과 극은 서로 통한다. 내가 느끼기로 통일에 이르는 길은 조금도 가까워진 것이 아니다. 그러나 어쨌든 그 살벌한 총검의 대립만은 얼마쯤 누그러졌으니 반가워할 일이다.

1972년 8월 26일 토요일

영 잠을 못 자고 일어났지만 감기는 나은 것 같다. 이재철 씨가 여기저기 전화를 걸더니 박목월 씨와 조병화 씨의 추천장을 받아 학장을 만나 봐야 한다면서 "더러워 서울 못 오겠네.

이 선생, 이것들이 날 오라 해 놓고 이러니 말이요" 한다. 그러면서 지난번도 나와 돈을 쓰고, 이번에도 쓰고, 모두 벌써 60만 원쯤 썼다 한다. 그러다가 또 전화를 걸더니, 학장하고 점심 같이 해야 된다면서 여비가 다 떨어졌는데 돈 좀 빌려 달라 한다. 3천 원만 빌려 달라 한다. 할 수 없이 자료 살 돈을 대구 가서 받기로 하고 3천 원을 내주었다.

10시 반에 새교육, 새교실에 가니 장욱순, 이영호가 있어 장 씨에게 수필을 내주고 이영호 씨와 잠시 얘기했다.

이영호 씨는 〈한국 아동문학〉에 나온 글 중에 내가 쓴 것이 제일 읽을 만하다고 하면서 내 의견에 반론을 펴고 싶어 했다.

첫째, 생활이 있어야 글을 쓴다고 하지만 산이니 책이니 하는 제목을 주어 아이들이 문학작품에서 얻은 상상의 세계를 자기 나름대로 펼쳐 쓸 수 있고, 쓴 것을 많이 보는데 그런 것을 어찌 보느냐?

둘째, 창작도 모방에서 출발하지 않는가?

셋째, 동화의 판타지나 시의 상상의 세계가 모두 아동을 위해 있는 것이고, 아동의 것이 되어야 하고, 아동도 그런 세계에서 마땅히 창작 행위를 할 수 있지 않는가?

넷째, 아동 시는 문학작품이 아닌가?

시간이 없어서 대강 이 씨가 반대한 골자는 이런 것이었다. 여기에 대해 나는 이렇게 대답했다.

첫째, 책이니 하늘이니 하는 제목으로 쓰더라도 아이들이 만

212

일 제 마음속의 감동을 진실하게 썼다면 그것은 생활을 떠난 소위 시인들이 얻는 것 같은 상(想)은 결코 아니다. 아이들은 소를 그릴 때도 추상적이고 일반화된 소는 결코 그리지 않는다. 자기 집의 소나 이웃집의 소, 그리고 아침에 죽을 먹거나 밭을 가는 소를 그린다.

그리고 생활을 떠난 작품이 많이 있기는 하지만 그런 것을 옳은 작품으로 나는 안 본다. 어른들을 모방하여 억지로 만든 작품이다.

둘째, 창작이 모방에서 출발한다고 할 수도 있지만 그것은 무의식적으로 되는 모방이라야 한다. 즉, 새로운 것을 만들려고 하고, 그렇게 쓰는 과정에서 저도 모르게 닮아 버린 것은 인정할 수 있고, 흔히 그런 작품이 나오기도 한다. 그러나 이런 경우도 될 수 있는 대로 그러지 않도록 해야 한다. 아이들의 모방이란 것은 그 형식을 모방하는 것이 아니라 새로운 것을 찾고 새로운 것을 가지려는 태도의 모방이라야 하는 것이다.

그러니 어른들의 작품이나 창작 태도의 모방이란 있을 수 없고 그런 것은 단연 시가 될 수 없는 불순한 태도라고 본다.

셋째, 이것은 어른의 창작 행위와 아동의 글 쓰는 태도를 근본 동일한 것으로 보는 태도다. 문학은 성인이 창작한 진선미의 세계를 아동에게 보여 주어 그 마음을 순화시키고 높여 주는 것이 임무이지, 결코 그런 창작 세계를 아동에게 모방시켜 아동 자신이 그런 창작을 하도록 강요하는 것이 아니다. 글짓

기 지도는 글짓기 교육이지 문학작품 창작 교육이 되어서는
안 된다. 문학 교육은 문학작품 창작이 아니라 문학작품 감상
교육이다.

넷째, 아동 시는 일반 문학작품과 구별되어야 한다. 이것이
예술 작품인가? 특수한 문학작품 혹은 예술 작품이라고 할 수
있다.

시간이 없어 이영호 선생이 인쇄 공장에 가려고 하기에 내 의
견은 끝까지 말해 주지 못했다.

나는 참 좋은 반대 의견을 들었다 생각되고, 이런 반대 의견
을 좀 더 많이 들어서 거기에 대한 이론 정리를 해야겠다고 생
각했다.

새한신문사를 나와 원효로 4가 70번지에 있는 함석헌 씨 댁
을 방문하니 산비탈을 좀 올라가는 곳에 잠그지도 않은 나무
문이 있고 거기 "씨올의 소리사"란 조그만 간판이 걸려 있었
다. 조그만 집인데 뜰에 꽃이 가득했고 뜻밖에 가족들인가 여
자들의 웃음소리가 터져 나왔다.

한 소녀가 나와 선생님은 치과에 가셨다면서 씨올의 소리사
사무실로 되어 있는 조그만 집 방에 들어가니 책상이 두 개 놓
여 있고 의자가 있다. 벽에 간디의 그림이 커다랗게 걸려 있다.
조금 있으니 한 청년이 와서 인사하는데 박선균 씨라 했다. 이
박 선생과 안내한 그 소녀와 둘이서 실무를 보는 모양이다. 선
생님은 거실에서 집필하신다고 한다.

214

박 선생이 잡지 내는 데 대한 여러 가지 어려운 얘기를 해 주었다.

"한동안 7천 부까지 나가고 점점 더 많이 팔리게 되자 탄압이 내리는데, 지난 4월 치는 제본도 장준하 선생 댁에서 하려다가 못 하고 그냥 이렇게 표지 속에 끼워 보내는데 경남 쪽의 것은 부산에 가서 부치고 전라도의 것은 전라도 어디에 가서 부치고…… 이렇게 했는데도 책이 제대로 가지 않았다고 합니다. 5월분도 그렇게 부쳤는데 우편 방해로 독자들에게 책이 안 갔어요. 지금은 우편 방해만은 안 하겠다는 정보부의 언약을 받기는 했습니다만 책방에 내놓는 것은 일체 걷어 가 버려서 내놓을 수 없으니 참 기막힙니다……."

이런 얘기였다. 그래 할 수 없이 정기 독자 앞으로 우편으로 책을 발송하는 수밖에는 길이 없다는 것이다.

"정기 독자가 얼마쯤 됩니까?"

"7백 명쯤 됩니다."

"영구 독자는 얼마나 됩니까?"

"이제 선생님 것이 접수되면 꼭 백 명입니다."

내가 영구 독자로 들겠다는 말을 했던 것이다. 돈을 만 원 내주니 영수증을 떼어 주는데 그 번호가 100번이었다.

함 선생님이 잠시 후 들어오셨다. 인사를 드리니 매우 부드러운 음성으로 다정스럽게 얘기해 주시는데 비로소 마음을 놓았다. 내가 교육에 대한 얘기, 글짓기 교육 얘기를 간단히 했더니.

선생님은 우리가 옛날에 학교 다닐 때는 작문이라 해서 일주일에 한 번씩은 썼는데 요즘은 그렇게 하는가요? 요즘은 작문 같은 것이 잘 안 되는 모양인데…… 등 참으로 평범한 얘기를 해 주어서 뜻밖이었다. 매우 근엄하여 가까이 하기 어려운 분으로 여겼더니 이렇게 다정한 아버지 같으신 분이구나 싶었다. 이런 분을 진작 못 찾아본 것이 후회되었다.

허연 머리털과 수염, 부드러우면서도 사람의 마음을 뚫어 보실 듯한 날카로운 시선. 이분이 바로 우리 나라 정신계의 가장 높은 자리를 차지하고 계시는 분이구나 생각하니, 좀 더 젊으셨더라면 얼마나 다행하겠나 싶었다. 이 어른이 돌아가시고 나면 뒤를 따를 사람이 또 많겠지만 역시 허전할 것 같다.

인사를 하고 나오니 대문 밖까지 나오셔서 다정스레 전송해 주셨다.

오후 디즈니에 들어가 이원수 선생이 어디 계시는지 알아보려고 하는데 마침 박홍근 씨와 두 분이 들어오셨다. 그래 한참 얘기하고, 다시 종로 뒷골목 술집에 가서 소주를 마시면서 밤 8시까지 있다가 헤어졌다.

동시론을 보였더니 이 선생은 약간 재미있다는 듯이 얘기를 해 주었다. 그리고 단행본으로 내게 되도록 주선을 해 주겠다고 얘기해 주셨다.

신진여관에 다시 투숙.

1972년 8월 27일 일요일

오늘은 일찍이 가려고 했는데 밀레의 작품전이 덕수궁에서
있어서 꼭 보고 싶었다. 이 기회 놓치면 영원히 볼 수 없을지
모른다. 그리고 점촌의 연수회는 까짓것 불참하지 하는 생각
이 들었다.

택시로 덕수궁에 가서 9시부터 약 한 시간 보았다.

우선 내가 지금까지 화집을 통해서 알고 있는 밀레의 그림 밖
에 새로운 그림을 많이 볼 수 있었고, 밀레의 시 세계를 원화에
의해 흐뭇하게 맛보게 된 것을 잊을 수 없다.

더구나 〈포도 따기〉, 〈추수〉 등 거작에 감탄했지만 전실 정면
에 있는 〈여름, 세레스〉의 거대한 여신상은 단연 장내를 압도
하는 위대한 작품같이 느껴졌다. 한 손에 낫을 들고 다른 한 손
에 삿갓을 잡고 맨발로 밀단과 일에 지쳐서 잠든 여인들 앞에
가슴을 턱 펴고 서 있는 여인의 거대한 모습은 이거야말로 신
이구나! 하는 생각이 들었는데, 해설의 책자를 보니 세레스는
역시 농경의 여신이라 했다.

여신의 머리에는 밀 이삭이 모자처럼 씌어 있고, 멀리 추수한
밀의 낟가리가 산더미같이 쌓여 있는 것을 배경으로 하여 발
밑에는 울퉁불퉁한 빵 덩어리가 담긴 짚 소쿠리 같은 것이 놓
여 있다.

밀레의 인체 데생은 완벽하다. 아마 미켈란젤로 이후 이렇게

완전한 데생은 처음이 아닌가 싶어진다.

오늘날 대한민국의 화가들은 20세기 화가들의 기교나 주의(主義)의 흉내를 내려 들지 말고 백 년 전의 이 화가에게 배워야 한다. 그 정신에 있어서는 물론이지만 기법에 있어서도 그러하다.

기왕 늦은 김에 오후 차로 간다고 예술인촌의 이원수 씨 집을 찾아갔다.

이원수 선생 집 뜰에는 조그만 대추나무에 대추가 가득히 열려 있고, 여러 가지 꽃들이 피고 고추도 달려 있었다.

오후 2시경에 나올 때 이 선생은 "이런 작문 교육도 좋지만 아동문학에 대한 것을 좀 썼으면 좋겠는데……" 하셨다. 그때 나는 아동문학에 대한 평론 같은 것을 쓰라는 말로 들었는데, 나중에 생각하니 동화나 동시를 쓰라고 하시는 것이구나 생각되었다.

1972년 10월 18일 수요일

아침에 수업에 들어가려고 하는데 ㄱ 선생이 어젯밤에 계엄령이 선포되어 국회가 해산되었다는 라디오 뉴스를 들었다 한다. 아, 이 무슨 흉보인가? 모두가 남북적십자회담 소식에 세상 잘돼 간다고 하더니 계엄령은 또 무슨 일인가? 철저하게 가면을 쓰고 있는, 흉악한 악마의 계략이 드디어 나타나게 된 것 같다. 함 선생은 이런 일을 미리 알고 있었던가 보다. 불길한 일이다. 불길한 일이다.

출판 관계로 내일 상경하려고 했더니 만사는 수포로 돌아갔다. ㄱ 선생 말이 "박 대통령 담화 제일 첫째가 언론에 대한 것"이었다고 한다.

무슨 언론의 자유가 있었다고 계엄령을 내린단 말인가!

1972년 11월 2일 목요일

오후 3시에 김룡리에 가서 선거인 명부를 베꼈다. 모두 197명이다. 이제부터 이 명부 가지고 집집마다 방문해야 한다. 그래서 조금이라도 이상한 사람이 있으면 보고를 해야 한다. 이장 명부 보니 ○표, △표를 벌써 해 놓았는데, △표는 개정 헌법 내용에 대해서 여러 가지로 묻는 사람이라 한다. "그런 것 묻는 게 뭣이 나빠요. 이런 걸 다 보고해야 하니 참 기막히지. 이래서 이장만 원성을 듣지요. 앞으로 지서 순경과 군인과 정보기관에서 자꾸 찾아가 봐요. 결국 이장이 보고했다는 것을 알게 되지요" 했다.

밤에 와서 숙직실에 가 보니 공문이 꼭 20통 와 있다. 그저께 30일 가져왔는데 31일, 1일 꼭 이틀 동안에 이렇게 공문이 많이 내려와 지시 명령하니 지긋지긋하다. 31일 자로 나온 공문이 11월 1일까지 필착 보고하라는 것이 두 통이나 된다. 그 밖에 내일 곧 수업을 그만두고 보고서에 매달려야 할 것이 여러 가지고, 새마을 보고는 지난달 것 보고 거슬러 올라가 날짜 차례로 매일 보고하게 되어 있다.

망할 놈의 나라다. 하루빨리 망해 버려라.

1972년 11월 4일 토요일

1시 차로 대구로 가다.

저녁에 누비에서 권기환 선생을 만나 대구 형편을 들었다. 도시에는 그런 것 안 하는 줄 알았더니 꼭 같은 모양이다. 아이들을 통해 '반응 조사'란 것을 해내야 하는데, 학교에서 프린트한 선전문을 나눠 주고, 그걸 아이들이 집에 가져가 부모들에게 보였을 때, 부모들이 어떤 태도를 취하는가, 하는 반응을 알아 기록한다는 것이다. 열심히 읽어 보는 사람이면 개헌을 찬성하는 사람이지만 그런 것 안 봐도 안다는 태도로 읽지도 않고 버려두면 요주의 인물로 점찍어서 보고하게 되어 있다는 것이다.

"그걸 안 읽는다고 어째 다 개헌 반대가 되는기요. 난 그런 조사 아무래도 못 할 것 같아요."

이것이 박 대통령을 적극 지지하고 있는 권기환 선생의 말이다. 그리고 복도고 교실이고 할 것 없이 표어, 구호, 선언문 일색으로 학교가 꾸며져 있다는 것. 언젠가 무슨 상품 수여식을 한다고 전 직원이 모이라 해서 갔더니 엉뚱하게도 시장, 교육장들이 나와 있는데, 시장이 훈시를 할 때는 마치 군대식으로 차렷 경례를 하고, 그 훈시 또한 부하 직원을 지휘 감독하는 식으로 시국에 대한 계몽 얘기를 하더라는 것. 참 분해 견딜 수 없었다는 것들을 얘기하고 있었다.

1972년 11월 11일 토요일

그저께부터 교육청의 부탁을 받아 실기 대회 글짓기 작품을 심사하는데, 운문이란 것을 보니 불쾌하기 말할 수 없었다. 어쩌자고 아이들이 이렇게 남의 작품의 흉내만 내고 있는가? 어쩌자고 이런 것만 배우고 이런 것만 작품이라고 뽑고 있는가? 내가 내준 제목 '산' '길' '내 마음' 이 세 가지는 모두 쉽사리 남의 것을 모방하지 못하도록 내준 제목인데, 웬걸 이런 제목으로도 이 아이들은 교묘한 흉내만 내고 있다. "산은 산은 요술쟁이……" 이런 식이다. 자기만의 마음의 세계란 찾아볼 수 없다. 더구나 교육청에서 '강아지'란 제목을 하나 더 내준 것이 탈이다. 이 '강아지' 작품은 가장 많은데, 한결같이 "우리 집 강아지는 복슬 강아지……" 식이다. 3학년도 6학년도 조금도 다름이 없다. 산문도 억지스럽게 조작해 만든 것이 대부분이다. 이야기를 거짓으로 꾸며 만든 것이다. 문장도 일부러 억지 기교를 부려 놓은 것이 참 가관이다. 모두 글짓기 교사들이 한 짓이다. 글의 끝에는 거의 모두 교훈적인 것이 붙든지, 아니면 무슨 소설의 결과를 연상하게 하는 것을 조작해 놓고 있다.

그런데 또 한 가지 말할 수 없이 불쾌한 것은 '청소 시간'이란 제목으로 쓴 작품들의 내용인데, 이것은 비교적 저들의 생활을 솔직하게 써 놓았다. 그런데 불쾌하다는 것은 글 쓰는 태도가 나쁘다는 것이 아니고, 대한민국 아이들의 학교생활이란 것이 얼마나 군대적인 강압으로 억지스럽게 이뤄지고 있고, 생활지도란 것이 방임 상태가 되어서 주먹과 간지(奸智)와 권력이 약자를 짓밟아 엉망진창의 질서가 되어 있는가 하는 것을 아이들의 글로서 알 수 있기 때문이다. 동정이라든지, 의리라든지, 정의감이라든지, 공정이란 것은 아이들의 생활에서는 발견할 수 없다. 청소가 잘 안 되면 교사는 아이들에게 단체 기합을 준다. 아니면 급장을 벌준다. 그러면 급장은 분단장을, 분단장은 단원을 기합 주게 된다. 이런 군대적 생활 방식이 너무나 잘 나타나고 있다.

또 이런 작품도 기억난다. 아이 하나가 점심밥통을 쏟았다. 그 아이는 울상이 된다. 청소하는 아이들이 우우 몰려와서 그 아이를 모두 한 대씩 쥐어지른다. 선도반원이 와서 또 그 아이를 쥐어지르고 벌세운다. 그 아이는 점심도 못 먹고 아이들에게 얻어맞는다는 글인데, 이런 글 끝에는 작자의 형식적인 반성의 말이 적혀 있는 것이 더욱 불쾌했다.

내가 본 것은 점촌 읍내의 글짓기 교사들이 예선을 한 것이다. 운문이란 것은 하도 작품이 형편없기에 예선에도 떨어진

작품을 모두 보았더니 예상대로 3, 4학년에서는 예선에서 버려진 것 중에 매우 훌륭한 작품이 더러 있었다. 1등 한 명, 2등 두 명, 3등 세 명, 장려상 다섯 명……. 이렇게 학년마다 뽑아내는데 예선에도 안 들었던 것을 모두 1, 2, 3등에 다 올려 뽑은 학년이 대부분이 되어 버렸다. 이러니 소위 글짓기 교사들의 안목을 알 수 있고, 그들이 지도하는 동시라는 것이 얼마나 시가 될 수도 없는 엉터리 글자 맞추기 장난인가 하는 것을 통감할 수 있는 것이다.

1972년 11월 21일 화요일

기어코 오늘 국민 투표일까지 왔다. 오늘은 10시에 온도계를 보니 영하 5도다. 투표장은 각 국민학교마다 설치되어 있고, 이곳 투표장의 관리위원장인가 하는 사람은 교장이 되어 있는 것을 보니, 어디나 마찬가지인 것 같다. 기권하면 주민등록증을 빼앗는다느니 하는 말이 나고 있었다. "이번에는 박정희와 김일성이가 나왔다면서" 하는 노인이 있다고 교무 선생이 말하는 것을 보니 그렇게 선전이 된 모양이다. 여러 날을 비가 와서 아직 타작도 못 하고, 거기다 갑자기 추위가 닥쳐 얼어붙어 놓으니 가을 일이 맹랑하다. 그래도 투표한다고 장자골의 노인들이 와서 벌벌 떨고 서 있는 모양을 보니 기가 막힌다.

점심때 조용할 때 들어갔다. 각 동네 이장과 유지들이 "참관인"이니 하는 완장을 두르고 투표장인 교실 여기저기 서서 돌아다닌다. 투표용지를 받아 도장 찍는 자리에 가니 남쪽 교실 구석에 세 군데 판자로 칸을 지어 형식적으로 베 조각을 가려 놓았는데, 그것은 서 있는 사람의 머리 쪽을 가릴 뿐인 짤막한 것으로 되어 있다. 그런데 그 안에 아이들 쓰는 책상이 놓여 있고 인주와 붓대 통이 있는데 찍으려고 붓대 통을 잡으니 그것을 책상에 짧게 매달아 두어서 허리를 굽혀 붓대 통 가까이 용지를 가져가서 찍어야 한다. 그러니 베 조각으로 가려 둔 것은 아무것도 아니고 찍는 모양이 온 교실에 앉아 있는 사람에게 보이도록 되어 있는 것이다. 게다가 총을 멘 경비원이 교실 바로 앞에서 어정거리고 들여다보고 있는 것이니 참 가관이다. 나도 ○표에 아무런 주저도 없이 찍을 수밖에 없었던 것이다.

저녁때 투표함을 들어내면서 김룡리 정덕춘 씨가 "100퍼센트가 돼야겠는데……" 한다. 정 씨는 참관인일 게다. 물론 정 씨의 이런 말은 아무 의미도 의도도 없는 가장된 말이다. 기권한 사람의 표도 얼마든지 찍어 넣게 되어 있는 것이다. 100퍼센트가 되도록 해 놓았으면 의심받을 게고, 아마 98퍼센트나 그 어디쯤 만들어 두었음에 틀림없으리라.

총을 멘 경비원이 나중에 숙직실에 들어와 인사를 하는데 "본서에서 왔습니다" 했다. 그는 간밤에도 잠을 못 잤다면서 한숨 자고 나갔다. 밤에 숙직실에는 선생님들이 화투 놀이를 하고 있었다. 개표니 방송이니 하는 것에는 아무런 관심도 없었다.

224

1972년 12월 19일 화요일

아침에 숙직실에서(요새는 숙직실에서 생활하고 있다) 일어나 밖에 나가니 어제보다는 푸근하다. 오늘은 난로를 안 피워도 되겠지 하고 복도의 온도계를 보니 영하 12도나 되었다. 변소에 가는 길에 보니 2학년 2반 교실 문이 모두 활짝 열려 있다. 어제 청소를 하고 문을 안 닫고 간 게로구나. 이렇게 일찍 아이들이 와서 문을 열어 놓지는 않았을 것이다. 그런데 어제 문이 열려 있었더라면 모두 알 터인데 이상하기는 하다고 생각하고 교실을 들여다보니 별 이상은 없는 것 같다. 도둑이라면 이렇게 앞뒤 문을 모두 열어 놓을 리가 없다.

직원들이 출근을 한 뒤에 2학년 2반 담임교사에게 물어보았더니 어제 문을 다 닫아걸고 갔다 한다. 교실 안에도 아무 이상이 없다 했다. 이상하다. 그런데 내가 하는 말을 듣고 있던 ㄱ 선생이 "2반에서는 아이들이 오면 유리창을 모두 열어 놓는답니다. 여름부터 날마다 그래요" 했다.

역시 그렇구나. 그렇게 일찍이 오는 아이가 있었구나. 그런데 영하 12도의 새벽에 와서 교실 유리창을 모두 열어 놓다니 참 이상하지 않은가. 여름에 그런 훈련을 해 놓은 것이 겨울이 되어도 조금도 변할 줄 모르고 이렇게 추운 혹한에도 기계적으로 문을 열어 놓고 벌벌 떨고 있다는 것은 참 기막힌 얘기가 아닌가. 기계적으로 움직이는 아이들. 동물적인 훈련을 받아 온 비참한 아이들의 모습이 이런 데도 나타나고 있다.

지난여름에 어느 교실을 들어갔더니, 그 무더운 날 60명의 아이들이 땀을 흘리면서 앉아 있는데, 꽉 닫아 놓은 교실 문을 아무도 열 줄을 모르고 있던 것이 생각난다. 참 기가 막힌다. 수업 시간에 "아는 사람 손을 들어요" 하면 손을 드는데, 손을 내리라는 말이 없으면 어느 때까지나 그대로 들고 있는 것이 어느 교실 할 것 없이 모든 아이들의 태도다. 이렇게 철저하게 기계가 되어 가고 있는 비참한 아이들을 생각할 때, 그저 암담한 마음뿐이다. 아무것도 기대할 것이 없다. 이 아이들을 이렇게 만들어 놓는 군대적인 질서와 교육이 한없이 미워진다.

1973년 1월 18일 목요일(1월 31일 기록)

교육청에 가서 근평표를(다시 쓴 것) 내고, 오후 차로 안동 가니 글밭동인의 김성영 씨가 대구에 가고 없다고 했다. 곧 의성행을 타서 일직에서 내려 5리를 걸어(진흙탕이 된 길을 걷는데 애먹었다) 일직교회에 찾아가 권정생 씨를 찾으니 바로 신춘문예 당선* 소감과 함께 나온 그 얼굴이 교회 숙사에서 나와 반가이 대해 주었다. 교회 한쪽 숙사에 있는 그의 방에 들어가니 방 한편에 책이 꽉 꽂힌 서가가 있고, 방 안에는 이불과 간단한 자취 도구 같은 것이 있어 일견 독신 생활을 하는구나 싶었다. 이날 밤 권사님께 부탁해서 지어 온 저녁밥을 같이 먹고 늦게까지 얘기를 하고 그리고 같이 자게 되었는데, 나는 병약한 그가 나직이 들려주는 여러 가지 과거와 현재의 생활이며 문학에 대한 집념에 대해 깊은 감명을 얻었다.

그는 다섯 형제 중에서 넷째라 한 것 같았다. 부모는 10여 년

• 1973년 〈조선일보〉 신춘문예에 〈무명저고리와 엄마〉가 당선되었다.

전에 돌아가시고, 세 분의 형들은 지금 모두 행방이 불명이고 동생이 하나 어느 과수원에서 노동을 하며 식구를 거느리고 있으나 자기를 도와줄 형편이 안 된다 했다. 맏형은 일제 말기 동경서 국민학교에 들락 말락 하였을 때 마지막 보고는 그만 소식을 모른다 했다. 한번은 그 맏형이 친구인 청년들을 여럿 데리고 집에 오더니 등에 진 배낭을 내려 그 속에서 태극기를 내어 펴 보이면서 "애, 정생아, 이게 우리 나라 국기란다. 너만 알고 있거라" 하고 다시 접어 넣고는 어디론지 가 버렸는데, 참으로 인자한 분이었다고 어릴 때의 기억을 더듬어 말했다. 둘째 형은 여러 해 전까지 소식이 있었는데 지금은 아주 끊어 졌다고 한다. 니가타현에서 소식이 있을 때 자기가 중병이 있 는 것을 알고 입원료를 보내 와서 수술을 할 수 있었다 한다. 그리고는 그 후 편지가 오기를 "내가 사실은 너를 도와줄 형편 이 못 되었는데, 남의 돈을 빌려서 너의 입원비를 댄 것이다. 이제 앞으로는 살아가기 어렵더라도 부디 네 힘으로 살아가도 록 하여라" 이런 마지막 편지가 왔더란다. 그런데 그 후 형수 되는 분한테서는 편지가 더러 왔고, 자기가 책을 좋아한다고 하니 책을 많이 부쳐 오기도 했는데, 지금은 그 형수도 소식이 없다고 하고, 여러 가지 일로 형의 행방을 생각하고 있는데, 여 러 해 전 간첩 사건이 빈번히 있었을 때, 경찰에서 찾아와 자기 의 신상과 책과 쓰는 글이며 사상 같은 것을 묻고 조사해 간 일 이 있는데, 자기가 의심받을 일이 전혀 없는데 이런 것을 보니 형이 간첩 사건에 관련된 것이 아닌가 하고 추측하고 있는 것 같았다.

셋째 형이 있었다던가, 그래서 어떤 수난을 받았다던가, 하는 얘기를 들은 것 같은데 기억이 안 난다.

그의 당선작 〈무명저고리와 엄마〉는 거의 그의 반생의 얘기를 썼다고 했는데, 나중에 그 작품을 읽어 보니 역시 그렇구나 느껴졌다.

그의 병은 신결핵. 19세 때 병을 발견해서 그 후 형의 도움으로 수술을 하여 신장의 한쪽을 절제하였지만 나머지 하나마저 병균이 침입해 있어서 지금까지 살아온 것만 해도 기적이라고 사람들이 말한단다. "폐결핵도 3기에 들어 있는 중병이라도 잘 요양하면 낫는다고 하잖아요?" 했더니, "지금이라도 충분히 투약을 하면 1년이 안 걸려 낫게 할 수 있을 것 같아요" 했다.

그런데 약값이 없다고 한다. 병약해서 노동을 할 수 없고, 원고 쓰는 일도 몸에 무리가 간다 했다. 처음엔 초기 증세의 약을 썼는데, 지금은 병균이 저항력이 생겨 제2기의 약을 써야 할 것 같은데 그리하자면 월(月)에 1만 5천 원이란 돈이 있어야 하니, 어떻게 할 수가 없다고 한다. 안동시에 있는 보건소에 등록을 해서 무료 약을 얻을 수 있다고 좋아했으나 나중에 알고 보니 그런 약은 버스값으로 이곳 약방에서 실컷 살 수 있는 그런 약이래요, 하는 것이다.

"지난해 한 해 총수입이란 것이 4,500원인데, 4천 원은 어느 기독교 잡지에 낸 동화 원고료이고, 5백 원은 어느 할머니가 찾아와서 주고 간 것입니다."

산양을 먹인 얘기도 했다. 산양 한 마리를 먹이면서 젖을 짜 먹었다기에 참 좋은 일이구나 싶었는데, 빚 때문에 그만 그것을 만 원으로 팔아 버렸다면서, 살찐 어미 양을 아마 잡아먹기 위해 사서 끌고 가려는데 안 가려고 한사코 발을 뻗대고 울며 뒤에 있는 주인을 돌아보고 하는 그것을 차마 볼 수 없어 달리듯 집에 와 방에 들어앉아 눈물을 흘렸다는 얘기다. "그것을 먹일 때 산언덕에 매어 놓고 내려오는데 집에까지 오면서 돌아보고 하여도 사뭇 나를 내려다보면서 그대로 서 있잖아요. 방문을 열고 들어올 때까지 그대로 꼼짝도 않고 나를 지켜보고 있지요" 했다.

아동문학에 대한 견해도 상당히 믿음직한 것이었다. "저는 어쩔 수 없이 보지 않을 수 없는 것을 쓰는데 남들은 더러 너무 슬픈 얘기를 쓴다고 하지 않아요. 만일 제가 쓰는 것이 정말 슬픈 얘기라면, 저는 그런 슬픈 얘기를 쓰지 않고는 배길 수 없어요" 했다.

9백 장짜리 장편 동화를 써 두기도 했다 해서 보여 달라고 했더니, 아무래도 새로 정리해야 한다고 했다.

밤중에 청년들 서너 사람이 들어와 "집사님, 죄를 지었습니다" 하고 권 씨를 잡고 울며 참회를 하는데, 누워서 들어 보니, 술을 먹고 담배를 피웠다 한다. 그래 라이터하고 담뱃갑하고 멀리 논바닥에 던지고 왔어요, 하는 것이다. 그는 그 청년들을 잡고 같이 기도해 주었다.

1973년 1월 19일 금요일

아침에 권 씨는 또 얘기했다. 이렇게 혼자 있으니 노인들도 찾아오고 젊은이들도 찾아오는데 노인들은 자식들 얘기를 하고, 젊은이들은 부모들에 대한 얘기며 연애 건 얘기며 온갖 얘기를 한다는 것이다. 아침을 먹고 있으니 장로 한 분이 찾아와 "권 집사 생각하면 눈물이 날 때가 많아요" 했다.

나는 협회한국아동문학가협회의 입회 원서를 만들어 도장을 찍어 보내 달라고 했다. 그것은 회원으로 가입되면 어떤 혜택을 입을 수 있도록 할 길도 트인다 싶고 또 그리해야만 이름도 알려지고, 원고를 발표할 길도 열리겠다 싶어서다. 그리고 대구와 서울에 가서 될 수 있는 대로 선생님의 얘기를 잘해서, 작품을 널리 발표할 수 있도록 힘써 드리겠다고 말해 주었다.

20일 있을 신춘문예 시상식에는 가야지요, 했더니 병으로 못 간다고 신문사에 편지해 놓았다 했다. 신병도 문제지만 여비가 없을 것이 아닌가 짐작되었다. 여비만 문제 된다면 내가 도와줄 수 있지만 또 다른 이유로 시상식에도 못 가게 되는 그를 어찌할 수가 없었다(나중에 대구 나와 김성도 씨한테 이런 얘기 했더니 "옷이 없어 못 나왔을 거라요" 했다. 정말 옷도 없는 것 같았다. 노인들이 입는 스웨터 하나를 언제나 입고 다니는 것 같았다).

원고지 한 권 가방 속에 있던 것 주면서 여기다 하나 써 보내 달라고 하고 다시 돈 천 원을 억지로 원고지 사 쓰라고 두고 작별했다.

의성 와서 숙모님 댁에 가니 사촌 여동생이 며칠 전에 결혼을 해서 오늘 시댁에 가는 길이라 했다. 내 주소를 몰라 편지 못했다나. 부산으로 가는 동생에게 3천 원을 여비라도 하라고 주었다. 동생은 차에서 울고 있었다. 신랑은 퍽 나이 많아 보였다. 마흔도 넘었을 것 같았다.

저녁 차로 화목에 도착. 큰누님 댁에 들다.

1973년 3월 5일 월요일 맑음•

아침 7시 40분 삼거리에서 승차. 점촌, 영주 경유 봉화에 도착하니 12시 20분이었다. 교육청에 가니 배 장학사가 "참 아담한 학교입니다" 한다. 교육장은 "그곳은 분지가 되어 있고 농토도 많고 교감도 우리 군에서 모범 교감입니다" 해서 조금은 마음이 놓였다. 지도를 보고 춘양행 버스를 타고 도중에서 내려 길을 물어 걸었다. 재를 올라오는데 숨이 찼다. 재까지 올

•1973년 3월 1일에 경북 봉화군 삼동국민학교 교장으로 부임했다.

라와서는 사뭇 산등을 타고 걷는데 차바퀴 자욱이 나 있기는 하지만 경사가 심하고 사람이 오가는 것을 보지 못한 무인지경이다. 바람이 차고, 서글픈 생각 금할 수 없었다. 버스에서 내려 한 시간이 지나 학교가 보이는 오묵한 골짜기에 다다랐다. 오후 4시.

아직 퇴근 시간도 안 되었는데 사무실은 잠겨 있다. 옆에 있는 가겟집 앞에 서니, 사람이 나오는데 학교의 청부인 것 같았다. 내가 인사를 하고 이름을 말해도 허리만 굽실거리고 사무실을 열어 주는데, 놀랐다. 책상 위고 밑이고 어지럽기가 말할 수 없고, 술을 마룻바닥에 쏟아 흘어 놓고 쓸지도 않은 채 있고, 컵이 엎어져 있고, 도서 장과 책장, 서함(書凾)이 놓여 있는 위에는 온갖 물건들이 잡연하게 놓여 있고, 걸려 있는 태극기는 시커멓게 되어 마치 걸레 한가지였다.

조금 있으니 얼굴이 시뻘겋게 된 사람 하나가 비틀거리며 들어오는데 ㅂ 선생이었다. 다음에 서너 사람이 들어와 자리에 서는데, 교감 선생은 술을 자시고 일어나지 못한다 한다. 인사를 하고 앉아 있으니 추워서 견딜 수 없어 난로를 피울 수 없는가 물으니 나무가 없다 한다. 나무를 살 수 없는가 하니 사지 못한다 한다. 나무 한 짐에 아이들 짐으로 5백 원에서 7백 원이고, 그것도 파는 사람이 없는데, 어찌해서 사 놓으면 투서를 해서 사고판 사람이 벌금을 물어야 한단다. 이웃끼리 투서를 하는 것을 예사로 여긴다고 한다. 추워서 그냥 있을 수 없어 어디 다른 방에라도 가자 해서 청부 집에 가서 한참 앉아서 학교 형편, 지방 형편을 얘기 들었다. 인심이 좋지 못하고, 학교교육에 대한 이해가 전혀 없고, 선생들은 아이들 가르치는 일보다 술 먹고 같이 놀아 주는 것을 좋아한다고 하니 몽매한 정도가 이만저만이 아닌 것 같다. 게다가 이곳은 식수가 귀하다 하니 빨래는 어떻게 하게 될지 막연하다.

식사를 어찌하나 걱정했더니 교감 선생과 다른 선생들이 같이 하숙하고 있는 집이 있다 해서 거기 부탁해 놓았다. 다음에 잠은 어떻게 어디서 자나. 사택은 있지만 나무가 없다. 나무가 없다 해도 이불이 없으니 잘 수 없다. 청부는 술에 취해 나자빠져 있고, 청부 부인이 걱정해서 동네를 다니며 나무를 한 짐 사 온 것을 보니 5백 원이란 것이 한 아름도 안 된다. 기가 막혀 말이 안 나온다. 여기는 사람 살 곳이 못 되는구나 하는 생각을 지울 수 없었다. 저녁을 먹고 사택에 가 보니 불을 때 놓지도 않았다. 다시 하숙집에 가서 할 수 없이 주인이 덮는 이불을 덮기로 했다.

저녁에 교감이 왔는데 같이 누워서 학교의 얘기를 자세히 들었다. 지난 한 해 동안 교장은 조울증이란 정신병으로 학교 근무도 못 하고 집에 겨우 모시도록 하였고, 직원들은 수업도 제대로 안 하고 수업 시간이 지나면 제멋대로 나가 술이나 먹고, 아니면 제 볼일 보고 농사일하고 한단다. 처음엔 그걸 고치려고 해 보았지만 선생들이 말을 들어주지 않고, 동네 사람들도 싫어해서 할 수 없이 2학기에는 모든 것을 포기해 버렸다는 것이다. 학력이 형편없어 3학년은 물론 6학년 아이들도 한 학급 50명에 책 읽는 아이가 겨우 두세 명뿐이란다. 전에 있던 교감은 옆 부락에 있는 재건 학교에 돈을 대 주고, 신문사와 자매결연을 해서 신문에 자기 이름을 몇 번이나 자꾸 내더니 상장을 몇 번 받아 영전해 가 버렸는데, 그 뒤에 남은 빚이 30만 원이나 된 것을 1년 동안 견디고 갚아 나가는데 죽을 고생을 했다는 말이다.

밤늦게까지 잠을 잘 수 없었다.

1973년 3월 13일 화요일 맑음

아침에 식사를 하고 7시 20분 차로 소천이란 곳에 나와 거기서 어떤 동행을 만나 걸어오니 학교 도착이 9시경이었다.

20일 입대하게 된 김 교사가 토요일부터 집에 가 버리고 안 온다고 해서 2학년 교실에 내가 들어가게 되었다.

첫 시간 국어 공부를 하고, 다음은 두 시간을 걸쳐서 운동장 쓰레기를 주웠다. 지푸라기, 종이 들을 다 주워 불사르고 유리 조각을 주우니 네 양동이 가득하였다. 이곳은 운동장이고 길이고 도랑이고 논밭이고 유리 조각이 함부로 버려져 있다. 어른들은 술을 먹고 유리병을 함부로 버리고, 그걸 깨뜨려 아무데나 던져 놓는다. 아이들도 그렇다. 유리병을 모아 두어도 그

걸 싣고 나가 팔아 주지 않으니 모으는 사람이 없다. 그래 골목
마다 집집마다 유리병이요, 유리 조각이다. 일하고 나서, "오
늘은 너희들 참 좋은 공부를 했다. 유리 조각 하나 주워 버리는
것, 이것은 교과서 읽고 쓰는 일 백 번 하는 것보다 더 좋은 일
이요, 더 좋은 공부다. 오늘 집에 가면 학교에서 좋은 일 했으
니 밥 많이 달라고 해서 많이 먹어라" 이런 말을 해 주었다.

1973년 3월 15일 목요일 눈

오늘은 교감, 교무(경리를 겸하고 있다), 그리고 청부까지 세
사람이 봉급날이라고 나갔다. 그러니 2학년 담임이 없는 데다
가 세 반이나 비게 되었다. 봉급날에 교감하고 청부만 나가면
될 터인데, 하니 교감 말이 15일은 교감 회의가 있고 봉급은
계원이 타야 된단다. 봉화군에서는 봉급 타는 데 직원 두 사람
이 꼭 오도록 하라는 지시가 있었단다. 문경 김룡에서는 15학
급인데도 교감인 나와 청부만 출장 나가고 있었는데……
어제 퇴근 때 ㅂ 교사가 급식 빵을 보자기에 싸서 가져가기에
물어보니 재적 302명에 290개 정도밖에 오지 않아서 조금 모
자라서 한 학급씩 안 주다 보니 이렇게 남는다 한다. 빵 담는
상자에 보니 빵이 수십 개 남아 있다. 그럼 이걸 다음 날 보태
어 주면 되겠는데 교사들이 한두 개쯤 맛보는 것은 어쩔 수 없
다 하더라도 보자기로 싸서 집에 가져가는 것은 곤란하다 싶

어 "말썽 없도록 해 주시요" 하는 정도로 주의했다. 그러면 조심할 것이라 생각했기 때문이다. 그런데 오늘 아침에 와서 빵 운반하는 일꾼이 식전에 보이기로 벌써 운반하였는가 싶어 상자를 보니 아무것도 없다. 어제 남았던 것도 싹 없어졌다. 다 가져가 버린 것이다. 빵을 선생들이 가져간다고 동네 사람들이 말썽이라더니 근거가 있구나 싶었다. 교장이 보고 있는 데서 태연하게 빵을 싸서 집에 가져가고 있는 선생들이니 학교 기강이란 것이 어느 정도로 되어 있었는지 가히 알 만한 것이다.

1973년 3월 23일 금요일

아침밥을 먹고 곧 나가니 10시 15분경에 차가 있었다. 교육청에 가서 교육장, 과장, 시설계장, 장학사 들을 대접하고 변소와 창고를 지어 달라고 부탁을 할 참이었는데 아무도 없었다. 조 장학사 혼자 있었다. 교감하고 의논해서 돈 5천 원까지 준비해 가져갔던 것이다. 이런 짓 안 하고는 무능한 사람이라 손가락질당하고 학교도 꼴이 안 되는 것이다. 할 수 없이 뒤로 미루기로 하고 조 장학사한테 연가원을 냈다. 서울에 책 출판 관계 일 보러 간다고 하니 과장님이 오후에 나오실 터이니 허락받고 가는 것이 좋겠다, 한다. 그래 조 장학사라도 같이 점심을 할까, 그래 학교 얘기 좀 해 볼까 싶어 "점심이나 좀 같이 합시다" 했더니 "오늘은 벌써 누구와 약속이 있어 같이 나가기로

되어 있습니다. 다음 합시다" 했다. 참 장학사들 대접하는 일
도 차례 얻기가 힘드는 모양이다. 버스 정류소에 가서 시간을
알아보고 다시 가니 학무과장이 와 있어 연가원을 보더니 무
슨 책을 내는가, 한다. 마침 가방 속에 책 한 권을 넣어 둔 것이
있어 보였더니 무표정하게 겉과 속을 몇 장 들춰 보더니 아무
말 없이 서류에 도장을 찍었다. 나는 그래도 "좋은 책을 내어
서 반갑습니다"란 말 한마디쯤 헛인사로라도 할 줄 알았는데
참 뜻밖이었다. 다음, 군에 간 김 교사의 후임 발령은 안 되었
는가 물으니 도의 정원 배정을 받아 봐야 합니다, 이번에 정원
이 줄어진다고 해요, 한다. 그럼 줄어지면 후임이 없는가? "줄
어지면 후임 받지 못합니까?" 하니 "그리되면 다른 학교의 티
오(TO)를 돌려주어야지요" 한다. 여기에도 돈을 좀 써야 할지
모른다. 여러 가지로 불쾌한 심정이 들어 교육청을 나왔다.

 1시 50분 차로 대구 오니 5시쯤 되었다. 곧 동덕학교의 이칠
우 선생에게 전화를 걸었다. 이 선생은 작년에 죽었다는 소문
이 있어, 꼭 그런 줄만 알고 있었는데 며칠 전에 영전을 축하한
다는 전보가 와서 얼마나 놀라고 반가웠는지 몰랐던 것이다.
직원회를 하는 중이라 해서 다방 누비에서 한 시간을 기다려
도 안 되어 나가려던 참에 이 선생이 들어왔다. 반갑게 그리고
어이없는 헛소문 얘기를 하고서 가방 속의 《아동시론》을 한 권
내주었더니 "축 발간"이란 봉투를 내준다. 나중에 보니 돈이
천 원 들어 있었다. 안 받는다고 해도 할 수 없었다. 장학을 한

238

다는 사람들은 관내의 교직원 한 사람이 교육 관계 책을 내어
도 인사 한마디 없었는데, 이렇게도 한 교사가 반가워하는 것
은 감사한 일이다. 7시에 수필동인회 월례회가 있기에 저녁을
같이 못 하고 일어섰다.

회가 있게 되어 있는 수복여관을 이 선생과 같이 아무리 찾아
도 없다. 8시까지 찾다가 지쳐서 그만둘까 하다가 혹시나 싶어
수복식당을 물어보니 가르쳐 주는데 거기 모두 모여 있었다.

〈매일신문〉에 '수필 릴레이'가 있어 모두 한 편씩 실었다고
해서 그 작품들을 하나씩 합평했다. 나는 내지도 않고 읽지도
않아 그저 듣고만 있었다. 정국진 선생의 '동백', 김진태 선생
의 무슨 작품에 찬사가 많았다. 누가 수필은 재미가 있어야 한
다고 하니 김진태 씨는 난 그렇게 생각하지 않는다, 독자를 단
한 사람 얻는다 해도 진정한 사람이 읽어 주면 그만이다, 하는
말을 하고 있었다.

회의 도중에 한흑구 선생이 들어와 모두 인사를 했다. 인사
안 한 사람이 많았던 모양이다.

한 선생은 대학 강의식으로 길게 얘기하고 있었는데 나는 몹
시 싫어졌다. 더구나 글의 형식과 내용에 대한 얘기를 하다가
우리 회원들 가운데는 학생들 작문 쓰는 태도로 쓰는 이가 있
다면서 예를 드는데 문장의 서술이 "다"로 끝나지 않고 "무엇
무엇 하는가?" 하는 식으로 의문형을 붙인다든지, 감탄사로
끝낸다는 것은 "글의 품격을 낮추는 것"으로 안 된다고 했다.

바로 내 글을 가리켜 하는 말 같았다. 그러고 나서는 안됐던지 이번에는 내 글을 또 칭찬하고 있었다. 나는 그의 강의식 언어가 몹시 불쾌했다. 문장을 보는 견해가 그처럼 보수적인 것이 못마땅했지만 아무 말 하지 않았다. 김시헌 씨가 나보고 이다음 호에 평론 같은 것을 써 달라고 했으니 한흑구 씨가 오늘 언급한 말에 내 의견을 말해야 되겠다 싶었다.

한 선생은 또 "이 선생 글 보고 이 사람 아주 젊은 사람이구나 생각했는데, 만나니 그렇지 않군요" 해서 나도 웃었다. 내 글에 대한 남들의 인상이 모두 그러하리라. 그리고 나도 사실 점잖게 물러앉아 산천 구경이나 하고 골동품이나 어루만지고 있는 그런 글을 쓰기 싫다. 그런 글이 수필다운 수필일는지 모르지만, 나는 그런 "다" 자만으로만 끝나는 "품위"가 있는 것을 만들어 내기 싫다. 나는 완전한 하나의 작품보다 인간의 생활과 역사에 관심이 더 크다. 그래서 어쩔 수 없이 불안정한 것 그대로의 세계를 나타내려 한다. 미완성이고 어쩌면 유치스럽고 결함이 많을지 모르지만 젊고 동적이고 앞으로 나아가려는 자세의 글을 쓰고 싶다. 내 글을 싫어할 사람은 싫어하라. 그러나 보다 젊은이들, 새로운 것을 갈구하는 이들은 늙은 영감들의 헛소리보다는 젊은 내 목소리에 더 귀를 기울일 것이고 감동을 얻으리라 확신한다.

나는 예술 작품을 만들려 하지 않는다. 인간의 고뇌와 진실을 어쩔 수 없이 나타내려 한다. 그것이 예술이고 문학이 되든 안 되든 관심이 없다. 그러나 이런 태도야말로 참된 예술 작품을 창조하는 것이 아닌가? 미(美)란 독립해 있는 실체가 될 수 없다. 미란 진(眞)의 한 속성이 아닌가. 미를 위한 미란 있을 수 없다. 그것은 가식에 불과하다.

회의에서 정국진 씨가 신입 회원들의 입회비 천 원은 너무 적으니 5천 원으로 올리자고 했다. 그까짓 천 원 가지고 뭘 하나, 입회비를 올려야 회의 위신도 서고 함부로 아무나 들어오는 것도 막는다는 것이다. 참 어이없는 말이다. 그럼 돈 많은 사람이면 누구나 들어오게 되겠군. 정 씨의 의견은 부결되었다.

9시 30분경에 폐회했을 것이다.

1973년 3월 30일 금요일

'자활 학교 대여 가축 사업'이라 해서 이 학교에서는 몇 해 전에 교육청으로부터 6만 원을 받은 것을(4천 원짜리 산양 15마리 값이라 한다) 양은 안 사고 돈을 그대로 몇 사람에게 주고 대부분의 돈은 전 교감이 사사로 써 버렸다 한다. 그래 그것이 밀고가 되어서 경찰 문제가 되고 하였는데도 그런 짓을 한 사람은 그대로 어느 학교에서 잘 근무하고 있는 모양이고, 그 뒤처리를 지금의 장 교감이 하게 되었는데 몇 번이나 교육청에 불려 가고 경찰에서 조사가 오고 하여 이제는 할 수 없이 교육청의 지시로 그 돈을 가지고 양을 사서 준 것을 다시 회수해서 소를 사 준 것처럼 서류를 꾸미라고 해서 도장도 사람도 모두 엉터리로 만들어 서류를 만든 것을 나는 할 수 없이 결재 도장을 찍었다. 교감 말은 경찰에서 온 사람도 실제 내막을 다 알고 있고, 교육청에서도 그렇게 지시했다고 하니 어쩔 수 없다.

오늘은 2학년 교실에서 '이슬비 색시비'를 또 이틀째 가르쳤다. 첫 시간에서 둘째 시간까지 읽고, 쓰고, 또 읽고 하는데 온갖 수단을 다했다. 그런데도 전혀 읽지 못하는 아이가 30명이 넘었다.

산수 교재를 벌써 익혔다는 것을 세 문제 시켜 보니 이것도 안 된다. 여러 가지로 방법을 가르쳐서 한 시간내 지도한 끝에 비슷한 문제를 내 보았더니 세 문제 중 두 문제까지 하는 아이가 겨우 여덟 명이었다. 1학년 담임 책임이다.

이 반을 1학년 때 맡은 사람이 ㅂ 교사다. 오늘 아침에 아이들 나이 조사를 해야 되어서 생활기록부를 내라 했더니 없단다. 아직 만들어 놓지 않았단다. 참 기가 막혔다. 시작종이 쳐도 그대로 들어가는 일이 없고, 마침 종까지 수업하는 것을 보지 못하고, 흔히 시간 중에 사무실에 나와 앉아 신문을 들여다보거나 빵 조각을 씹고 앉아 있는 이런 사람이 1년 동안 아이들을 맡고 있었으니 그 반 아이들의 학력이 어떠한가를 가히 알 것이다. 교장이 보는 앞에서 보자기에 빵을 한껏 싸 가지고 가는 사람이 바로 이 사람이다.

오후에 교감에게 "ㅂ 선생이 수업 시간을 안 지켜요" 했더니

"그래도 요샌 아주 잘하는 셈입니다. 작년에는 두어 시간 하는 둥 만 둥 하고는 노상 집에 가서 어린애 보고 했어요" 한다. 그러면서 학교 비품이 다 없어진 얘기며, 어젯밤에 창고 열쇠를 열고 ㄱ 선생이 우윳가루를 한 포대 훔쳐 갔다는 얘기를 한다. 우윳가루 가져간 것은 같은 사택에 들어 있는 ㅂ 선생이 말해 주는 것인데, ㅂ과 ㄱ은 이렇게 서로 학교 빵이며 물건들을 가져가려 하고 지금도 우윳가루를 모두 집에 두고 있다는 것.

이 분유는 몇 해 전에 온 것을 지금껏 처분하지도 않고 있는데, 전에 춘양 장사가 팔라고 하는 것을 안 팔고 두었는데 잘못했다는 말이다. "그걸 팔다니 큰일 날 말입니다. 지금까지 두었다면 할 수 없으니 아이들 끓여 먹여야지요" 그리고 "창고 자물쇠를 아주 든든한 것을 사서 채우지요" 했더니 "아무리 든든하면 뭣합니까? 그냥 쑥 빼 던지고 밤중에 가져가는데."

나는 그저 웃을 수밖에 없었다.

저녁때 사무실의 어수선한 것을 모두 치우고 정리하고(사무실이 흡사 창고같이 되어 있었다) 늦게 총회를 열어 첫째, 급식 빵을 직원들이 일체 자기 집에 가져가지 말 것(아이들 나눠 줄 때 한두 개 남으면 같이 먹는 것은 좋다). 둘째, 학교 둘레의 나무를 절대로 베지 말 것. 셋째, 학교 비품 가져간 것 다음 주까지 갖다 놓을 것, 외부로 나간 것은 교감이 갖다 놓는 조처를 할 것. 이런 지시를 했다. 수업 시간 지키라는 말까지 못했다. 한꺼번에 다 말해서는 안 되겠다고 생각한 때문이다.

1973년 4월 17일 화요일

교육청에 가서 책 부탁해 놓고, 문경교육청에 납본할 60권만 남겨 두고 나머지를 세 뭉치 묶어 버스에 싣고 예천까지 가서, 예천교육청에 가서 45권 한 뭉치를 내주고 부탁을 해 놓고 다시 남은 것을 싣고 안동에 갔다.

안동교육청에는 70권을 내주었다.

안동교육장 엄 씨를 만났다. 공문을 안고 결재받으러 연달아 들어오는 과장, 계장, 장학사 들을 다 보내고 나서, 교육이 잘 되는 것 같습니까, 하니 "공문이 이렇게 많아 골치가 아파요" 했다. 그리고 또 "학교는 더 그렇지요. 아무것도 못 하지요" 했다. 이렇게 인간적인 교육장은 아마 대한민국에 없을 것이라 생각되었다. 단 2분도 얘기 못 해서 교육장은 또 일어섰다. 급한 연락이 와서 어디 또 가 봐야겠다 했다.

봉화행 막차를 탔다.

이 버스를 타고 오면서 나는 매우 유쾌한 마음이 들었다. 뭔가 하면, 우선 그 버스 천장에는 방취제 방울이 나란히 달려 있었는데, 이런 것이 변소에 달려 있는 것은 보았지만 버스 안에 달린 것은 처음 보았다. 멀미 나는 이들은 많은 경우 차 안의 휘발유 냄새들에 매우 민감하고, 그래서 멀미를 하는 경우가 많은데, 왜 그 많은 차들 안에 방취제 준비가 없었던가, 하는 생각이 오늘 이 차 안의 그것을 보고 비로소 난 것이다. 참 좋

244

은 생각을 한 운전사요, 차장이구나 싶었다. 다음에 차장이 참 마음에 들었다. 어느 아주머니가 엎드려 있는 것을 보자 곧 깡통을 갖다 대어 주었다. 그리고 그 여자가 마구 토해 내어 차 안 바닥이 더러워져도 얼굴 한 번 찡그리지 않고 신문지를 그 위에 덮어 주었다. 그리고 다른 손님들에게도 매우 친절하게 대하고, 내리는 사람한테 일일이 인사를 하는 것이었다.

어둑어둑할 무렵 차가 어느 산골짜기를 달릴 때였다. 내리는 손님이 있어 차가 잠시 머물게 되고 문이 열렸는데, 그때 차장의 입에서 "아, 개구리 소리가 난다!" 하는 것이 아닌가. 나는 그 말에 번쩍 귀가 열렸다. 그 시끄러운 차바퀴 소리 속에 흔들리며 가고 있는 차장이, 그 많은 사람들에 온종일 시달려 온 차장의 귀에 개구리 소리가 들려오다니! 세상에 이렇게도 마음이 넓고 든든한 아가씨가 있었던가!

나는 그 차장의 이름을 알아 두지 못하고 온 것이 후회된다. 다음 또 그 차를 꼭 한 번 타 봐야지. 그때는 조그만 선물을 그 아가씨에게 주어야지, 하고 생각했다.

봉화 대성여관에 유숙.

1973년 6월 23일 토요일

두 교사는 오늘도 안 왔다. 교무 강 선생은 마작 하는 버릇이 있어 그것 하다가 돈을 잃었을 게라고 하는 말도 들린다.

사무실에 어항이 있는데 그 속에 우렁이가 여러 마리 있고, 방개가 두세 마리, 올챙이가 여러 마리, 거기다 자라가 한 마리 있다. 그중 올챙이는 방개가 다 잡아먹어 오늘은 한 마리도 없고, 자라는 어제 운동장 구석에 있는 것을 아이들이 발견해서 붙들어다 또 넣어 놓았다. 먹을 것이 없고 물이 맞지 않고, 좁은 곳에 갇혀 있을 수 없어 달아난 모양인데, 오늘은 1학년 어느 아이가 또 한 마리 잡아 와서 두 마리가 되었다. 가까운 곳에 못이라도 있으면 놓아주고 싶지만 그런 못이 전혀 없고 냇물조차 없으니 어찌할 수가 없다. 이것들은 어차피 선생들의 무관심 속에 죽어 가는 수밖에 없으리라.

언젠가 다람쥐를 아이들이 잡아 온 것을 통에 넣어 기른다기에 일요일이나 방학에는 할 수가 없으니 그만 놓아주라고 몇 번이나 권해도 기어코 기른다고 하더니 결국 며칠 못 가서 교실 한쪽에서 굶어 죽도록 한 일이 있는데, 그때 내가 놓아주자 할 때 ㅊ 선생 말이 이랬다.

"이거 한 마리 돈이 얼만데 놓아줘요!"

스무 살이 겨우 넘은 그 선생의 말이 이렇다. 그러니 나는 자라를 아이를 시켜 강까지 갖다 놓아주자고 하고 싶지만 내 말이 선생들에게도 아이들에게도 안 통할 것은 물론이다.

또 있다. 그 다람쥐 먹이던 새장(그 새장도 다람쥐를 깜깜한 함 속에 가둬 놓고 먹인다고 하기에 하도 불쌍해서 내가 청부 심 씨 시켜 조그만 상자 한쪽에 철망을 붙여 만들게 한 것이다)에 어제부터 새가 갇히게 되었다. 아이들이 때까치라지만 때까치는 아니고, 참새보다는 훨씬 크고 입부리가 짧고 굵으며 날개가 노란 데가 좀 있는 것인데, 언젠가 내가 안동 대곡서 해바라기를 기를 때 그 씨를 까먹던 새다. 새끼 두 마리 아직 날지도 못하는 것을 아이들이 붙잡아 와서 넣어 놓았다. 빵 부스러기를 넣어 주었지만 물은 먹지도 못하고 울고만 있다. 오늘은 자꾸 울고만 있어 교실에 두었던 것을 공부에 방해된다고 담임선생이 사무실 앞에 갖다 놓았는데 거기서는 또 내가 그 아픈 소리를 듣고 있을 수가 없다. 놓아주고 싶어도 그게 날지도 못하는 것을 어찌할 수가 없다.

낮에 보니 이번에는 참새 새끼도 한 마리 들어 있다. 빵 부스러기를 물에 담가서 입부리에 갖다 대니 참새 새끼는 입을 벌리며 잘 받아먹는다. 저녁때 보니 이름 모를 그 새 한 마리는 결국 힘이 없어 울지도 못하고 눈을 감고 있다. 빵 부스러기를 입에 넣어 주려 해도 입을 안 벌린다. 또 한 마리도 먹을 줄 모르는 것을 억지로 벌려 먹이고, 파리도 잡아 몇 마리 먹였다. 저녁 먹고 가 보니 결국 한 마리는 쓰러져 죽어 있다. 또 한 마리는 울지도 않고 가만히 있다. 참새는 구석에 가서 엎드리고 있었다. 운동장에서 온갖 더러운 욕지거리를 하면서 공을 차고 있는 것을 보고 지나와 방에 앉아서 나는 그만 세상이 지긋지긋하게 싫어졌다. 내 앞에는 절망밖에 무엇이 과연 기다리고 있는가.

교육이고 문학이고 다 집어치우고 나는 어디 도망을 가 버리고 싶다. 인간들의 소리가 들리지 않는, 인간들의 꼴들이 보이지 않는 깊은 산속에 들어가 차라리 산짐승들과 함께 살고 싶다.

1973년 7월 11일 수요일 맑음

민족주체성을 함양하는 일에 대한 교장 연수회가 봉화 중부에서 있어서 아침 일찍 나섰다.

봉화 중부교는 봉화시 동편 산기슭에 시내를 내려다보고 있는 높다란 자리에 있어 참 학원다운 자리라고 생각되었다. 울타리가 측백으로 잘 만들어져 있고 6학급짜리 조그만 학교. 교감도 수업을 하고, 교장이 안내를 하고 있었다.

수업 참관을 두 시간 하는데 둘째 시간에 운동장에서 많은 아이들이 태권도를 하고 있었다. 3학년부터 한다고 한다. 그중에 소아마비로 다리 하나를 전혀 못쓰는 아이 하나가 목발을 딛고 서서 하는 것이 마음 아픈 광경이었다. "저런 걸 배워서 아이들이 점점 나쁜 짓만 하게 돼요" 하는 사람도 있었다.

수업 참관을 마치고 협의 시간이 되었는데, 갑자기 내일 부교육감이 온다고 회의 시간을 단축한다면서 오후에 할 협의를 오전에 30분 동안 해치운다고 했다. 그것도 주체성을 함양하는데 어떤 방도가 좋겠느냐고 문제를 내놓고는 겨우 지도를 교실 앞에 언제나 걸어 놓는 것이 좋다느니, 그럴 필요가 없다느니 하는 것과 역시 또 교실 정면에다 국기를 달아 놓는데 국기의 크기와 위치가 어째야 된다느니 하는 두 가지가 의논되었으니 한심하기 짝이 없었다. 학무과장의 강평이란 것은 민족주체성이란 뜻을 알아야 된다면서, 그것은 "국가 목적과 가치관을 자기 것으로 동화시켜서 민족의 우위성을 긍정하고 국가 발전을 위해 부하된 임무를 자각하고 수행하려는 의지와 행동"이라고 했다. 이것은 순전한 국수주의, 전제주의의 사상을 강요하는 것이다. 그러면서 국사 교육을 강화하고, 국방 체육 교육을 하고, 민속무용을 가르치고…… 해서 강평을 마쳤다.

나는 둘째 시간에 3, 4학년 여학생이 합반이 되어 미술과 만들기를 하는 것을 본 것이 잊히지 않았다. 그 교실에 들어가니 여교사가 칠판에 참고 작품 대여섯 장을 게시해 두고 "이런 것을 잘 보고 참고해서 이대로 그리지 말고 제 생각대로 그려요" 해서 참 지도가 바르게 되어 있다고 느껴졌는데 그다음 그 교사는 책상 사이를 돌아다니더니 어느 아이가 흰 도화지의 한 귀퉁이에서 대각선의 귀퉁이를 향해 종잇조각을 뜯어 붙여 긴 선이 되게 하는데, 그 선이 부드러운 곡선이 되어 가고 있는 것이 어찌 되는가 하고 나는 퍽 재미스럽게 느껴져서 보고 있는데, 그 교사가 대뜸 그 아이에게 하는 말이 "이렇게 꾸부렁하게 붙이지 말고, 똑바로 이 귀로 가도록 붙여라. 그리고 이쪽에는 빨간색을, 이쪽에는 노란색의 꽃을 붙여라" 이렇게 지시를 해서 나는 그만 아주 실망을 했다. 나는 그다음부터는 차마 그 아이가 교사의 지시대로 붙이는 가엾은 모양을 지키고 바라볼 수 없어서 그 교실에서 나와 버렸다.

그리고 운동장에 나가 태권도를 보다가 시간이 거의 끝날 무렵 그 교실 옆 복도를 지나면서 우연히 교실을 들여다보았더니 웬일인가! 그 아이는 아까 선생님이 지시를 할 때, 그때까지 종이를 붙인 그 자리에 정지가 되어 있었을 뿐, 한 조각의 종이도 그 이상 더 붙이지 못하고 흰 종이 그대로를 앞에 놓고 가만히 앉아 있지 않는가! 다른 아이들이 온통 도화지 가득히 (모두 비슷비슷한 꽃무늬를 붙여 놓고 있었다) 종이를 붙여 놓은 것을 바라보면서.

이 아이는 이리하여 앞으로 평생 창조성을 잃어버린 허수아비가 될지 모른다고 생각할 때 소름이 끼치는 느낌이었다. 창조성이 없는 주체성이란 빈말에 지나지 않는다. 또 주체성 없는 창조성도 있을 수 없다.

우리가 협의를 하고 있던 6학년 교실 문어귀에는 이런 구호가 붙어 있었다.

"우리는 일 년 동안 아파서 리어카에 실려서 학교에 오는 한이 있더라도 전원 개근으로서 졸업할 것을 굳게 맹세합니다."

참 어이없는 일이다. 내가 이걸 종이에 적는 것을 보고 임기 교장도 적고 있었다. 그는 아마 참 좋은 칭찬거리로, 돌아가 자기 학교 교사들에게 권장할 자료로 생각하고 기뻐 적었을 것이다. 공문서 보고를 제일 잘해서 1등 상을 타고 영전을 했고, 공문 보고를 기한 내로 어김없이 하는 방법이란 것을 자랑스리 내게 언젠가 얘기해 주던 사람이니까 틀림없이 그런 생각이었을 것이다.

국기고 지도고 그런 것은 결국 형식이다. 중요한 것은 교과 지도고 생활지도인데, 어떻게 주체적인 정신과 태도를 갖게 하느냐가 문제라고, 이런 얘기를 하고 싶었지만 30분이란 협의 시간을 국기와 지도 얘기로 다 허비해 버리고 과장이 시간 독촉을 해서 어찌할 수 없었다.

에이, 내가 무슨 말을 한들 알아들어 줄 사람이나 있겠나. 또 들어 준들 이판에 무슨 놈의 교육이 되겠나.

옥천에서 목욕을 하고 해가 진 뒤에 산을 올라왔다.

1973년 7월 23일 월요일 맑음

국토통일원은 장충공원을 지나 남산 기슭에 있는 반공연맹 소속 건물 속에 곁방살이로 들어 있었다. 한 나라 내각의 버젓한 한 부처가 어떤 단체의 곁방살이를 하고 있다는 것이 정상일 수 없다. 통일원이란 곳이 뭣하는 곳인가. 반공연맹이란 곳에서 어떤 일을 하는가. 통일원이란 것이 반공연맹의 집을 빌려 들어 있다는 것은 매우 상징적인 일이라 생각된다.

8시경에 나가서 등록을 일찍이 하고, 9시부터 강의를 듣는데, 날씨가 무더워 내가 앉은 반은 선풍기가 넉 대 있는데도 더워서 견디기 어려울 정도였다.

무슨 강원가. 통일원과 통일연구소와의 관계, 통일원의 기구, 하는 일, 통일연구소가 하는 일들을 슬라이드를 통해 보여 주었다. 별것 아니다 싶었다. 별것 아닌 것을 별난 일을 하는 것처럼 치레하는구나 싶었다. 국제 정세 강의, 북한 경제 강의 등이 있었다.

너무 덥다고 오후엔 30분 당겨서 4시 반에 마쳤다.

내일은 통일원에서 여비를 준단다. 얼마를 줄까. 벽지는 만 원을 준다고도 한다. 처음 듣는 얘기다. 다른 사람들은 모두 알고 온 것 같다. 교육청에서 받고, 여기 와서 또 받고, 이러면 여비는 남는다. 그런데도 각 학교에서 교비로 육성회비로 돈을 또 얻어 내고 선생들한테서도 짜내고 한다는 것은 참으로 비뚤어진 일이다.

오늘 우성조란 사람을 30년 만에 만났다. 첫 시간 자기소개로 돌아가며 인사할 때 알았다. 영덕학교 때의 동창 선배다. 여전히 껄직껄직하고 풍도 좀 치는 것 같다. 울진이란 데 내가 있는 삼동에서 멀지 않은 모양이다. 춘양에 집까지 가지고 있단다. 울릉도서 온 김춘식 선생, 상주서 온 몇 사람도 반가이 만났다. 나와 한 책상에 앉은 사람은 울산서 온 사람인데 정원상과 국민학교 동창이라 해서 남부민학교 있을 때 같이 있었던 옛 친구 동료들의 이야기를 할 수 있었다.

1973년 9월 8일 토요일 맑음

오전에 교육청에서 볼일을 보고 곧 안동 일직교회 권정생 선생을 찾아갔다. 안동시에서 교육청 학무과장 전재각 씨에게 전화를 거니 인제 《아동시론》을 학교에 배부했으니 영수 서류를 만들어 주었으면 좋겠다, 했다. 그리하겠다, 하고 안동산업센터에 있는 문협한국문인협회 안동지부를 찾아가니 아무도 없다. 별 만나고 싶은 사람은 없지만 하도 편지를 보내오고 회비 납부의 일도 변명을 해야 되겠어 들른 것인데 아무도 없어 시원스리 나와 버린 것이다. 일직에 내려 짜장면을 시켜 급히 먹고 갔다.

교회에 가니 권 선생이 있었다. 얼굴이 더 말라 보였다. 여름 동안에 줄곧 누워 있었다는 말을 한다.

애기를 하다가 권 선생이 밥을 해서 저녁을 같이 먹고 밤늦게까지 또 애기했다.

권 선생이 작품 써 놓은 것은 장편소설 6백 매짜리가 하나, 단편 동화가 40∼50편이다. 단행본으로 내면 세 권은 될 것 같다. 장편소설은 자서전 같은 내용이라고 했고, 단편을 몇 편 읽어 보려고 했으나 틈이 없어 기독교의 어느 잡지에 실린 〈강아지똥〉만을 읽었는데 참 놀랄 만큼 좋았다. 대화 같은 것을 좀 손대면 거의 완벽한 작품으로 보였다. 그리고 동화의 제목만 보더라도 모두 가난하고 짓밟힌 것들에 대한 한없는 사랑을 보여 주는 것들이었다.

시도 있었다. 한 권을 넘을 만한 분량이었는데 이시카와 다쿠보쿠의 감상적인 세계를 닮은 듯한 것이 많았다.

모두 원고지에 많이 고쳐 놓은 그대로라 다시 정서해서 우선 단편 한 권 될 만한 분량을 자선(自選)해서 우편으로 나한테 보내도록 얘기했다. 그러면 내가 그걸 가지고 상경해서 올겨울에는 어떻게 해서라도 책이 되도록 해 보겠다고 말해 두었다.

다음에 나는 권 선생의 건강을 물으니 이제 파스나 아이나 같은 약은 보건소에서 먹을 필요가 없다고 안 준단다. 1년 동안 계속 먹은 뒤에 안 나으면 그 약은 면역이 생겨 아무 소용없고 소화기 장애만 일으킨다고 안 준단다. "그래도 안 먹으니 더 나쁜 것 같아 이따금 사 먹고 있습니다만……" 했다. 나는 그러지 말고 이다음 내가 올 테니 같이 어느 병원에 가서 종합 진단을 받도록 합시다, 그래서 확실한 병 진도를 알고 대책을 세우도록 합시다고 했더니 그럴 필요가 없습니다, 한다. 왜 그런가. 그럴 필요가 없다니 무슨 말인가, 하고 다그쳐 물으니 이런 말을 한다.

열아홉 살에 의사에 가서 발병 사실을 알고 그 후에(언젠가 말한 것을 잊었다) 대수술로 신장 한쪽을 떼어 내고, 나머지 한쪽도 병들어 있는 것을 1966년엔가 다시 또 진찰을 받으니 요도와 방광이 모두 균으로 감염되어 있다고 하면서 방광을 끊어 없애지 않으면 요도가 막혀 살 수 없다고 해서 방광 절제

수술을 했다 한다.

"병원에서 깨어나니 내 옆구리 고무호스에서 소변이 나오고 있습디다. 이래도 살 수 있을까. 살 수 있으면 더 살아야겠다고 생각이 듭디다. 옆에 앉아 보는 사람들이 저러고 살면 뭣하나, 하지 않아요. 그 후로 고무주머니를 차고 이렇게 남들 모르게 살아갑니다. 그 고무주머니도 우리 나라에서는 살 수가 없어 동경에 편지했더니 형수님이 보내왔어요. 이 선생님이 하도 병원엘 가자고 하시기에 이런 말을 합니다. 남들에게는 말하지 마시기 바랍니다."

나는 대답할 말이 없었다. 신장이 다된 것도 같지만 방광을 떼어 내고 고무호스로 소변을 빼내면서 남모르는 온갖 고통을 참고(고무호스를 이따금 바꿔 끼우는데, 의사한테 가서 그렇게 하지만 요즘은 손수 한다고 했다. 때로 그럴 때면 피가 쏟아져 나오고 고통이 심하다고 한다. 이따금 몸에 열이 나는 것이 그 때문인가 모릅니다, 했다), 살아가면서 전혀 음식 맛을 모르도록 식욕을 잃었으면서도 살아가기 위해 한 끼도 건너지 않고 억지로 밥을 지어 먹는다는 이 절망과 생의 의지가 맞붙어 싸우고 있는 한 사람의 초인 앞에 나는 그저 묵묵히 앉아 있을 뿐이었다.

권 선생은 또 지난겨울 신춘문예에 상금 3만 원(빚 갚고 남은 것이겠지. 빚 갚으면 3만 원쯤 남는다 했으니) 가지고 오두막집이나 한 칸 살라 하다가 못 샀는데 지금은 그때 3만 원 하던 것이 10만 원이나 간답니다, 했다. 하도 교회에 이렇게 있으니 여러 가지 괴로움이 많다면서 어디 조용한 딴 집으로 옮길 수 있었으면 했다.

"선생님, 교회에서 무슨 도움을 받지 않습니까?"

"방을 빌린 것뿐입니다. 그 밖에는 아무것도 도움을 받는 것이 없어요."

그러면 여기를 하루빨리 나가야겠구나, 생각하는데 권 선생이 교회 목사의 횡포를 얘기하면서 교회와 신앙을 팔아 자기 욕심만 채우고 있고 설교도 다 그 때문에 하는 것이란 뜻의 말을 했다.

이런 얘기를 했다. "지난겨울 선생님이 오실 때 앞의 울타리가 나무로 되어 있었지요?" 하면서 그 울타리와 뒤의 탱자나무 울타리를 죄다 없애고 저렇게 보기 싫고 차가운 시멘트 벽돌 담장을 해 버렸는데 그것을 아무리 말려도 안 되더라고 했다. 그리고 "저기 대추나무가 있잖아요. 저걸 베려고 하는 것을 제가 말리느라고 얼마나 애썼는지 몰라요. 톱으로 베는 것을 가서 톱자루 쥐고 매달려 울어 버렸지요. 지금 보면 밑둥치가 반쯤 베어져 있어요. 그래선지 저렇게 잎이 누릇누릇한 것이 많지요. 내가 그리 안 했더라면 대추나무 옆의 저 측백도 저쪽의 참나무도 다 베어 버렸을 거라요."

"왜 저걸 베려 합니까. 담 안에 있는 것이고, 담 쌓는 데도 지장이 없는데."

"몰라요. 나무를 다 베어 버리고 도시 집같이 벽돌담이나 보이도록 하고 싶은 게지요."

권 선생은 또 내가 〈갑돌이와 갑순이〉에 나타난 사회, 역사에 대한 의식이 투철한 점이 좋더라고 하고, 요즘 아동문학가란 사람들의 작품 보면 한심하게도 권력에 맹목적으로 달라붙거나 고속도로니 새마을이니 하는 것에 천박한 식견을 가지고 있어 한심스럽다 했더니, "요 이웃에 어떤 할머니가 지난해 월남에서 아들이 전사한 통지서를 받고 통곡을 하면서 하는 말이 '아이고 우리 ○○를 박 대통령이 미국의 강냉이가루하고 바꿨구나' 합데다" 했다. 참으로 요즘 많은 아동작가들은 이 무식한 시골 할머니한테 배워야 할 것 아닌가.

권 선생은 또 안데르센의 동화에 대해 이런 말을 했다.

"대구의 이재철 씨와 김성도 씨가 제 동화를 보고 안데르센의 영향을 받았다고 합니다만, 저는 참 천만뜻밖의 말입니다. 안데르센은 참 허영심이 많은 사람 같아요. 그 사람의 작품이 뭐 좋은지 모르겠어요. 〈미운 오리새끼〉만 보더라도 백조가 백조 된 것밖에 뭐 있습니까?"

나는 본래 안데르센이 좋은 줄 몰랐지만 권 선생 말 들으니 안데르센을 좀 읽어서 안데르센론 같은 걸 써야 되겠다는 생각이 들었다. 그것은 요즘 우리 나라의 아동작가들이 걸핏하면 안데르센을 떠메고 다니고, 동화 하면 안데르센 빼고 없는 줄 알기 때문이다. 우리는 이런 허망한 신화를 이제 타파해야 될 때가 아닌가.

문협 안동지부에서 권 선생한테도 〈월간 문학〉을 계속 보내
주고 있단다. 참 괘씸한 사람들이다. 권 선생 얘기에 안동지부
에서 언젠가 지부장 선출이 있어 하도 나오라고 김성영 씨가
전보까지 치고 해서 나갔더니 선거 분위기가 아주 좋지 못하
더라고 했다. 그리고 그다음엔 같이 간 이웃 교회의 전도사인
동시 작가 모 씨한테 지금 우리 안동지부 회원들 중에서 연내
에 〈월간 문학〉으로 다섯 사람쯤 추천되어 문단에 나올 것인데
추천받을 생각 없는가. 돈을 3만 원쯤 들이면 된다고 하더라는
것이다.

"〈월간 문학〉은 신인상 제도로 신인을 내고 있는데 올해엔
이제 한 번밖에 더 있습니까. 그런데 안동에서 다섯이나 나온
다는 것은 될 수 없는 말 아닙니까?"

참 돼먹지 못한 것들이다. 안동서 그따위 인간들 안 만난 것
참 잘됐다. 이젠 만나지도 않을 것이다. 그리고 권 선생한테 즉
각 〈월간 문학〉 보내는 것 중단하라고 해야겠다 싶었다.

또 하나 적어 둘 것이 있다. 교회 목사가 언젠가 〈씨올의 소리〉
를 권 선생이 읽고 있으니 그런 것 보면 안 된다고 얼굴을 찌푸
리더라는 것이다. 이것은 내가 〈씨올의 소리〉를 본 일이 있는가
하는 물음에 대한 대답이었다. 그래 그 창간호를 보고는 다시
못 보았다면서 이렇게 교회 안에 있으면 괴로운 것이 많다고
했다.

1973년 10월 6일 토요일

김포서 자고 아침에 신촌 나와 누님들 계시는 곳에 가서 아내
에겐 누님들 오늘 구경 좀 하시도록 안내해 드리고, 고속버스로
보내 드리라고 해놓고, 나는 이현주 씨와 이원수 선생께 연락을
해서 계몽사로 갔다. 권 선생의 동화 원고를 가져간 것이다.

이현주 씨와 계몽사에 가서 권용철이를 만나 얘기했더니 "우
리 같은 사람이야 한갓 사무원이라, 뭐라고 말할 수 없으니 편
집부장님께 직접 얘기해 보시지요" 했다. 그래서 편집부장을
만나니 전에 인사한 사람이라 쉽게 얘기가 나올 수 있었다. 나
는 권정생 씨의 작품 세계, 그의 신체 상황, 환경을 대강 얘기
하고 출판해 줄 것을 부탁했다. 얘기하는 중에 이원수 선생이
오셔서 거들어 말씀해 주셨다. 편집부장은 "지금 이 자리에서
하겠다, 안 하겠다 결정할 수 없고, 한번 편집회의를 열어 결정
하겠으니 원고는 두고 가시요" 했다. 이원수 선생과 나는 나와
서 디즈니로 갔다(이현주는 그 전에 돌아갔다). 아마 계몽사에
서 되도록 해 주겠지 싶었다. 그 편집부장은 김시환이란 사람
이라고 이 선생이 말씀해 주셨다.

저녁이 되어 술집에서 이 선생과 박홍근 선생과 같이 잠시 앉
았다가 나왔다. 이 선생은 소년소설집 두 권을 내게 주셨다.

김포로 갔더니 병환 중에 계신다던 처 백부님이 오늘 새벽에
돌아가셨단다. 오늘 아침에 거기 먼저 가 보자는 것을 토요일

이라 늦으면 계몽사 일 못 본다고 오늘 저녁에 가자고 아내에게 말했던 것인데, 결국 이렇게 되고 말았다. 처 백부님의 나이는 67세, 병명은 위암이라고도 하고, 폐결핵이라고도 했다.

할 수 없다. 장례 지내고 가는 수밖에 없이 되었다.

1973년 10월 14일 일요일

아침에 처남을 만나 얘기하다가 곧 나왔다. 종로에서 일서(日書) 몇 권을 사고 디즈니에 가니 박홍근 선생이 계신다. 얘기 한참 하다가 점심을 같이 먹고 세미나와 회의 장소인 기독교 태화관이든가에 갔다. 1시가 다 되었는데 아무도 안 왔다. 조금 있으니 박경종 씨가 종이에 무슨 대회장이란 걸 쓴 것을 가지고 왔다. 회순을 쓴 것도 준비해 왔다. 결국 한 30명 모인 것 같았다. 대구서는 김성도, 김동극, 정휘창 세 분이 왔고, 전라도에서 한두 사람, 부산의 정진채, 강원도에서 한 사람인가 왔다.

세미나에서 주제 발표는 이영호가 하는데 '아동문학의 전통성과 서민성'이란 제목이었다. 내용이 꽤 중요한 문제들이었고 연구도 충실했다. 한 시간 너머 걸렸다. 발표 후 질의응답이 있었는데, 먼저 정휘창 씨가 몇 가지 얘기를 하고, 그다음 내가 말하고, 다음 김동극 씨가 이런 일이 있으면 좀 일찍이 회원들에게 제목이나마 알려 미리 준비해 오도록 하는 것이 좋지 않겠는가, 하는 말을 하고 마지막에 유영희 씨가 몇 마디 했다. 정휘창 씨는 참 침착하게, 조리 있게 말을 잘한다. 그런데 별 중요하지도 않은 말을 한 것 같았다. 유영희 씨의 얘기도 수긍이 안 가는 점이 있었다. 내가 말한 것은 이렇다.

첫째, 전통 얘기만에 지나친 것 같은데, 내 생각으로는 우리가 살고 있는 이 사회 현실 속에서 서민성을 찾는 것이 더 중요하지 않은가 싶다. 귀족과 서민은 이조 시대나 그 이전에만 있는 것이 아니라 오늘날에도 있다. 몇천만 원짜리 아파트나 호화 주택에 살아가는 사람들은 실질적인 귀족이다. 서민들의 생활감정, 그 사고방식, 철학을 내 것으로 하여 작품을 창조하는 것이 곧 전통을 살리는 길이 된다고 믿는다.

둘째, 서민성이란 구체적으로 어떤 것인가. 내 생각으로는 '생산 노동에 종사하는 사람들의 느낌과 생각'이라고 말하고 싶다. 이런 사람들은 오늘날도 고난을 당하고 희생당하는 사람이 되고 있는 것이다.

셋째, 소위 요즘 전원문학이란 것을 제창하는 이들이 있는데 이것은 도시에서 소비생활을 위주로 하고 있는 사람들이 목가적인 공상을 그리려고 하는 것이다. 그러니 이것은 반서민적인 것이 아닌가.

넷째, 특히 동시에서 지나친 감각적 표현만을 일삼고 있는 것은 서민적인 것에서 먼 것이라고 본다.

세미나를 마치고 나서 총회를 열게 되었는데, 임원 개선에서 회장단은 유임이 되고, 이사, 분과위원장 등은 회장단에서 뽑았다. 내가 이사로 지명되었다. 별로 반갑지 않은 것이다. 이런 것은 감투 좋아하는 사람에게나 주어야 할 것이다.

임원 선거 후에도 나는 두어 번 발언을 했다. 회비 납부, 책값 납부, 회 운영에 대해 좀 정신 차려 잘해 가자는 말을 했다.

저녁과 술 두 차례 낸 것 모두 어제 세종문학상을 받은 이영호 씨가 부담했다.

회지 3집 모두 다섯 권씩 나눠 가지고 가게 되었다.

밤에 김동극 씨와 같이 어느 여관에 들어가 1시가 되도록 얘기했다. 나보다 김 씨가 쉴 새 없이 얘기했다. 김 씨는 중대한 일이 있을 때 신이여! 하고 기도를 한단다. 그러고 나서 무엇을 하면 잘된단다. 마음속에 자신이 생기고 대담해져서 높은 사람을 만나도 하고 싶은 얘기를 거침없이 하게 된다고 한다. 김 씨의 신이란 자연이요, 천지 만물이란다. 우리는 죽으면 흙이 되고 물이 되고, 그 자연으로 돌아간다고 했다. 이런 철학관은 나도 동감이다.

그는 요가 얘기며 자기가 하고 있는 일에 대한 얘기를 끝없이 하고 있었다. 얘기를 중단하고 그가 쓴 동시를 같이 보아 나가기도 했다. 전보다 많은 진전이 있는 것 같았다. 1시가 지나서 누웠으나 잠이 오지 않았다. 아마 2시가 훨씬 지나서야 두어 시간 잔 것 같다.

1973년 11월 5일 월요일 맑음

아침에 죽을 끓여 먹고, 어제 장날 청부가 사온 훼스탈을 먹고 출근했다. 목은 여전히 우리하고 온몸이 좀 떨리기는 하나 배는 편한 것 같았다.

아침 조회 때 잠시 얘기하는데 입이 바싹 말랐다. 교감은 직원회 직전에 사무실에 들어오면서 토요일 왜 출근을 안 했는가 말도 없었다. 한 시간을 마치고 교무주임을 시켜 "교감 선생 좀 아이들 자습시켜 놓고 사무실 왔다 가라 말해 주시오" 하고 둘째 시간에 아무리 기다려도 오지 않는다. 다음 시간에도 안 왔다. 반항을 하고 있다는 것이 명백하다.

무엇 때문에 반항하는가? 교장이 부정을 저질렀는가? 그렇지 않다. 그럼 어째서? 만 7천 원 돈 갚아 놓아야 교비 정산 서류 결재한다는 말에 마음이 상한 모양이다. 그렇다면 이 돈을 아주 제 배로 채워 없애려는 짓임에 틀림없다. 작년에 제멋대로 학교 돈을 써 없애 놓아 경리를 엉망으로 해 놓았는데 올해 그렇게 못 하는 것이 답답한 모양이다. 이런 음흉한 짓을 그대로 밀고 가려고 하면서 교장에게 반항하는 것은 무슨 백이 있어선가? 확실히 무슨 백이 있어서겠지. 그렇지 않으면 교육장이나 과장이나 하는 분들을 돈으로 아주 삶아 놓은 것임에 틀림없으리라. 어쨌든 이 자에게 나는 굴복할 수 없다. 나는 강경하게 대처해 나가야 할 것이다.

오늘은 쉬는 시간에도, 점심시간에도 교감이 사무실에 들어오지 않는다. 오후 3시 반쯤 되어 들어와 무엇을 하는 척한다. 나는 곧 왜 인사 카드에 연가를 함부로 써 놓았나, 그건 감정적으로 한 짓인가, 냉철한 생각으로 한 행동인가 물었다. "감정으로 한 것 아닙니다" 한다. 그럼 어째서 내가 학교에 나온 날도 연가를 써 놓았나, 교장의 카드를 교감이 제 맘대로 쓰게 되어 있는가? 집에 불이 나서 전보 받고 가는데 교육장의 허가를 맡아 가야 하는가. 갔다 오니 교감도 교사도 아무도 없이 학교가 비어 있는 날인데, 교장 카드에는 그날에 연가로 씌어 있으니 이런 것이 감정 아닌가?…… 했더니, 그건 지방 사람들이 출근 카드를 날마다 들춰 본다느니, 교장이 출근했는가, 안 했는가, 날마다 확인해서 지서에 보고한다느니, 또 선생들이 교장의 카드 보고 불평을 해서 그래 교장 선생 위해 그렇게 써 놓은 것이라느니 카드는 교감이 정리하게 되어 있다느니…… 한 가지도 이치에 맞지 않는 말을 자꾸 지껄인다.

나는 "알았소. 이제부터 교장의 출근 카드엔 손대지 마시오. 나는 지금까지 어디 갔다 오면 교감 선생한테 자세히 다녀온 얘기를 하고, 하루라도 늦었으면(하루 늦은 일은 거의 없다고 생각되지만) 필요 이상의 사연까지 얘기해 왔어요. 그런데 교감 선생은 며칠을 아무 말 없이 결근하고도 돌아와서 그 이유도 말하지 않고 말한다 해도 '좀 늦었습니다' 하는 말 뿐이니 이건 아주 거꾸로 된 것 아닌가요. 내가 불러도 오지 않고, 카드에 그런 것 써 넣은 것도 감정이 아니라 생각 끝에 써 넣었다고 하니 분명히 내게 반항하는 태도로 볼 수밖에 없소. 어디 반항하거든 해 보시오!"

조금 있다가 교감 말이 "직원들이 여러 가지로 불만 불평이 많으니 오늘 직원회라도 해서 그런 말 털어놓고 해 보도록 하는 것이 어떤가, 교무 선생 한번 계획해 봐요" 한다. 나는 곧 "그런 불만 같은 것 있다면 직원회 열어서 들어 봅시다" 했더니 곧 종을 치게 되어 모였다.

선생님들이 평소 하고 싶었던 말을 서슴없이 다 해 보라고 했다. 그런데 모두 하는 것이 교장인 나에게 대한 것인데 그것을 열거하면 이런 것이다.

첫째, 다른 학교에서는 자주 술자리를 베풀어 사적으로 인간적으로 접촉할 기회를 여는데 우리 학교에는 그런 일이 전혀 없어 매우 섭섭하다.

둘째, 교장이 사적으로는 매우 좋으나 공적으로는 너무 냉정해서 사무실에 들어올 기분이 안 난다. 사무실 공기가 쌀쌀하다.

셋째, 교장이 아침부터 잘못한다고 꾸중을 하거나 공문서 기안 같은 것을 잘못했다고 지적했을 때는 불쾌하다.

넷째, 방학 과제물 전시회 때 그걸 심사하는데 왜 선생님들에게 맡기지 않고 교장 선생이 혼자 하시다시피 하였나. 너무 교장 선생 혼자만 하시는 것이 불쾌했다.

다섯째, 체육 평가 대회 준비 연습 때 멀리 달리기 경기 같은 것 교장 선생님이 손수 나가셔서 측정하셨는데, 젊은 교사들 제쳐 두고 그렇게 하시는 것이 교사들 너무 무시하시는 것 같았다.

여기에 대해 내 답변은 이렇게 했다.

첫째, 누구든지 자기의 얼굴은 가장 잘 아는 듯하지만 모르는 것이다. 그와 같이 자기의 행동도 깨닫지 못하는 것이 예사인 데 나도 그런 것 같다. 선생님들 좋은 얘기해 주시니 참고로 삼 겠다. 내가 그와 같이 냉정했던가, 비로소 깨우쳐진다.

둘째, 아침때 잘못을 지적한다든지 하는 것도 그렇게 심각하 게 받아들일 줄 몰랐다.

셋째, 그런데 이 점은 생각해 주셔야 한다. 이 학교는 학교 전 체 일을 모두 내가 맡아 해야 하는 형편이다. 그리고 요즘의 교 육행정이라는 것이 명령 일변도인데, 그걸 최소한도라도 치러 내지 않으면 교장 노릇도 학교 경영도 못할 판이다. 아침이고 저녁이고 없이 바쁘게 일해야 겨우 견디어 낸다. 그러니 내가 공적으로 냉정하게 대하는 것이 어쩔 수 없는 면이 있다는 것 을 양해해 주어야겠다.

넷째, 방학 과제물 전시회 때 심사한 것은 나도 처음부터 그 렇게 모두 같이 심사하도록 할 계획이었는데, 그게 준비가 그 렇게 늦어지고 저녁때가 돼서야 전시가 되고, 사진 촬영을 하 고 보고하고 하는 일도 있고, 언제 그걸 공동으로 심사하겠는 가? 그리고 한 가지씩 보아 나가는데 선생님들이 어느 것을 1

등으로 할까요, 하는 등으로 묻고, 의견도 말하기에 그만 같이 보면서 그렇게 해 나가는 것이 빠르고 좋을 것 같아 그리한 것이다. 그땐 참 바빠서 그럴 수밖에 없었다.

다섯째, 운동경기 연습도 하도 안 하니까 내가 나가서 한 것이다. 교장이 한다고 비난할 것 아니라 좀 나서서 하면 되잖겠나. 선의로 해석해야지, 교장의 입장, 전체의 입장에서 보아줘야지.

여섯째, 술 마시고 앉을 기회를 마련해 주지 못한 것은 나만의 책임은 아니다. 교무(경리)나 교감도 마찬가지다. 나도 그런 기회 있었으면 싶었다. 왜 그런 주선 못 했나. 언젠가 그런 얘기 나서 그럼 그렇게 추진해 보라 했더니 "여긴 뭐 먹을 게 있어야지" 하는 교감의 말이었는데, 그래서 모두 생각 없나 보다 했지, 또 워낙 돈이 없기도 하고. 한 해 두세 번쯤은 어느 학교고 그런 기회 있을 듯하다. 한 달에 몇 번씩이란 아직 그런 학교 못 봤다.

대강 위와 같은 답변을 했다. 답변을 하고도 생각하니 참 어이없다는 느낌도 들었다. 이런 것이 불평불만이었구나. 교장이 냉정하다느니, 교장이 너무 나서서 일을 맡아 한다느니, 기껏해야 이것이었던가? 이런 것을 직원회에서 가장 하고 싶은 얘기로 호소하는 젊은이들의 소리인가? 이걸 교사들의 평소 불평불만이라고 늘 무슨 큰 음모나 벌어질 것처럼 교감이 말해 오던 것인가.

교사들의 사소한 불만이란 것은 알고 보면 그들의 태만이나

타성을 고치지 못한 데서 오는 것이 대부분인데, 그걸 교감이란 사람이 가령 "첫 교단에 설 때는 모든 것을 그렇게 해서 배워야 하느니라. 나중에 지나고 보면 다 고맙게 여겨질 거야" 이렇게 가르쳐 주지 못하고 도리어 그런 감정을 좋지 못하게 선동하고 있다는 것은 참으로 괘씸한 일이다. 교감은 학교 일을 거의 돌보지 않고 있다. 교장이 모두 걱정하자니 교사들에게 꾸중 같은 것을 안 할 수 없게 된다. 교감은 이런 자기의 직무 태만을 깨닫기는커녕 오히려 교장을 괴롭힐 궁리만 하고 있으니 어이없다. 그는 교사들에게뿐 아니라 지방 사람들에 대해서조차 지금까지 음으로 양으로 교장에 대해 반감을 가지도록 선동해 왔음이 틀림없다. 나는 이제 도저히 참을 수 없다. 정면으로 교감에 대항해 나가야겠다.

그리고 오늘 직원회 때 경리계에서 직원들 당직 수당 지불이 4월부터 밀려 있는데, 이것을 모두 걱정하고 있으니 어떻게 하겠는가, 하고 교감에게 물었다. 교감은 이 물음에도 횡설수설 경리에 대해 책임이 없는 것처럼 애기하더니 결국 "지불해야지요" 했다. 어떻게 지불하려는가, 두고 봐야지.

밤에 오랫동안 잠이 안 왔다. 오늘은 위장은 괜찮은 것 같았는데 기침이 나고 머리가 아프고, 조금 한기까지 난 것을 학교에서 버틴 것이다. 신경을 몹시 쓰고 해서 후유증 감기 몸살이 더한 것 같았다. 밤에는 또 잠이 안 오고 학교 일 때문에 온갖 생각을 하게 되었으니 아, 그만 사표라도 내고 싶은 마음이다.

1973년 11월 7일 수요일 맑음

법전학교 연구회는 '화랑정신 계승 교육의 실천 연구'란 제목이었다. 연구 보고서 보니 가관스럽게 만들어 놓았다. 화랑 관련 교재 추출 일람표에 보니 각 교과의 교재를 충, 효, 신, 용, 인, 겸양, 검소, 절제 이렇게 나누는 일을 해 놓고 있고 관련 교과별 단원 요소표에도 이런 식으로 나눠 표를 만들어 놓고 있는 모양이다. 클럽 활동의 부서 이름을 과학부→첨성반, 산문부→고운반, 운문부→설총반, 기악부→관창반, 성악부→희소반, 육상부→원효반, 축구반→유신반…… 이런 식으로 지어 놓은 것은 참 놀랄 만하다.

교감 얘기 들으니 법전 교장은 이런 연구회를 꾸며 만들어 벌이는 선수라 한다. 참 어이없는 일이다. 이게 요즘 하고 있는 유신 교육이요, 교육청에서 막대한 경비를 들여 연구하고 있다는 교육 내용이니 그저 한심한 생각뿐이다. 아무리 위에서 시키는 일이기로서 이런 짓을 교육이니 연구니 하여 꾸며 보이고 있는 인간들이야말로 무지하고 철저하게 이기적이고 관료적이고 교활한 족속들이 아닌가.

모레는 명호학교에서 '책가방 무게 경감책'에 대한 연구회가 있어 그 연구 논문을 또 각 학교마다 만들어 가지고 가서 발표하고 연구한다니 참 요지경 같은 세상이다.

낮에 전보가 왔다. "이영호 세미나 논문에 대한 질의 평가 감

상 10매 작성하여 급송 앙망 이재철" 이런 긴 전문이다. 무엇
에 쓰려는가? 밤까지 걸려 써서 고치고 했다.

1973년 11월 15일 목요일 흐린 뒤 비

김요섭의 〈날아다니는 코끼리〉를 읽었다.

코끼리 애드벌룬에 매달린 아이들이 그 코끼리와 함께 아프
리카로, 사하라 사막으로, 북극으로 가 보고, 어린이 공화국에
가 보는 얘기다. 매우 재미가 있고, 여러 가지 지리적인 지식도
얻을 수 있고, 용기, 인내 같은 덕성을 기를 수도 있는 좋은 공
상적 얘기다. 더구나 어린이 공화국에서 어린이가 사회의 주
도권을 잡고 있는 기이한 세상을 보게 되는데, 그 나라에서는
어린이들의 권리가 너무 지나쳐서 남용이 되고, 비뚤어져 가
게도 된다. 아이들이 걸핏하면 선생을 벌주고, 데모를 한다. 모
든 것이 우리가 사는 이런 사회와는 거꾸로 되어 있는 것이다.
여기까지는 좋다. 그런데 무엇이든지 지나치면 안 된다는 것
을 강조하는 나머지, 코끼리의 입을 빌려 이런 말을 하게 한다.
"그야 어린이만 그렇지 않죠. 권력이란 모두 그렇죠. 재벌의
힘도 커지면 폭력으로 변하고, 대학생의 힘도 커지면 폭력으
로 변하고, 신문도 그렇고 가정에서는 아내도 그렇고, 노동자,
농민 다 그렇죠."
그리고 그다음 또 "아니, 그저 서당 개 3년에 풍월 짓는다는

격입니다. 서울에 있는 빌딩 꼭대기에서 날마다 데모대의 플
래카드의 글귀만 주워 읽었더니 공연한 소릴 했습니다" 이렇
게 말하게 한다.

여기엔 작자 김 씨의 학생 데모라든가 언론이라든가, 노동자
농민들에 대한 견해가 나타나 있음을 보게 된다. 데모고 언론
이고 노동자, 농민의 권리고 그런 것은 적당히 눌러두어야 한
다는 생각인 것이다.

우리 나라의 학생 데모나 언론이나 노동자의 힘이 언제 그렇
게 커져서 폭력으로 되었던가! 4·19를 학생들의 폭력으로 보
는가? 지금의 언론도 이와 같이 억압해야 하는 것으로 보는
가? 작자는 완전히 집권층을 옹호하는 어용적 문학 작가로 타
락하고 있음을 여실히 알 수 있다. 아무리 재질이 있어도 이런
사람에 기대할 건 이제 아무것도 없다. 이런 사람을 비판하는
일이 중요한 과제가 되어야 한다.

이 작품의 첫머리에서 코끼리가 애드벌룬을 타고 하늘을 난
다는 그 환상적 동화의 도입 수단이 아무래도 낡고 부자연스
럽다. 마지막에 세 아이와 코끼리들이 온 서울이 들끓는 환영
속에 무사히 착륙하는 걸로 끝맺지 않고 다시 어디론지 사라
지고, 그리고 한밤중에 쌍무지개가 뜨는 것 역시 작자 독특한
상징적 표현이라 좋은데, 여전히 뭔가 상투적 수단을 써먹은
느낌이다.

3부

**1974년부터
1977년까지**

1974년 1월 29일 화요일

　10시 50분부터 회의실에서 인사이동에 대한 사무적인 회의
가 있었는데 학무과장이 서류를 가지고 설명을 했다. 그런데
부부 교원을 우대한다는 조건이 분명히 나와 있고, 내가 거기
해당되는 것이 뚜렷하지 않은가! 어째서 과장은 내신을 안 해
주는가? 이상하게 생각하고 있는데 과장 말이 "이런 특대 조
건에 해당되는 사람이라도 내신이 안 되면 근무 성적이 '가'인
줄 알면 됩니다. 나는 내신할 수 있는데 왜 안 해 주는가 하고
불고 다니는 사람은 내 성적은 가입니다, 하는 것을 광고하고
다니는 사람입니다" 했다. 나는 이 과장의 말이 바로 나를 지
적해서 한 말이 아닌가 해서 한참 생각해 보았다. 그리고 점점
더 내 얘기를 한 것이란 의혹이 굳어져서, 참 어처구니없다는
생각이 들었다. 내 성적이 가였구나! 나는 회의를 마치고 차를
타고 오면서, 눈 쌓인 재를 넘고 산길을 걸어오면서 서러운 생
각이 들어 견딜 수 없었다.
　학교에 돌아오니 교감도 교무도 와 있지 않았다. 내일 나가야

겠는데, 내신 서류를 꾸미지 못하면 모레 또 급히 돌아와야 한다. 그렇게 말해 두었는데 이렇다. 이런 직원들을 데리고 내가 어찌 학교 성적을 올릴 수 있겠는가!

밤에 "상운면 전우익"이란 낯선 사람의 편지를 읽고 마음이 좀 가라앉았다. 전 씨는 〈여성동아〉의 내 글을 보고 감상을 써 보냈다. 대뜸 이 형, 하고 써 온 것이 도리어 친근한 느낌이다. 한번 만나 보고 싶다. 그리고 부산의 김용재 선생으로부터 온 편지는 늙은이의 서러운 감회가 적혀 있어 눈물겨웠다. 김 선생은 올해 68세이시다. 인생이 허무하다는 것을 얘기해 놓으셨다. 아, 근무 성적이고 뭐고 무슨 대수로운 것이랴! 어서 가족이나 이곳에 오도록 해야지. 그리고 내가 할 일, 글이나 쓰고 책이나 읽고 세월을 보내야지. 그러다가 죽으면 나도 묻혀 한 줌 흙이 되어 버릴 것을!

1974년 2월 11일 월요일

오후에 사은회란 것이 있었다. 졸업생들이 집에서 떡 같은 것을 해 오고 과자를 사고 술을 준비하고 했다.

어느 괴짜 아이가 먼저 나서 대뜸 사랑이 어쩌고 하면서 몸짓을 이상하게 놀리면서 유행가를 부르니 연달아 유행가가 나왔다. 내가 사무실에 돌아와 들으니 선생들과 아이들이 유행가 합창을 했다. '서울에서 살렵니다' 하는 것을 부르면서 온통 떠들썩했다.

동화책 하나 변변히 읽지 못한 아이들, 책이라고는 교과서밖에, 그것도 그냥 겉읽고 지나갔을 이 아이들, 노래 하나 배우지 못하고, 배웠더라도 그런 것은 다 잊어버리고 유행가와 욕설과 도시 동경 병에 걸려 있는 이 아이들, 이 아이들을 어찌하겠는가!

1974년 3월 3일 일요일

짐을 싣고 출발한 것이 10시.

탄은 이삿짐에 같이 싣지 못해 할 수 없이 장작을 5천 원어치 사서 밑에 깔았다. 이것 가지고 여름 올 때까지 때고, 다음은 온돌을 고치고 연탄을 한 차 사들여서 때려고 했다.

점촌에서는 연탄 한 개 22원, 영주는 25원, 봉화는 27원, 춘양은 37원이란다. 그런데 춘양서 삼동까지 가져오면 연탄 한 장이 꼭 50원 먹히는 모양이다. 그래도 삼동서는 나무 사 때기보다 연탄이 값싸단다. 싸고 비싸고 간에 나무는 살 수 없게 되어 있다. 영주가 어째서 점촌보다 비싸고, 춘양이 영주보다 비싼가? 알고 보니 모두 점촌서 탄을 실어 온다고 한다.

나는 짐과 함께 트럭으로 오고, 가족과 서울 손님들은 버스로 오기로 했다.

봉화서 점심을 먹고, 옥천까지 오니 2시가 되었는데 세거리다리를 건너는데 여러 사람들이 몰려와서 이런 차로는 들어갈 꿈도 꾸지 말라는 말을 했다. 나는 그래도 운전수가 그처럼 큰 소리하니까 아마 이대로 갈 수 있지 않겠나 싶었는데, 안 된다는 말 듣고 보니 가슴이 탁 막혔다. 이걸 어쩌나. 이걸 또 내리고 차를 불러와 싣고 이 무슨 고생인가? 누가 이 일을 하나? 어디서 이 짐을 풀어 내려놓나? 차 교섭은 될 것인가? 걱정이 태산 같았다.

걱정해도 소용 없다 싶어 다시 재 바로 밑에까지 가기로 했다. 주막집 앞까지 겨우 가서 트럭을 세워 놓고 운전수와 차주가 길을 조사해 보더니 당장 바위 밑을 돌아가는 곳도 안 되겠다 한다. 지엠시(GMC)나 스리쿼터는 차체가 작아서 이런 곳을 맘대로 돌아가지만 보통 길 좋은 신작로를 달리는 6톤짜리 복스 트럭은 차체가 커서 좁은 길은 안 된다는 것이다. 그리고 경사가 급한 오르막길도 6톤짜리는 오를 힘이 없다는 것이다.

어쩔 수 없이 짐을 내렸다. 주막집 안주인한테 부탁을 해서 처마 밑에 내려놓기로 했다.

차주와 운전수는 모두 스물 정도 되는 젊은이인데, 같이 짐을 내려 주었다. 마을 사람들이 둘러서서 구경하면서 한 사람도 거들어 주는 이가 없었다. 학생 하나가 구경하기에 좀 거들어 주면 수고비를 준다 했더니 바쁘다면서 그대로 구경하다가 어딜 가 버렸다. 인심이 좋지 못한 세상이 되어 버린 것이다.

짐을 다 내리고 다시 춘양까지 그 트럭으로 갔다. 이 차는 본래 2만 5천 원으로 계약한 것인데 짐을 목적지까지 가져가 주지 않았으니 2만 원쯤 주어도 된다. 그런데 일부러 안 가는 것도 아니고 해서 2만 4천 원을 주었다. 젊은이들이 모두 만족하는 표정이었다. 나중에 생각하니 선금 2천 원 준 것을 잊어버리고 나는 그대로 또 돈을 모두 주었으니 결국 2만 6천 원을 주고 만 셈이다. 참 정신없는 짓을 했다.

춘양서 스리쿼터를 7천 원으로 사서 다시 짐을 싣는데 죽을 고생을 하고, 재를 넘는데 얼어붙은 오르막길을 몇 번이나 미끄러지고 하다가 철쇄를 바퀴에 감아 겨우 올라왔다. 짐을 도중에 풀어 내릴 무렵부터 비가 금시 올 듯해서 애가 타더니 그럭저럭 무사히 오기는 온 셈이다. 스리쿼터에 짐을 다 못 싣고 책상과 평상을 남겨 두고, 학교 가까이 와서 짐이 몇 개 밭에 굴러떨어지는 것을 아이들이 가서 주워 오는 등 일이 있기는 있었지만.

저녁에 짐을 대강 방에 쳐 넣고 청부 집에서 밥을 먹고 있는데, 봉화서 자고 내일 교육청에 들어가 인사하고 들어오기로 한 아내가 처제와 고모님과 함께 걸어 도착했다. 애를 몹시 먹은 모양이다.

1974년 4월 6일 토요일

아침 일찍 김포 갔다. 방화동 집에 가니 정우도 정우댁도 없다. 정우는 회사에서 밥 먹고 일하고 있다고 하고, 정우댁도 집에 있으니 심심해서 병원에 취직해 친정에서 다닌다는 것이다. 그런 말을 전세로 들어 있는 한 씨 부인이 해 주었다. 그런데 담장이 무너지려 해서 수리는 해야 하고 걱정이 되었다. 고촌 가서 잠시 인사하고 곧 시내에 나오니 11시. 새교실에 들어가 김사림, 이영호 들을 만났다. 마침 전화로 안동서 돌아온 김종상 씨도 오게 해서 점심을 같이 했다.

세종에 전화를 거니 사장 이 씨가 대구에서 전화를 걸어 왔더라면서 권 선생 원고 더 있으면 받아 놓으라 하더란다. 그래, 이 씨도 동화집 내줄 생각 변치 않고 있구나 싶어 안심이 되었다. 여관에 김종상 선생과 같이 가서 단편 네 편을 주고 세종문화사 사장 이 씨한테 주어 잘 부탁해 달라고 했다.

저녁에 디즈니에서 얘기하다가 김종상 선생은 가고 이원수, 박홍근 선생과 다시 술집에 갔다.

세종에서 권 선생 동화집 내는 일은 잘될 것인지 궁금하다. 요즘은 출판 사정이 극히 어렵게 되었다. 종이가 어처구니없이 비싼 데다가 구하기 힘든다는 얘기다. 박경종이란 사람이 동화집 한 권, 동시집 한 권, 이렇게 두 권 내는데 지난해 가을에 자기 돈으로 지형까지 떠서 세종에 넘겨주고 거기다 책 나오면 얼마쯤 팔아 준다는 조건까지 붙였는데도 아직 이종기는 착수하지 않았다는 소식이다. 그런데 책을 팔아 준다든지, 자금을 보태 준다든지 하는 조건 없이 도리어 저자에 얼마간이라도 도움이 되는 조건으로 책을 내주어야 하는 권 선생의 동화집을 어찌 만들어 주겠는가. 그러나 전에 일단 나한테 승낙을 했고, 김종상 선생한테도 약속했고, 이번에 대구서 전화로 그런 말 했다니 어찌 되겠지, 하는 생각이다.

이원수, 박홍근 두 선생님은 오는 5월 초에 대구 김성도 씨 회갑연에 오시는 길에 내가 있는 봉화 삼동까지 놀러 오시겠다고 하셨다. 그리고 이원수 선생은 나한테 "이 선생은 교육도 좋고 동화도 동시도 다 좋아. 그러나 평론을 좀 써야겠어. 아무도 쓸 사람이 없으니 말이야. 그것이 이 선생에게 부과된 가장 큰 사명인 줄 알아야 해" 하시면서 격려해 주셨다. 박 선생도 같은 의견을 말해 주셨다.

1974년 4월 18일 목요일

오전에 나무를 심었다.
오후에 아이들 작품을 보는데 5학년에 이런 것이 나왔다.

나는 학교 오다가 조금 오는데 아이들이 나를 불렀다. 아이들이 많이 모였다. 그리고 줄을 마쳤는데 아이들이 자꾸 오라 그러는데 6학년 남학생이 붙잡았다. 그리고 아이들이 노래하며 줄을 마차 왔다. 나는 회장한테 말을 많이 들었다. 자꾸 줄을 마차 오는데 자꾸 머리를 쥐박고 그랬다. 그래깨네 아이들이 자꾸 줄을 안 마챘

다. 그래 가고 아이들이 막 툭겠다. 그리고 나하고 봉애와 1학년 아이들과 줄을 마차 왔다. 아이들은 학교까지 줄을 안 마추고 왔다. 우리들은 줄 마추고 학교까지 왔다.

조금 전에 〈종달새 우는 아침〉이란 동화를 쓴 다음 우리 교감 선생이 애향단 줄 맞춰 등교하는 것에 대해 얘기한 것, 학부모들 찬사 같은 것을 일기에 쓴 바 있지만, 아이들의 실제 상태에 대한 관찰은 못 하였던 것인데, 내가 짐작한 대로 아이들의 생활이 극히 강압적으로 되어 가고 있는 것이 틀림없는 것 같다.

오후에 4학년 고 선생이 23일에 할 수업 연구 지도안을 써내 왔다. 아주 자세하게 썼다. 국어과인데 교재를 읽어 보고 지도안을 보니 영 방향이 틀려 있다. 교재가 요구하는 지도 방향을 전혀 잡지 못하고 있다.

말하기 지도를 하는 단원 중에, 아이들이 사물의 이름을 조사해서 분류하는 일을 하는 중에 낱말에 대한 공부— 우리들이 쓰는 낱말 가운데 가장 기본이 되는 명사도 여러 가지 종류로 분류할 수 있음을 깨닫게 하여, 낱말에 대한 인식을 넓히도록 하는 것이다. 그런데 지도안을 보니 6교시까지 계획한 것이 교과서 읽기와 거기 나오는 낱말 지도, 쓰기 그리고 마지막에 무슨 이야기회 같은 것이 있는데 무슨 이야기회인지 모르게 되어 있다. 말하기 지도니까 그래 놓은 모양인데, 교안 쓴 사람에게 물어도 모른다.

이래선 영 지도가 엉터리가 되니 새로 쓰라고 하고, 이 교재
는 낱말 조사를 아이들에게 하게 하는 학습이니 그런 계획을
짜서 학습을 진행시키도록 하라고 했다. 그런 다음, 어디 〈새
교실〉이나 〈교육 자료〉에 보면 참고 될 만한 교안이 나와 있을
것이니 그것 한번 보라 했더니 〈새교실〉 봤습니다, 한다. 거기
어찌 씌어 있었던가 하니, 거기도 그리 돼 있더라 한다. 그래
요? 정말 그러면 요새 그런 참고 도서도 참 엉터리로 나오는데
그대로 따라 하다가는 큰일 난다면서 나는 예를 들어 서울서
국어과 권위자로 행세하는 이 가운데도 그런 사람 있는데 문
법 기호도 문장도 쓸 줄 모르는 사람이 아동문학가 행세하고,
심지어 문교부 국어과 무슨 심의위원까지 되고 있다고 했다.
  그러고 나서 〈새교실〉이 정말 그런 걸 실었을까 하고 4학년 4
월분 〈새교실〉 부록의 〈수업 연구〉란 책자를 펴 보고 나는 놀
랐다. 국어과의 필자가 바로 내가 지금 지적한 그 엉터리 권위
자의 이름으로 되어 있는 것 아닌가. 이 사람이 썼다면 내용은
읽어 볼 필요도 없겠다 싶었다. 나는 〈새교실〉 이영호 씨한테
편지를 내어 이런 사실을 얘기해야 되겠다 생각되었다. 그래
똑똑히 읽어 보고 편지 내는 것이 좋겠다 싶어 훑어보니 아까
고 선생이 낸 교안이 바로 〈새교실〉의 것을 그대로 베껴 낸 것
이었다.
  참 어이가 없는 일이다.

1974년 5월 12일 일요일 맑음

온 식구가 냇가에 갔다. 아이 엄마, 귀매는 빨랫거리를 한 보통이씩 이고 나는 연우를 업고 현우는 과자와 책이 든 봉투를 들고.

빨래가 너무 많아 오후 2시가 지나서야 대강 끝났다. 점심은 싸 가져간 것으로 물 건너 집에서 가져온 두부와 함께 먹었다. 건너편 골짜기에 또 학부모 집이 있는데 그 집 아이가 손가락을 작두로 끊었다 해서 가 보았다. 1학년 아이인데 부모도 없는 낮에 장난하다가 그리됐다 한다.

손가락을 헝겊으로 싸매 두었는데 왼쪽 검지손가락 끝마디가 거의 잘라진 것을, 아이가 고함 소리 치는 것 듣고 건너편 집 아주머니가 달려와 꽁꽁 묶어 두었다 한다. 그날 저녁 부모들이 와서 담배가 좋다 해서 그걸 손가락에 붙여 싸매 두었더니 이튿날은 또 꿀이 약이 된다 해서 꿀을 구해 붙이라고 싸맨 것을 풀어 보니 끊어진 사이에 담배 부스러기가 끼어들었는데 파낼라 하니 아프다고 고함을 쳐서 할 수 없이 그 위에 꿀을 발라 그냥 두었다 한다. 참 기막힌 얘기다. 돈이 없어 병원에도 못 갔겠지. 과연 손가락이 붙게 될까? 담배 부스러기가 들어가 있다니 어찌 되는가? 얼마나 아플까? 아이한테 물어보니 아프지 않다 한다. 그렇다면 그대로 아물어 붙을 것인가?

그 집은 지난해 충청도에서 옮겨 와서 사는데, 산기슭 경사지를 겨우 파서 초가집을 이제 지어 놓았다는 것이 마당도 거의 없이 그 밑은 낭떠러지로 되어 있다. 왜 이런 데 집을 지었는가 물으니 집터가 없어 헐한 땅을 샀다 한다. 이런 곳에서도 제 땅 없으면 움막조차 세울 수 없는 인간 세상이구나, 새삼 생각하지 않을 수 없었다.

나오면서 벼랑 위에 잎이 하늘빛으로 돋아나는 백송 가지가 꺾꽂이로 심어져 있기에 이것 어디서 구했는가 물어보니 "저 어디서 주워 왔어요. 동네 사람들 심으라고 많이 나온 것인데 심지 않고 한 아름 내버려 둔 것을 가져와 심었어요" 한다. 아, 여기도 대한민국의 행정구역이구나 싶었다. 지난해 어느 마을 에서 소나무를 무더기로 산골짝에 생매장해 둔 것을 파내어 와서 심었더니, 가는 곳마다 이 모양이구나 싶었다.

골짜기를 나와서 물을 건넜을 때 건너편 산 중턱에서 소로 밭을 갈고 있는 사람을 가리켜 아내가 "저 아이 보세요. 쟤가 이제 다녀온 집 손가락 다친 아이의 오빠랍니다. 6학년 아이예요" 한다. 6학년 아이가 쟁기로 밭을 갈다니! 참 놀라운 소년이구나. 내일은 학교 오면 칭찬해 줘야지. 그런데 저런 험한 산중턱에 밭을 갈다니. 얼마나 가난하면 저럴까 싶었다. 저렇게 가난한 아이에게 교감은 전학비로 돈을 천 원이나 뜯어낸 것이다. 그 밭이란 것의 폭이 한 미터 될까 싶도록 좁은 것이었다.

물 건너 집에서 감자를 얻어서 고맙게 받아 왔다.

맑은 물가에서 물소리를 듣고, 푸른 잎들 피어오르는 산을 쳐다보면서도 전쟁과 공해와 병든 인간 세상을 생각하며 종일을 보냈다. 집에 오니 7시.

오늘 배 선생 집 딸아이가 따라와서 놀다가 물에 빠져 하마터면 큰일 날 뻔했다. 급류에 빠져 10미터나 떠내려간 것을 뛰어 들어 가 건져 냈다.

1975년 1월 25일 토요일 맑음

안동 풍산면에 있는 신창호 씨가 며칠 전에 동화 네 편과 동
시 몇 편을 보내온 것을 바빠서 읽지 못하다가 새벽에 송 선생
과 같이 읽어 보았더니 얘기의 골격은 튼튼히 짜여 있는데 부
분의 묘사가 리얼리티가 없고 영 엉망 상태다. 전에 읽었을 때
는 바쁘게 읽어서 많이 눈에 안 띈 것 같다.

교육청에는 천천히 나설 생각이었는데 아침 9시경 갑자기 전
통이 와서 오늘 회의를 연다는 것이다. 그래 부랴부랴 식은 밥
을 볶아 먹고 명호로 나갔다. 회의 내용이 교육계획 협의로 돼
있어, 30일에 할 것을 당겨 하는가 싶었는데, 나설 때 아내가
"국민투표 때문이 아닌가요?" 해서 비로소 그것 때문에 하는
것이구나 짐작이 갔다. 나보다 아내가 더 시국에 민감한 셈이
다. 명호까지 가는데 어제 비에 눈은 많이 녹았지만 길바닥이
마구 얼어붙어 미끄러워 애먹었다. 명호서는 차가 없다고 해
서 걱정되다가 마침 한 대 나온 것이 바퀴에 쇠사슬을 감느라
고 반 시간이나 더 지체되어 떠났다. 봉화서 급히 우체국의 볼

일을 보고 12시에 교육청에 가니 회의가 11시가 아니라 12시라 해서 마음을 놓았다.

회의는 역시 국민투표 실시에 관한 것인데 별 의논할 것이나 뚜렷한 지시도 없고, 교육장이 "대통령의 대영단"이란 것, 이번 투표는 공무원의 신임을 묻는 것이기도 하다는 것을 얘기하고 말조심 행동 조심을 하고 적극 협력하는데 특히 면에서 무슨 요청이 있을 때 협조하라는 것이었다. 그리고 교육감 지시 사항 몇 가지를 얘기한 것은 교육행정에 관한 것이었다. 명호서 나올 때 우체국장, 농협 직원들도 회의가 갑자기 있다 해서 같이 차 타고 나왔는데 그 사람들도 같은 사정인 모양이다. 학무과장은 교육청 출입문 옆 어느 방에 '조정관'이 와 있으니 출입 때 특히 언동에 조심하라고 조그만 소리로 말했다. 조정관이 무엇인가. 옆 사람한테 물으니 "그런 게 있는 모양이지요" 한다. 교육청의 회의는 체면상, 혹은 자진 협조 태도를 보이려고 하는 것 같았다. 생활지도 부락 담당자 명부는 30일까지 내게 되었고, 비상 연락 잘되게 언제나 학교에 대기해 있으란 지시도 있었다.

마치고 인사 서류 내고, 춘양 와서 세종에서 부친 책 180권을 확인해서 송 선생 방에 맡겨 놓고 미끄럽고 진탕이 된 길을 고생하면서 걸어왔다. 아내에게 조정관이 뭔가 물었더니 그건 정보부에서 온 사람이라고 했다. 박○일알아볼 수 없음 씨의 동화집이 우송돼 와 있었다.

1975년 2월 7일 금요일 흐린 뒤 개임

오전에 직원들을 모아 교육장이 보내 준 돈 얘기를 하고 한 사람 앞 천 원씩 나눠 주었다. 천 원 모자라는 것은 교비로 보태 넣었다. 그리고 모두 나눠서 부락으로 가정방문을 나갔다. 나는 교감과 김 선생과 셋이서 1리에 가니 이장은 면 서기와 같이 가래골로 갔다 한다. 그래 차례로 한 집씩 방문해서 학교 아이들 얘기를 했다. 교감은 "12일에 기권 없이 모두 투표하시기 바랍니다"고 하고, 나도 잘 부탁합니다고 하기도 했다. 그런데 이런 말은 중립적 입장에서 하는 말 같지만 실상 그것을 듣는 마을 사람들에게는 버젓한 암시적 뜻을 지녀서 "찬성투표를 해주시오"로 들리는 것이다. 상황이 그렇게 되어 있다. 또 이 지역에서는 야당이란 한 사람도 없고 야당적인 사람도 없게 되어 있다. 사실은 계몽이고 뭐고 다닐 필요도 없는 것이지만 지서 순경과 면 직원들이 여러 날 전부터 마을에 와서 잠자고 주둔하고 있는 터라 체면상 나가는 것이다. 골마 동네 반쯤 다니다가 왔다.

강희숙이를 만나 한 해 더 집에서 공부하면 내년에 중학교에 보내 준다더라 했더니 또 눈물을 흘렸다. 글짓기한 것 몇 장을 받아 와서 집에 와서 읽어 봤더니 한 해 쉬고 중학 들어가면 열아홉 살에 졸업한단다. 그래서 그의 부모가 명년에 보내 준다는 것도 임시 무마로 그러는 것이구나. 그런 것을 짐작하고 그렇게 졸업식 답사 낭독 때도 자꾸 울었구나 싶었다.

1975년 2월 12일 수요일 바람이 불고 맑다

아침에 사람이 와서 조합장님이 이장 집에서 기다린다고 오
라 한다. 가니 면 서기, 지서 차석, 1·2동 이장, 새마을 지도자,
기타 유지들이 앉았다. 조합장은 학교 선생들이 동네를 알뜰
히 방문해 주어서 고맙고, 그런 얘기를 교육장과 조정관에게
얘기했더니 좋아하더라 했다. 그리고는 투표율이 100퍼센트
되도록 여러 가지 의논하고 있었다. 들으니 개표할 때 그러는
지, 함 운반 때 그러는지 모르지만, 100퍼센트고 200퍼센트고
얼마든지 만들 수 있는 모양이다. 그렇지만 "기술적으로 잘해
보라"고 조합장이 말했다. 유권자를 차로 태워 나르고 했다고
하면 100퍼센트 성적이 올라도 얼마든지 될 수 있지 않는가,
하는 것이다.

오전에는 사무실에 있었다. 춘양학교 송 선생과 전필순 선생
이 와서 놀다가 갔다. 송 선생 동화 쓴 것에 대해 얘기해 주기
도 했다.

대현학교로 간 손준호 선생이 투표하러 왔다 갔다. 책상(학
교 것) 가져간 것을 재 아래 있는 빵 맡겨 두는 집에 갖다 놓았
다 한다.

1975년 2월 15일 토요일 맑다

여성동아에 가서 권 부장을 만나 격려 광고 내고 싶다고 했더니 문면(文面)과 돈을 주면 아이를 시켜 보내겠다 했다. 돈 5천원과 "자유, 생명의 표적! 시골의 한 교원" 이렇게 쓴 종이를 주었더니 곧 영수증과 메달을 가져왔다.

일서 두 권 《아동문학이란 무엇인가兒童文學とは何か》,《문학개론文學槪論》(오다기리 히데오)을 샀다. 모두 8천여 원이나 되었다.

새벗문고에 가니 권정생 씨 책이 나와 있었다. 네 권을 받아왔다. 인세는 4만 5천 원(1할 45원×천 권)을 본인에게 직접 부치겠다고 했다.

어문각에 가니 책과 원고료를 금월 말경에 부치겠다고 했다.

한국문학사 이문구를 찾아가서 '진실과 허상'을 주었다. 이상현의 원고가 들어와 있어서 좀 기다려야 싣게 된다는 말이었다.

박연구를 만나고 디즈니에 가니 이재철이가 오늘 모두 저 집에 오기로 되었으니 일찍 갑시다, 했다. 이재철 집에서 늦게까지 놀다가 김포로 못 가고 거기서 잤다. 이현주를 만나지 못해 안됐다.

아침에 낸 〈동아일보〉 광고가 벌써 석간에 나와 있었다.

1975년 2월 17일 월요일 맑은 뒤 흐림

새벽 6시 김포 고촌 출발. 청량리 7시 40분발 강릉행을 탔다.
이번엔 옆자리도 빌 만큼 자리가 넉넉했다. 차 중에서 〈시문
학〉에 나온 손춘익 씨 소설을 읽었다. 어제 이영호가 문장이
아주 구태의연하다 했는데, 그런 점이 어느 정도 있기는 하지
만 큰 힘은 아닌 것 같고, 제법 잘 썼다는 느낌이 들었다.
　춘양서 편지와 함께 책 한 권을 권정생 씨에게 우송했다. 네
권 중 세 권은 이원수 선생, 이재철, 나 이렇게 나눈 것이다.
　버스 정류소에 가니 마침 울진행이 기다리고 있어서 점심도
안 먹고 탔다. 그래 4시경에 집에 돌아올 수 있었다.
　인혁당 관계를 제외한 구속 학생, 종교인, 학자 들이 어제, 오
늘 모두 석방되었다는 소식이다. 오늘따라 산골길을 올라오면
서 서울에 가서 살고 싶어졌다. 이제 산골엔 천박한 도시 문명
의 흉내만 있을 뿐이며, 자연조차 참혹하게 죽어 가고 병들어
있다. 역사를 창조하는 참된 힘은 역시 도시 속에서 나올 수 있
는 것 아닌가.
　인혁당으로 매인 사람들도 아무 죄 없이 그리된 것 같은데,
언제 나오게 될까?

1975년 3월 3일 월요일 맑다

　김지하 씨가 민주, 민족, 민생을 위한 공동 투쟁을 일본 국민에게 제의했다는 기사가 신문에 나왔다. 석방된 김동길 그리고 또 한 분의 교수의 강연회가 있는 날 함석헌, 계훈제, 김병걸 등 제씨가 자택에 연금 상태가 되었다는 기사도 있다. 김대중 씨도 연금 상태로 되어 있는 모양이다. 어제 신문에는 전 국회의원 10여 명이 고문당한 사실을 폭로한 것이 기사로 났다. 3·1절에 파고다공원에서 무슨 선언 대회가 있을까 싶어 사람들 입장을 못 하게 했다는 기사도 났다. 국민투표를 강행하고, 그 투표에 이겼다지만 시국은 여전히 집권자와 지식인, 종교인 간에 날카로운 대립을 보이고 그것이 더욱더 극단적으로 되어 가고 있다. 〈동아일보〉를 못 봐서 답답하다.

　어제부터 조금씩 읽는 리영희 씨 평론집 《전환시대의 논리》는 이렇게 좋은 글을 쓰는 사람이 있구나 싶도록 놀랐다. 꼭 다 읽어야겠다.

　아침에 고 선생이 인사하고 갔다. 짐은 이불 보퉁이를 청부가 지고 나가고……

　오후에 박영식 선생이 부임.

　종일 교육계획서 필경 주선하다.

　저녁밥을 먹고 있는데 이장이 와서 앞집에 좀 와 달라 한다. 가니 이장과 새마을 지도자란 사람과 소위 유지급 사람이 대여

섯 앉아 있었다. 학구 변경 진정서 들어간 것 아는가 한다. 며
칠 전에 알았다 하니 왜 알면서 미리 우리한테 얘기해 주지 않
았나 한다. 그러면서 교장이 이런 걸 모른 척하고, 학구를 빼앗
기고 있다면 우린 그런 교장 바꿔 달라고 교육장에게 진정하러
가겠다느니, 그런 교장 자격 없다느니 한다. 내가 교육청에 가
서 알아본 결과 진정서 같은 것 교장이 직접 관여할 것 아니라
는 것, 나도 학구가 적어지는 것 원치 않고, 그것은 어디까지나
면에서 부당한 일이라 생각하고 있고, 또 저지할 수 있다고 해
도 모두 흥분해서 제멋대로 지껄이더니 한참 만에 제정신에 돌
아온 것같이 말했다. 3월 8일에 학부형회를 열도록 해 달라는
것을 그리하겠다 하고 왔다. 생각할수록 괘씸한 것들이다.

1975년 3월 10일 월요일 흐림

오늘 신문에 대전교육청에서 아이들(국민학교)에게 사격 훈
련을 시키도록 지시했다는 것이다. 공기총으로 훈련을 시키는
모양인데, 문교부에서도 그런 지시는 한 일이 없다는데 참 별
난 놈들이 다 있는 모양이다. 이보다 더한 과잉 충성이 또 있겠
는가? 교육계에서도 이 꼴이다. 하긴 그 교육장이란 작자가 옳
은 교육자일 턱이 없지만, 이런 놈들이 교육행정한다고 하니
아이들 교육이고 나랏일이 엉망이 될 수밖에 없다.
간밤에 밤새도록 눈이 또 오고, 새벽과 아침엔 비가 왔는데

그래도 운동장의 눈은 덜 녹았다. 또 날씨가 종일 흐리다. 세월
같은 날씨다.

오후에 교육계획서 가지고 직원회를 열어 협의했다. 협의라
기보다 물론 시달이요, 지시다.

1975년 3월 28일 금요일 맑음

권 선생이 구두를 산 것은 "고무신 신고 다니는 것이 남들에
게 미안스러워서 그랬습니다" 했다. 저번 박경종 씨가 준 옷은
입지 않고 교회 전도사 집에 맡겨 두고 잠바를 입고 왔다. 나도
그게 간편하고 좋겠다 했던 것이다.

아침 10시경 기독교서회에 가니 권 선생의 인세(《꽃님과 아
기양들》)를 그때사 늦어서 미안하다면서 내주었다. 거기서 크
리스천신문사 강정규와 이현주를 연락해서 오후 2시경 디즈니
에서 만나자고 했다. 그동안 어문각에 가서 책과 원고료 8천
원을 받아 왔다. 《월간 문학》에는 가니 문공부에서 지원금이
안 나와 고료 지출을 일절 중단하고 있다면서 다음에 드리겠
다 했다. 범우사에 갔더니 박연구 씨는 없었다. 교련에 가서 이
영호도 없어 못 만났다.

오후 3시경 강정규, 이현주가 와서 함께 이준직 기독교문화
원장을 찾아갔다. 이 사람이 권 선생을 도와 입원 치료를 해
준다는 사람이었다. 그런데 얘기를 들어 보니 뜻밖에 상업적

이라 실망했다. 돌아와 여관에서 권 선생은 내일 세브란스에서 9시에 만나기로 한 것 아주 생각도 없고, 절대로 안 가겠다고 했다.

1975년 3월 29일 토요일 비

그래도 진찰을 받아 보는 것이 좋지 않은가 하고 아무리 권해도 권 선생은 안 들었다. 진찰받으나 마나다. 받아도 결과는 뻔한 것이다. 적어도 몇 달 입원해서 치료할 수 있을 줄 알았는데, 그 사람 말이 치료비 일부를 부담할 수 있으니, 이런 것도 자기 마누라 알면 크게 반대한다느니 하고 있으니, 그런 사람 믿고 무엇을 하겠는가, 하는 것이다. 권 선생 말 들으니 나도 어제 그 사람 말 들을 때 선의로만 해석해서도 못마땅한 것이 있었는데 이제 생각하니 정말 장사꾼같이 여겨지는 것이었다. 그래도 그 원장이 어쩌면 순수한 인간적인 마음을 발휘할 수 있을지 모르니 가 보자, 정 싫으면 강정규 씨도 기다리고 하니 가서 인사하고 얘기나 해야 할 것 아닌가, 그랬더니 얘기할 것 없어요, 기다리게 버려두면 돼요, 서울 우리가 올라온 것만 해도 할 일 다 했어요, 한다. 나는 이때 권 선생의 그 결백성과 타협 없는 어떤 고집 같은 것을 다시 깨닫게 되었다.
　그래도 그냥 있을 수 없다. 나만이라도 가서 인사하고 와야겠다고 일어서자 그때사 권 선생은 내가 좀 안색이 좋지 않은 것을 보고 자기도 같이 간다고, 이번에는 그만 여기 앉아 있으라고 해도 굳이 따라나섰다. 비를 맞으며 신촌 로터리에서 세브란스 병원에 갔더니 벌써 10시가 되었는데 아무리 찾아도 없다. 크리스천신문사에 전화를 거니 강정규 씨가 9시부터 한 시간을 기다리다 안 와서 갔다 했다. 강정규 씨도 그 문화원장이란 사람이 도와준다는 것의 진심을 어느 정도 의심스럽게 여기는 눈치였다.

돌아와 여관에서 이제 어찌할까, 생각했다. 권 선생은 태연했다. "잘됐어요. 이런 일이 있을수록 저의 정신력은 한층 굳어집니다" 하는 것이었다. 그러면서 이제 일직 거기서 너무 오래 있었으니 어디 옮기고 싶다고 했다. 나 있는 곳에는 20리 산길을 걸어야 한다. 그리고 내가 거기서 머지않아 떠나야 하니 올 수 없다. 권 선생은 내 있는 곳에 와 있고 싶어 하는 모양이었다.

"수원쯤 와 있고 살기로 해요."

수원 얘기는 현주와 얘기가 난 모양 같았다. 버스를 못 타니 전철을 이용할 수 있는 곳에 있고 싶어 하는 것이다.

"일직은 너무 외로워요. 아무도 얘기할 상대가 없어서요. 전 마음에 가득 쌓인 것을 때로 풀어놓을 기회가 있어야겠어요."

이것도 권 선생의 새로운 면을 깨닫게 해 주는 말이었다.

권 선생과 얘기하고 있는데 박연구 씨가 왔다. 박 씨는 한 변호사 일로 어제는 문협에 가서 조연현 씨한테 문협 이름으로 진정서 같은 것 좀 내줄 수 없는가 부탁을 했다고 했다. 이현주

가 2시경에 왔다. 현주는 권 선생한테 수원이나 수유리 자기
집 인근에 와 있으라고 했다.

우리는 여관을 나오면서, 권 선생은 현주와 같이 성서 연구
집회에 가서 그길로 현주 집에서 한 이틀 있는 동안 이 일을 결
정짓고 내려오도록 하는 것이 좋겠다고 하고 헤어졌다.

이원수 선생과 나는 또 삼미에 갔다. 거기 박홍근 선생이 와
있었다. 박 선생은 이석현 씨가 캐나다로 이민을 간다고 했다.
그러면서 〈소년〉지가 이젠 좀 잘되도록 해야겠다면서 자기가
자문위원인가 될 것이라 했다. 나는 이석현 씨가 이민을 간다
는 것이 뜻밖이었지만 그의 문학 태도를 보면 그럴 수 있겠다
싶었다. '표절 동시론'은 거기 나오는 작가들 이름을 똑바로
밝히는 것이 좋겠다고 모두 말해서 그대로 밝혀서 이원수 선
생께 내주었다.

삼미에서 세 번째 술집으로 옮겼을 때, 나는 인사를 하고 나
왔다. 김포 고촌 처가에 갔더니 〈동아일보〉를 모아 두었다면서
처남이 내주었다. 이젠 〈동아일보〉도 볼 것 없이 되었다고 처
남도 말했다.

1975년 3월 31일 월요일

이번 상경해서 〈동아일보〉 사태에 대한 진상을 알 수 있었다.
기자들의 해임에 항의 농성하여 단식투쟁을 하던 기자들을 문

을 부수고 들어가 쫓아낸 것이 외판원들이었다고 신문 기사에 보도하였는데, 이번에 알고 보니 ○○부에서 고용한 광화문 깡패였다. 참 어처구니없는 일이다. 그리고 고문 얘기를 듣고 온몸이 떨리는 것을 느꼈다.

오늘 〈씨올의 소리〉 3월 호가 왔는데, 거기도 고문 얘기가 나와 있었다. 이렇게까지 몹쓸 짓을 감행하는 인간이 있다고 생각할 때, 그리고 그런 고문을 당하면서 죽음을 넘어서 의를 행하려는 사람이 또 있다고 생각할 때, 인간이란 악마도 될 수 있고 신도 될 수 있는 불가사의한 존재임을 새삼 느끼게 되었다. 어쨌든 극악무도한 인간의 행동을 생각할 때 신이 과연 있다면 어째서 그런 무리를 그대로 버려두는가 의심이 되고, 신은 없을 것이란 결론이 내려진다. 그러면서 또 의를 위해 수난을 당하는 사람을 보면 신은 꼭 있어야 한다고 생각하는 것이다.

1975년 4월 19일 토요일 맑음

오늘 4·19날이다. 무슨 말을 해야 좋을지 몰라서 아침 조회때 아무 얘기도 안 했다.

저녁때 찬송가와 작곡집 《금잔디》, 《자장가》를 가지고 오랜만에 사무실에 가서 풍금을 타 보았다. 어렸을 때 부르던 찬송가를 타면 그 옛날 생각이 나서 즐겁다. 이건우 작곡 '붉은 호수'를 타면서 참으로 훌륭한 곡임을 다시금 느끼게 된다. 나는 이 《금잔디》 작곡집을 평생 타면서 살아가고 싶다. 이것은 우리 민족이 낳은 위대한 예술 가곡임을 확신한다. 이런 노래를 모두 부르지 못하고 알지도 못하고 있다는 것은 이 또한 얼마나 기막힌 비극인가?

이 위대한 작곡가가 지금은 어찌 되었을까?

1975년 6월 23일 월요일 흐림

대구의 녹촌 형이 《저 하늘에도 슬픔이》를 보내왔다. 이것은 며칠 전 도교위도교육위원회에서 훈화 원고 제목의 하나로 '이윤복 어린이'란 제목의 글을 보내 달라는 공문이 와서 급히 연락했던 것이다.

오후에 시작해서 저녁까지 다 읽었다. 여러 해 전에 읽던 때보다 더 감동을 얻었다. 이것은 최근에 아동문학 작품을 두루 많이 읽고 나서 비교가 되어서 그런 것 같다. 정말 우리 아동문학 작품 중에 이 11세 소년이 쓴 일기문만큼 감동을 주는 작품이 있을지 의문이다.

도교위에 낼 훈화문과는 달리 이 책에 대한 논문을 하나 써야겠다는 생각이 들었다.

녹촌이 보낸 책은 또 김동극 교사가 직접 가지고 있던 보관본이다. 이 김 교사도 언젠가 꼭 만나고 싶은 사람이다.

1975년 7월 1일 화요일 흐림

  현덕의 소년소설집 《집을 나간 소년》을 읽었다. 전에 한두 편 읽다가 말았지만, 이번에 이 책을 다 읽고 놀랐다. 우리 아동문학에서 이만한 작품이, 그것도 일제시대에 나오고 있었다는 사실은 오늘날 우리 아동문학의 침체 상태를 얘기하는 데 커다란 표적이 될 만하다고 생각된다. 정말이지 해방 이후의 아동문학 작품에서 이원수 씨의 몇몇 작품을 빼고 나면 이만한 작품이 없다.

  현덕이란 사람은 어떤 사람일까? 그의 얘기가 알려지지 않은 것으로 보면 월북 작가인지도 모르지만, 아무튼 이 소년소설집은 리얼리즘을 추구한 식민지 문학으로서 길이 남을 것이라 생각된다. 어제 읽은 이구조의 작품과는 전혀 수준이 다른 작품이다. 이걸 지금의 모든 아동문학 작가들에게 읽어 보라고 권하고 싶다.

  그리고 지금의 우리 아동들에게 동화보다는 역시 소설이라야 참된 문학적 감동을 줄 수 있을 것 같다는 생각이 들기도 한다.

1975년 7월 17일 목요일 맑음

  제헌절 경축식 거행. 아이들에게 법을 지켜야 한다는 얘기를 했다.

《금강》을 다 읽었다. 참 놀랍게 썼다. 그런데 이 서사시의 주인공으로 되어 있는 하늬와 진아의 애정에 관계된 얘기가 이 시에서 나타내고자 한 전봉준을 위시한 동학혁명군 얘기와 절실한 관련이 없는 것 같아 좀 달리 쓸 수 없었을까 싶었다. 물론 진아가 제2의 하늬를, 말하자면 혁명가를 낳는다는 얘기의 의도는 알겠지만, 그 로맨스가 민중적인 것으로 느껴지지 않고 허약한 계층의 그것으로 공중에 뜬 느낌이 드는 것은 웬일인가? 내가 잘못 읽은 것일까? 그러나 그런 것은 이 시의 감동을 결코 크게 줄일 요인은 못 된다. 어쨌든 이 시는 해방 이후 우리 시의 역사에서 단연 높은 봉우리의 하나를 차지할 것임에 틀림없다고 본다.

부산에 김용재 선생이 또 편지를 보내와서 꼭 여름에 놀러 와 달라고 하신다. 지난번에(두어 달 되었지?) 가족 동반해서 여러 날 쉬어 가도록 해 달라고 간곡히 써 온 것을 회답도 못 했더니 이번에 또 이렇다. 참 죄송스런 생각이 들어 곧 편지를 썼다. 아무리 바쁘더라도 꼭 틈을 내어 가 뵙겠다고 해 놓았다.

또 대구 김동극 씨가 프린트물을 보내왔는데 경북아동문예연구협회 주최로 8월 4일부터 3일간 글짓기 교육 세미나를 여는데, 3일째인 6일에 내가 동시 문학에 대한 특강을 하기로 해 놓았다. 우리가 춘양서 5일에 연수회를 열기로 해 놓았는데, 날짜가 겹쳐서 큰일이다. 어째야 할까? 내일 교육청에 가서 의논해서 모임을 8일쯤으로 연기하는 수밖에 없을 것 같다.

1975년 7월 20일 일요일 맑음

아침에 김 교사에게 경리 서류 정리를 하도록 해 놓고 10시 40분까지 앉아 있어도 일직 교사 조준현이 안 나왔다. 조금 있으니 그때야 터덜터덜 들어오는 모양인데, 옆을 향해 책을 보고 있으면서 나는 일부러 그가 문간에서 작은 소리로 인사하는 것도 못 들은 척했다.

한참 있다가 불렀다. 일직인 줄 모르고 있었는가, 알고 있었는가 했더니 알고 있었단다. 그럼 왜 이제 나오는가, 국기는 언제 달게 돼 있는가, 학교 근무가 장난인 줄 아는가, 하고 야단쳤다. 그리고 홧김에 "내가 아무리 형편없는 교장이지만 아침 출근 같은 때도 인사를 하면 제자리에 앉아서 받는 버릇이 어디 있어요" 하고 그가 평소의 하는 태도와 오늘 아침에도 문간에서 제 친구 인사하듯 하고 넘겨 버리는 태도를 고함을 쳐서 꾸짖었다. 잘못했다 했다. 나도 너무 말이 과격했다 싶어 미안하다고 하고 들어가라고 해서 그쳤다. 어쨌든 젊은것들 버릇도 없고 근무 태도도 너무 불성실하다.

종일 《안네의 일기》를 다 읽었다. 이것은 윤복이 일기나 《니안짱》에 비해 한층 더 언어 표현 면에서 잘되어 있고 심리묘사가 놀랍게 되어 있다. 안네의 나이가 위의 다른 두 아이보다 물론 두세 살 많기는 하지만 그 사고력이 아주 성숙해 있다. 문학적인 가치로 봐서 역시 월등한 것이라 느껴진다.

나는 이 세 일기를 좀 더 비교 검토해서 논문을 하나 꼭 쓰고 싶다. 우리 교육과 문학에 어떤 반성을 가져올 수 있는 그런 논문을 쓰고 싶다.

1975년 7월 22일 화요일 맑음

오후에는 아이들 시 작품 좀 조사하다 보니 시간이 다 지나 갔다.

권정생 선생의 편지를 보니 아마 〈새 생명〉지에 나온 내 수필을 봤겠지. 내가 "하느님의 품 안에 돌아오게 되었다"고 크게 기뻐하면서, 김성영 씨와 같이 8월 2일에 기다리니 꼭 와서 얘기 나누자고 했다. 김성영 씨도 권 선생 집에서 쓴 편지를 보내 와서 여러 가지 새 사실을 알고, 또 내가 교회에 나가려 한 것을 반갑게 여긴다는 말을 써 왔다. 새 사실을 알았다는 것은 무슨 얘기일까? 아마 권 선생의 질병과 신체 상황에 관한 것을 권 선생이 모두 얘기해 준 것이겠지. 김성영 씨만큼 진실한 사람이니 권 선생도 자기의 형편을 숨김없이 얘기할 심정이 되었으리라.

나는 권 선생한테 편지를 썼다. 내가 교회에 나가야겠다는 심정을 글에 쓴 것은 숨김없는 것이지만, 막상 교회에 나간다 싶으니 역시 주저가 된다는 것, 그것은 웬일일까? 교회가 보기 싫게 세속화된 때문이기도 할 것 같고, 또 교회라는 조직 그 자체

에 대한 근본적인 혐오감에서 오는 것인 듯하게도 생각된다고
했다. 이 편지를 권 선생이 받으면 얼마나 실망할까, 하는 생각
이 들지만 역시 나는 솔직히 내 마음을 얘기할 필요가 있는 것
이다. 8월 2일 될 수 있는 대로 가서 만나겠다고 해 놓았다.

1975년 7월 31일

4일부터 6일까지 김동극 씨 주재하는 경북아동문예연구협회
에서 연수회가 있는데 거기 나가기로 되어 있다. 그동안 봉화
로 갔다 올 수는 없고, 약속한 부산 김용재 선생 뵈러 가든지,
서울 가든지 해야 한다. 본디 부산 갔다 온다고 집에도 말해 놓
고 왔지만, 협회 책이 나왔다니까 책도 보고 또 정음사에서 낸
전집 원고료도 받고 하기 위해 상경하기로 했다. 아침 9시 40
분 차로 동대구역 출발, 오후 2시 가까워 서울에 닿았다.
  디즈니에서 김종상, 이영호와 이원수 선생을 만나니 협회에
서 낸 책* 속에 수록된 '표절 동시론' 때문에 저쪽한국아동문학회
에서 명예훼손으로 고소를 하느니 어쩌느니 하고 야단법석이
란다. 처음엔 책에 내는 것만으로는 안 된다고 될 수 있는 대로
널리 광고하기 위해 신문에도 내기로 하여 이영호, 김종상 둘
은 〈신아일보〉에 가서 책을 보이고 기삿거리를 주고 한 모양인

• 한국아동문학가협회에서 1975년에 펴낸 연간집 《동시, 그 시론과 문제성》을
  말한다.

데, 그래서 〈신아일보〉에는 벌써 기사가 났다. 표절 작가들의 사진까지 나서 너무 지나치게 됐다고 얘기가 났다. 이러고 보니 너무 잔인하게 되었다고 생각되어, 이번에는 다른 신문들에는 내지 말아 달라고 부탁하게 되었다 한다.

그런데 표절 작가 중 이진호는 워낙 심한 내용이라 본인도 기가 죽어 잘못했다고 잠잠하고 있는 모양이고, 석용원이도 아무 말이 없다 하는데 제일 문젯거리는 이준구와 송명호란다. 이준구는 어느 아이 것을 슬쩍한 것인데, 자기가 안 그랬다고 한다. 그러나 그 사람은 충분히 그럴 사람같이 보이고, 다만 그가 공화당 중앙위원인가 하는 감투가 있고 또 반공 윤리 교수에 중앙정보부에도 들락거린다 해서 직접 이 문제를 가지고 대항하는 것보다 다른 더 음험한 수단으로 보복을 하지 않을까 모두 두려워하는 눈치다.

그리고 송명호는 제 것이 표절도 아닌데 왜 그런 표절 동시론에 제 작품을 예거(例擧)하였나 하고 고소하느니 하고 있단다. 그러나 송의 작품은 표절이라고 말하지는 않았다. 모방작이라고 한 것이다. 표절 작품론에 모방작을 예시하고 문제 삼은 것은 원체 이런 표절 작품이 성행하게 된 까닭이 문단 전체 풍조가 모방작 아류작들이 버젓이 당선이 되고 유명 작품으로 행세하는 판국이 되어 그렇다고 한 것이다. 그러나 저놈들이 설마 고소는 않겠지, 하는 것이 모두의 의견이다. 그리되면 저들이 더욱더 큰 창피를 못 면하게 될 것이 뻔하기 때문이다.

1975년 8월 31일 일요일

아침 일찍 나서 명호로 가서 차를 타고 재산에 가니 박 선생
이 있었다. 송명호가 〈월간 아동문학〉 잡지 만들 때 책값 떼먹
힌 것 있는가 했더니 1년분 구독료 3천 원을 주고 책 두 권을
받고는 그만이었다 한다. 그러면서 그때 부친 소액환과 등기
영수증을 잘 두었는데 있을 것 같지 않지만, 송명호한테서 받
은 편지는 찾아보면 있을 것이라 했다. 그럼 그것을 찾아서 잘
보관해 두라고 해 놓고, 봉화로 차를 타고 갔다.

오후 1시 반에 봉화서 특급을 타고 청량리 내리니 저녁 7시.
곧 전에 들었던 종로 원갑여관에 가서 바로 그 방에 가니 이제
한창 이사회를 열고 있었다. 송이 고소를 했다는 문제를 두고
의논 중이었다.

애기는 이재철이 송의 집에 가서 보고 들은 것을, 송이 관을
만들어 칼을 꽂아 두었다는 둥, 벽에 며칠 영장 발부, 며칠 구
속이라 적어 놓았다는 둥, 아이들 시켜 어깨에 "우리 아버지
원한 풀어 주세요"란 천을 둘러 거리에 나서게 하려고 하고 있
다는 둥, 이번 주일 안으로 요구를 안 들어주면 틀림없이 구속
할 것 같다는 둥…… 이런 무시무시한 애기를 하면서 저쪽의
요구가 협회와 문학회 두 단체 해산을 주장하니 들어주어야
하지 않겠나 했다. 그러면서 내가 들어가니 내 의견을 묻는 것
이다. 나는 대답했다.

"이번 일은 나 때문에 일어난 것입니다. 물론 그 논문 쓸 때 여러 사람이 자료를 모았고, 또 여러 사람의 손을 건너다니다가 마지막에 나한테 온 것을 협회 편집부 이름으로 발표한다는 말을 듣고 썼지요. 쓴 것도 나중에 다소 누가 고친 구절도 있고 하긴 하지만 어쨌든 문제의 부분은 물론이고 전체가 다 내 글이라 하지 않을 수 없으니 내가 책임지겠어요. 그래서 이 문제 해결에 필요하다면 해명서를 내든지 어떤 원칙 문제를 제외한 지엽적인 문제에서는 잘못을 사과할 수도 있습니다. 그러니 내가 그렇게 해서 해결이 된다면 하겠습니다. 그런데 이제 얘기 들으니 이건 단체 해산을 요구하고 있으니 어찌 된 건가요? 그게 송의 진심일까요? 명예훼손이 되었다면 그 명예란 것이 보상돼야 할 것인데, 단체 해산은 또 무슨 이유로 내거는 건가요?"

  이래서 단체 해산 문제가 토의되었는데, 이날 저녁에 워낙 이재철이가 저쪽 얘기를 과장해서 위협적인 얘기를 해서 모두들 좀 위축이 되고 또 누구보다도 학교에 있는 나와 김종상, 그리고 책을 낸 신진출판사(이 출판사에 송이 찾아와서 온갖 협박을 했던 것이다)를 구해야 된다는 의견이 지배적이 되어 협회란 것 없어도 문학 활동 그대로 하면 되잖나, 두 단체 없애고 하나로 만든다고 하지만 그런 것이 어떻게 가능하나? 일단 해산했다가 다시 만들 수도 있으니 그렇게 하자. 이렇게 중론이 기울어지자 이원수 선생이 이렇게 말했다.

"협회는 한두 사람이 모인 것도 아니고 한두 사람의 뜻으로 조직된 것도 아닙니다. 협회 해산은 이사회에서 결의를 할 수도 없어요. 그리고 송의 요구는 아무래도 가면인 것 같은 생각이 듭니다. 송은 명예훼손을 당했다고 고소를 했으니 명예훼손과 단체 해산과는 관계가 없지요. 또 가령 우리가 저쪽의 요구대로 해산을 했다 할 때 그다음엔 정말 우리들을 개인적으로 해치려고 할 것입니다. 단체가 있을 때는 모두 뭉쳐 그들에게 대항할 수 있었지만, 단체가 없는 개인은 아무 힘도 없이 그들의 공격을 그대로 당해야 합니다. 저 사람들은 사람을 해칠 수단으로 단체 해산을 요구하는지도 알 수 없어요. 그런데도 여러분들이 굳이 해산을 주장한다면 내가 회장으로 있으면서 그렇게 할 수는 없으니 여러분들끼리 의논해서 좋도록 해 보시오."

이렇게 해서 이원수 선생이 자리에서 일어나 밖을 나가자 박홍근 씨는 "나도 그렇게 생각합니다" 하고 일어나 뒤를 따르고 그래서 남은 사람들이 유경환 씨를 필두로 해서 "이래서는 의논이 안 됩니다" 하고 모두 일어나게 되어 회의는 아무 결론도 못 짓고 끝이 나 버린 것이다.

모두 나간 뒤에 나는 혼자 방에 남아 있었다. 조금 있으니 김종상이 돌아오고, 이영호가 돌아오고, 이재철, 윤부현—이렇게 다섯이 다시 남아 앉았다.

이영호 얘기가 "단체 같은 것 무엇하나. 해산했다가 다시 만

들 수도 있다. 또 해산하는 데 이사회 결의로서는 안 되고 총회
라야 된다고 하지만, 이번 일이나 이 단체 운영의 중심 멤버가
결국 우리들이니 우리가 결정해서 서면으로 통고하면 그뿐 아
닌가. 그만 이 선생(이재철이 보고) 그렇게 추진해 보지요" 했
다. 김종상도 윤부현이도 나도 달리 도리가 없는 것으로 생각
했다. 그래서 아무튼 이재철이가 내일 송을 만나 단체 해산을
추진하고 있으니 모든 것을 원만하게 처리하자고 부탁하고,
그리하겠다고 해서 헤어졌다.

1975년 9월 5일 금요일

　겨우 하룻밤을 자고 또 급히 상경해야 한다고 나섰다. 우선
〈한국일보〉 2일 자에 송명호의 미치광이 발언, 문인 몇 사람의
편파적 발언이 실린 뒤를 이어 3일 자 '천자 춘추' 난에는 원형
갑이란 자가 쓴 '아동 대중'이란 글이 나와 있는데 이것은 바
로 내 이름을 들지는 않았지만 틀림없이 나를 지목해서 매우
음흉한 말을 해 놓았다.
　그 내용은 최근 아동문학을 하는 어떤 신인이 아동 대중이란
신조어를 쓰고 있는데, 이 말에서는 무산계급 투쟁을 연상하
게 되고, 심지어 부산의 어린이 유괴 살해 사건까지 연상된다
고 해 놓았다. 이 원이란 자가 아동 대중이란 말에 무슨 신출귀
몰의 공상 망상을 하든지 그것이야 제 기분대로 지껄이는 것

이니까 멋대로 버려둔다고 하더라도, 내가 전혀 하지도 않은
말을 한 것처럼 이렇게 조작해서 쓰다니 이럴 수가 있는가! 세
상에 이런 놈이 어디 있는가? 못된 사상 가진 놈들 잡는다고
하는 사람들이 이걸 보면 아동문학에도 틀림없이 불온사상을
가진 사람이 있다고 볼 것 아닌가. 이건 일제시대의 고등계 형
사보다 더한 놈 아닌가!

집에 오니 아내는 〈한국일보〉의 이 글을 보고 이 사람들이 생
사람을 몰아 잡으려고 한다고 아주 겁을 먹고 있는 것이라, 급
히 또 상경하지 않을 수 없었다. 서울에 빨리 가서 '원형갑에
게 묻는다'란 제목으로 누가 아동 대중이란 말을 했던가, 그것
을 밝히라고 공한(公翰)을 발표해야겠다. 그것이 아주 시급한
일이라고 생각했던 것이다.

우선 봉화에 가서 이번에는 교육장한테도 얘기를 하고(전에
도 얘기했지만) 연가를 한 이틀이라도 얻기로 했다. 교육장은
"그까짓 것 고소하면 하라지 뭐 걱정 있는가?" 또 "연가는 교
장이 없는 동안 무슨 사고날까 봐 그러는 거지 괜찮아" 하고
아주 좋게 얘기해 주기에 한결 마음을 놓을 수 있었다.

저녁 7시 청량리 착. 원갑여관에 들어갔다. 이원수 선생은 우
선 자기 이름의 해명서를 인쇄해서 각 신문사, 잡지사 들에 돌
리고 싶다고 하셨다. 그러고 나서 여러 사람 이름의 경과 해명
서 같은 것도 돌리자고 했다. 이날 저녁에 이원수 선생이 초안
해 오신 해명서를 이영호와 내가 읽고 고치고 정서를 하고 했

다. 그래서 저녁 늦게 이영호가 프린트사에 갖다 줘서 내일 아침에 이것이 나오면 오전 중으로 신문사에 돌리자고 했다.

그리고 이날 봉화서 창작과비평사 염 선생에게 전보를 쳐 두었던 것인데, 7시경에 종로에서 전화를 걸어 놓고 창비에 가니 염 선생이 기다리고 있었다. 염 선생은 신경림 씨와 한남철 씨를 불러 같이 저녁을 먹도록 주선해 주면서 여러 가지 걱정해 주었다.

염 선생 말은 이문구란 친구가 사람도 많이 알고 이런 일에 적극적으로 나서 하면 큰 도움이 되어 줄 수 있을 터인데, 오늘 만나 보았더니 그 친구가 이상하게도 저쪽 김요섭이 패들 얘기를 많이 들었는지 말하는 태도가 좀 이상하더라면서, 그렇더라도 그 사람 내일 한번 만나 보는 게 좋을 겁니다, 했다. 이쪽을 위해 무슨 적극적인 일을 할 수 없는 위치에 있더라도 중간적 위치에서 화합을 시킨다든지 하는 일은 할 수 있을 겁니다, 했다.

한남철 씨는, 이 선생은 너무 조급히 서두르지 말고 꾸준히 글을 월간지 같은 데 발표하는 게 좋을 듯합니다, 발표할 글이 있으면 나한테 가져오시면 〈현대문학〉 같은 데도 아는 친구가 있으니 주선해 보겠습니다, 했다. 신경림 씨는 송명호 그 작품 모작이지 뭡니까, 했다. 참으로 고마운 사람들이라 어떻게 인사해야 할지 몰랐다.

1975년 9월 6일 토요일

아침에 프린트사에 가서 협회장 이원수 선생 명의로 된 해명서 등사물을 찾아 놓았다. 그리고 김우종 씨한테 전화를 걸어서 인사도 없이 전화로 미안하지만 〈한국일보〉 2일 자에 나온 선생님의 발언을 읽고 궁금했다고 하니까, 그 '표절 동시론'을 읽지도 못했는데 기자가 찾아와서 이러이러한 일이 있는데 어떻게 생각하느냐고 묻기에 그것이 사실이라면 남의 이름으로 글을 발표한 것은 큰 잘못이라고 했더니 그렇게 기사가 났는데, 대단히 미안하게 생각한다고 말했다. 그러면서 그 뒤에 책을 읽었는데, 표절론이 잘되기는 했는데 송의 작품이 최계락의 모작이란 것은 좀 잘못되어 있는 것 같더라고 했다. 나는 김우종 씨도 동시를 모르는 사람이라는 생각이 들었다.

오전에 각 신문사를 손을 나누어 찾아가기로 했는데, 나는 이영호와 동아, 신아, 경향 각 신문사, 한국문학, 창비, 시문학사들을 맡아 돌아다녔다. 동아는 좀 냉정하게 대하면서 이 문제에 손을 안 대려고 하는 태도였고, 신아는 기자가 인터뷰하고 싶어 하는 것을 시간이 없어 나중에 하자고 나왔고, 경향은 내 사진을 찍고 많은 것을 묻기에 대답해 주었다. 퍽 우리 측을 이해하는 태도였다. 이 경향에서 아가씨 기자가 박경종 씨 동시 한 편을 억지로 실어 주었더니 그게 표절 작품이더라고 분개하고 있었다. 나는 그 표절 작품이란 것을 보여 준 스크랩에서 베껴 왔는데, 그 아가씨는 어디서 틀림없이 본 작품이라고만 말하고 있었다.

이문구는 또 "이 선생, 그 아동문학 싸움은 파벌 싸움이니 제발 적당히 해서 관여하지 않는 것이 좋을 것 같아요. 서울 오니 참 별난 사람 다 있어 난 그만 시골에 파묻혀 글이나 쓰고 싶어요. 서울의 일 모른 척하시는 것이 제일 현명할 겁니다"고 했다. 역시 이 사람은 무슨 말을 듣고 있구나 싶어 "나는 이 일을 모른 척할 수 없습니다. 내가 깊이 관여하고 있으니까요. 이 선생은 아무쪼록 이번 일에 대해 일반 여론이 정당하게 일어나도록 삼자의 입장에서 좀 힘써 주십시오" 하고 더 말하고 싶지 않아서 나와 버렸다.

창비에는 잠깐 들어가서 주고 나왔다. 이 해명서가 잘 보도되어 나왔으면 싶은데, 이젠 이 문제에 차츰 사람들의 관심이 멀어지는 것 같아 신문사에서도 크게 다루고 싶어 하지 않을 것 같은 것이 우리 쪽에 불리하게 된 것 같다.

이날쯤이던가, 하도 답답해서 김종상 씨도 나한테 부탁하고 해서 이원수 선생한테 김요섭에게 한번 전화로 대화를 해 보시는 것이 좋겠다고 거듭 얘기했더니 전화를 걸었다. 말은 물론 부드럽게 오고 갔지만 별다른 진전의 얘기가 없는 것 같았다. 또 한편 이영호는 조연현이를 찾아가 보았더니 조는 이쪽에서 일방적으로(저쪽에서 원하든 말든) 사과문 비슷한 것을 신문에 내고 나서 교섭 경위서를 만들어 돌리면 일반의 여론이나 동정심이 유리하게 기울어질 것이고, 그리되면 나도 "이렇게까지 했는데 화해를 안 하면 그 책임을 나는 질 수 없다"는 말을 공표할 수 있으니 그리해 보라고 하더라 했다. 그러면서 그런 말 자기가 한 것은 극비에 부쳐 두라고 하더란다.

그러나 이원수 선생은 그런 방법에 다소 회의를 품으시는 것 같았다. 나중에 창비에 가서 그런 얘기했더니 백 선생과 염 선생도 그런 사과문 낸다고 동정이 기울어지는 것 아닙니다, 그런 것 내면 도리어 내는 사람이 잘못이 있으니 그러는 줄 알지요, 그런 것은 나중에 타협의 조건으로 하는 것은 몰라도 지금부터 그러는 것은 실책입니다, 차라리 맞고소를 하는 게 좋습니다고 했다. 정말 조 씨의 방법은 그대로 할 수 없다고 생각되었다.

1975년 9월 8일 월요일~9일 화요일

공동 명의로 내는 성명서는 여러 번 고쳤다. 내가 초안한 것을 주로 이영호의 의견으로 많이 고쳤다. 이런 글은 한마디도 소홀할 수 없다 해서 여러 사람이 읽고 의견을 말해 주었다. 이번에도 이영호의 의견이 아주 적절한 것이 많았고 문장의 수정도 잘해 주었다.

이원수 선생의 해명서는 〈동아일보〉는 전혀 언급이 없고, 〈중앙일보〉와 〈조선일보〉에 조금 난 것 같고, 〈경향신문〉에는 지난번 내가 가서 얘기한 것을 주로 해서 많이 내놓았는데 거기 송의 사진과 내 사진이 둘 나란히 나 있어 창피했다.

1975년 9월 11일 목요일

밤 7시에 이사회를 열기로 해서 전화로 연락을 했더니 안 나온 사람이 많았다. 나온 사람이 우리들 늘 나온 사람 이외에 이준범, 홍은표 제씨였을 뿐이다. 이날 모이면 이재철이를 제명 처분하자는 이영호의 의견이었는데 연락도 안 한 이재철이 꼭 그 시간에 나타나서 난처했다. 할 수 없이 이원수 선생이 "중재자가 없는 회의를 열어 보고 싶으니 좀 나가 달라"고 바로 말해서 이를 내보낸 후 회의를 열었다.

회의 안건은 두 가지였다. 하나는 공동 명의로 내는 경위서 문면을 논의하는 것이고, 또 하나는 이재철의 제명 문제다. 그런데 이 두 가지 토의를 하기 전에 내가 하나 제의를 해서 분명히 밝혀 두고 싶은 것이 있었다. 그것은 이번 이 문제를 저쪽에서 단체의 음모니 하는데 실질적으로 협회가 관련된 것이 사실이고, 논문의 기획도 이사회에서 한 것으로 알고 있지만, 이것을 대외적으로나 법정에서 어느 정도로 우리가 얘기해야 하는가? 물론 모든 일을 실제 그대로 하는 것이 옳겠지만 실제로 한다는 것은 해석에 따라 달리 말할 수 있는 것이다. 실지 문제가 현재도 많은 이사들이 이 문제에 대해 협회가 전혀 관련이 없는 것처럼 알고 있는 사람도 있고, 또 협회 자체의 문제로 보는 이도 있으니 말이다. 그래서 이 문제에 대한 책임의 소재 등을 확연히 밝혀서 모두가 같은 견해를 가지고 대처할 필요가 있는 것이다. 내가 이런 말을 하자 이영호를 비롯한 거의 모두가 협회에서 논문을 싣자고 하기는 했지만, 자료의 내용이나 집필 내용은 당사자들이 책임이 있는 것이니 이 문제는 협회와 직접 관련을 시키지 않는 것이 좋다는 의견이었다. 이것은 지금까지 특히 김종상 씨와 내가 알고 있는 사태에 대한 견해와는 다소 틀린다. 그러나 대다수의 의견이 그렇고, 또 이 사태를 협회 자체가 좀 더 많은 책임을 짐으로서 야기되는 복잡한 문제를 피할 필요도 있을 것 같아 그럼 그렇게 아주 책임의 한계를 정하고 견해를 통일하자고 했다. 이래서 이 책임은 소위 피소자들이 직접 지고 처리하도록 하자고 결정하게 되었다. 따라서 실질적인 필자인 내가 거의 모든 책임을 지게 된 것이다.

다음에 피소인 공동 명의로 나가는 경위서 토의였는데, 그럼 이것은 이사회에서 토의할 성질이 안 되는 것 아닌가 했더니, 이사회에서 문안을 검토하는 것이 유익해서 하는 일이니 상관없다고 해서 내가 읽어 주고 모두 내용을 검토했는데, 한두 군데 진술 내용을 고쳤을 뿐이다.

다음에 이재철 씨 제명 문제였는데, 이 씨가 이번 일에 분명히 자기 할 일만 생각해서 단체 해산이니 하는 것을 추진하기 위해 결과적으로 이적 행위를 한 것이 사실인 만큼 제명하는 것이 마땅하나, 사태가 이런 때에 한 사람이라도 적을 더 만드

는 것이 불리하다는 결론이 나와 제명은 보류하고 이 사태가
끝날 동안 이사회 출석을 중단시키거나 아니면 이를 제외한
비공개 이사회를 열기로 하였다.

이준범 씨는 이날 나와서 아주 이번 일에 분개를 한 것같이
얘기를 했는데, 특히 송이 신문에 발표하기를 문협의 중재까
지 거절하고 사생활에 문협은 간섭 말라고 했다는 것을 읽고,
이놈 참 엄살을 피워도 분수가 있지, 천지에 이런 놈이 어디 있
나 하고 웃었다.

다 마치고 경위서를 바삐 수정한 다음 이것을 내일 프린트사
에 주어 등사를 해서 사무국에서 발송을 맡기로 했다. "협회와
직접 관련이 없는 것이라면 이런 것 발송도 당사자들이 할 것
아닌가" 했더니 박종구가 "회원의 권익 보호를 위해 회가 여러
가지 일을 할 수 있다는 조항이 있거든요" 해서 내버려 두었다.

나는 그동안 너무 오래 서울에 머물게 되어 학교가 걱정되어
일단 돌아가 보아야겠다고 생각되어 이원수 선생께 얘기해서
내일 아침 떠나기로 했다. 이원수 선생은 지금은 정체 상태가
되어 달리 어떤 진전이 없는 이상 여기 이대로 있을 수 없으니
학교 갔다가 연락이 있으면 곧 오도록 하라고 했다. 김종상 씨
는 "선생이 그래도 여기 와 있으면 이원수 선생님도 힘이 되어
날마다 나오시지만, 이 선생 가시면 또 잊어버리고 말거든요.
그래 애는 나만 태우지요. 그러니 갔다가 곧 오실 준비하도록
해 주시요" 했다. 밤늦게 겨우 잘 수 있었다.

1975년 9월 18일 목요일~19일 금요일

아침부터 '표절 동시론'을 정서하고 있는데 낮에 전보가 왔다. "곧 상경 바람 이원수"란 전문인데 발신이 마포가 되어 있으니 종상이가 친 것은 분명하다. 무슨 일인가? 오후 4시경까지 원고를 정서해서 밤차로 상경하기로 했다. 아내는 모레가 추석인데 하고, 이번 추석은 떡도 그만둔다고 하면서 산등성이까지 연우를 업고 전송해 주었다.

밤 11시인가 12시에 완행이나 보급이 있는 것을 타려고 하였더니 뜻밖에 추석 때문에 임시 열차가 밤 11시에 특급으로 있었다. 오늘 밤부터 있는 것이라 모두 몰라서였는지 타는 사람이 적어서 좌석을 얻을 수 있었다.

아침 5시 청량리 도착. 종로에 가서 곧 김종상 씨한테 전화를 거니, 빨리 자기 집으로 오라는 것이다. "이제 마지막 결정을 지어 버려야겠으니 빨리 우리 집으로 와 주십시오" 하는 것이었다. 차를 잘못 타서 영등포까지 갔다가 되돌아서 택시를 타고 8시가 지나 김 선생 집에 갔다.

결국 검찰청에서 소환장이 나왔는데, 이영호가 교련 고문 변호사 모 씨에게 물어보니, 법정투쟁에서 이기든 지든 관계없이 공무원으로 있는 사람은 자꾸 소환이 되고 하면 휴직이 되기 쉽다고 해서 아무리 생각해도 안 되어 이영호가 이상현이를 만나 협상을 했는데, 그 결과 우리가 사과를 겸한 해명서를

내면 저쪽에서 고소장을 취하해 주기로 했다는 것이다. 그런
데 그 해명서 문면 내용에 내 이름이 들어가고 사과를 한다는
말이 있으니 잘 보고 부디 승낙해 달라는 것이다. 이원수 선생
과 내가 제일 문제인데, 이원수 선생은 "우리 쪽에는 왜 공무
원이 또 그래 많은가" 하고 탄식을 하면서 이영호가 하도 역설
하는 바람에 마지못해 승낙하셨다고 하면서 "이제 이 선생만
남아서 기다리는 중입니다" 했다.

나는 그 계약서 내용과(계약서에는 해명서 말고도 두 가지
조건─문제의 그 논문에서 송의 작품에 언급한 부분을 삭제해
서 그 《동시, 그 시론과 문제성》 책자를 백 부 송에게 준다는
것과 다음 회지에 송의 반론을 게재해 준다는 내용이 들어 있
었다) 해명서 문면을 읽고 "할 수 없지요. 그래 추진해 주시
오" 했다. 할 수 없었다. 그리고 내가 사과한다는 것도 그 논문
이 근본적으로 잘못되었다든지 또 송의 작품이 모작이 아니라
는 것이 아니고, 송의 작품을 안 실어도 되었을 것인데 그런 자
리에 낸 일에 대한 사과라고 나는 해석했던 것이다.

아침을 먹고 김종상 씨는 학교를 오늘만 결근해서 〈조선일
보〉, 〈신아일보〉 두 곳에 가서 광고를 내고 이상현이를 만나 곧
소 취하를 하도록 말하기로 했고, 나는 여관에 들어가 '모작
동시론'을 송의 작품은 직접 언급하지 않고 일반론이 되도록
고치게 되었다. 여관은 원갑여관 이웃에 있는 좀 싼 곳에 들었
다. 여기는 하루 8백 원이다.

김종상 씨는 오후에 궁다방에서 신문사에 갔던 경과를 얘기하는데, 조선에서는 광고료 16만 원을 11만 원으로 해 주었고 신아에서는 11만 원을 5만 원으로 해 주더라는 것이다. 그러면서 신아에서 이번 일에 우리를 위해 특별히 후의를 베풀어 준 것을 잊을 수 없다 했다. 나도 정말 고맙게 생각했다. 그런데 광고료를 김 선생이 어디서 구했다면서 그 돈의 출처는 이 선생이 알 필요가 없고, 걱정할 필요가 없다 한다. 나는 그럴 수가 없다, 이번 일이 내 책임인 만큼 광고료 모두 내가 내겠다(사실은 며칠 전 집에서 이원수, 김종상, 이영호 여러 사람 앞으로 필요하면 변호사 선정을 해 달라 내가 비용을 대겠다고 편지했던 것이다) 했다. 그러나 김종상 씨는 군이 거절하면서 꼭 그렇다면 자기가 요청하는 액수만 내 달라면서 5만 원을 말했다. 그러나 나는 그 나머지 11만 원이 어디서 나오겠나 궁금하고 걱정이 되어 그럴 수 없다고 했다. 좌우간 오늘은 은행 볼 일이 될 수 없으니 월요일에 보자고 했다.

김종상 씨는 오늘 부탁한 신문광고가 오늘 날짜 신문에 나가도록 특별히 해 주겠다고 하기는 했지만, 이 광고가 나가더라도 그 광고문 얻어서 서류를 만들어 고소 취하장을 접수시키는 절차가 있는 만큼 이 선생은 좀 지루하지만 월요일, 화요일 지나서 경과 봐서 돌아가시라 했다. 나도 그래야 할 것 같아 그렇게 하겠다고 했다.

1975년 9월 21일 일요일

성남 처가에서 오후 2시까지 걸려 '모작 동시론'을 수정했다. 이영호는 이제 화해해서 이 일을 좋도록 처리해 놓았으니 제발 발표하지 말아요, 발표하더라도 좀 때가 지나서 하는 것이 좋겠어요, 했지만 이원수 선생은 꼭 어디 주고 가라고 했다. 그것도 될 수 있는 대로 빨리 나오도록 하라는 것이다. 그래서 송명호와 직접 충돌이 안 되게 많이 고친 것이다.

오후에 나와 여관에 들어갔다.

1975년 9월 24일 수요일

오전에 이원수 선생님이 여관에 찾아오셔서, 같이 검찰청에 갔다. 생전 처음 가는 곳이다. 409호 검사실 담당 검사 최영철이라는 표시가 달려 있었다. 들어가니 뜻밖에 친절히 대해 주어 마음을 놓았다. 이원수 선생부터 먼저 하는데 가족, 주소, 본적, 학력, 경력 등으로부터 시작해서 송의 고소 내용에 대한 것까지 약 40분은 걸렸다. 이 선생님이 나가시고 내 차례가 되었는데 나는 30분가량 되어 마쳤다. 검사 신문 중에 '표절 동시론' 중 '표절 동시'를 유별한 대목이 있는데 그것을 읽어 보이면서 송의 '시골 정거장'이 그 유별 속에 예시되어 있으니 이것은 분명 표절 작품으로 말한 것 아닌가 했다. 나는 그런 종류를 나눈 것은 기억나는데, 그 속에 송의 작품을 넣은 기억은 없기에 "그런 진술은 좀 잘못된 것 같습니다. 그런데 표절 작품의 종류를 찾다 보니 송의 작품이 모작이란 점을 잊어버리고 거기 나온 작품을 모두 든 것 같습니다. 그러나 그 글 전체로 봐서 분명히 송의 작품은 모작이라고 지적해 두었으니 그런 부분의 예시는 큰 문제 안 될 것으로 압니다"고 대답했다. 이원수 선생도 이 부분에 대한 의견을 질문받았는데, 이 선생은 나와는 달리 표절작의 종류가 아니라 모작을 포함한 표절에 가까운 작품도 다 거기 포함시킨 것으로 본다고 대답했던 것이다.

그런데 나중에 나오면서 생각하니 "표절작의 종류"가 아니라 "표절류의 종류"라고 썼던 것이 비로소 기억에 되살아났다. 그렇다면 내 대답이 잘못되었다. 이원수 선생이 옳게 말씀하신 것이다. 왜 내가 그 글의 내용을 기억 못 했을까. 그리고 검사가 물을 때 그 책을 좀 보자 하고 읽기만 했더라도 정당한 답변이 나왔을 것을, 하고 후회했다. 원인은 이제 고소가 취하되었는데 검사에게도 내가 겸손하게 대해야겠고, 또 자꾸 내 생각을 내세우는 것도 귀찮다고 생각한 태도 때문이었던 것이다. 검사가 또 하나 물은 것은 "아직도 송의 작품이 모작이라고 생각합니까?" 하는 것인데, 여기서는 "송의 작품이 최계락의 것을 모작했다고 했지만 그보다 더 닮은 것이 있고, 또 이런 종류의 작품이 많습니다. 그러나 이제 일이 좋게 되었는데 굳이 내 생각을 세우고 싶지 않습니다"고 대답했다. 검사는 마지막에

"이런 것은 서류를 만드는 데 필요해서 묻는 것이고 별다른 의도는 없습니다. 고소장은 취하된 것이니 염려 마셔요. 그리고 송명호의 작품을 비평한 문구를 보니 너무 지나친 것 같은데 그렇게 비판하면 누구든지 화를 낼 만큼 되었지요. 평론을 많이 쓰시는 것 같은데 앞으로 좀 조심해 주십시오" 했다. 나는 수고 많으셨습니다, 하고 나왔던 것이다.

궁다방에 와서 이원수 선생을 만나 내가 대답한 얘기를 했더니 왜 좀 강력하게 주장을 안 하고 그랬나 하셨다. 그러면서 오후에 나가는 김종상, 이영호는 여기 오라고 해서 좀 우리 편의 주장을 강력하게 말하도록 얘기해 놓아야겠다고 하셨다. 그리고 이원수 선생은 또 그 '모작 동시론' 꼭 어디 발표하도록 해 놓고 가라고 해서 대구 정재호 씨한테 전화 연락으로 한번 상경해야 되겠다는 부탁을 해 놓고 여관으로 가서 또 '모작 동시론'의 앞뒤를 고쳤다.

오후에 이원수 선생은 집으로 들어가시고, 내가 이현주, 김종상, 이영호를 궁다방에 불러 얘기를 해서 검찰청으로 보냈다. 보내면서 오늘 저녁에 윤부현이랑 모두 나오라 해서 내가 술을 좀 내겠으니 꼭 나와 달라고 했다.

그런데 저녁에 원고를 한남철 씨한테 주어서 부탁해야겠기에 창비에 가서 염무웅과 신경림 씨를 같이 데리고 광화문 우체국 앞 자이언트에 가서 술을 마셨다. 나는 술자리가 거의 다 되어서 한 씨에게 원고를 주고 〈현대문학〉이나 어디 낼 만한 곳에 주어 달라고 부탁하면서 너무 부담감을 가져서는 안 되니 되는 대로 해 달라고 했다. 한 씨는 내가 쓴 '부정의 동시' 중에 요즘 시대를 감각의 개방 시대라 본 것 참 그렇구나 싶었다면서 이 선생의 글이야 더 말할 필요가 없다고 했다.

자이언트에서 나와서 한 씨는 다른 곳으로 가고, 신, 염, 나 세 사람이 이번에는 광화문 지하도를 건너 범우사 가는 골목에 있는 아주 한적한 술집에 들어갔다. 거기서 11시까지 맥주를 마시면서 아가씨 둘과 모두 다섯이서 노래를 부르고 했는데, 염 선생이 노래를 자꾸 부르면서 아주 유쾌한 듯했다. 나는 부드러운 노래가 없어 애를 먹었다. 신 씨는 나를 보고 이제부터 형님이라 할 테니 동생이라 부르라고 했다. 염 씨도 "그게 참 좋겠어요. 이 선생님은 너무 예의를 차리고 해서 우리 젊은 사람들이 매우 곤란하니 좀 그러지 마셔요. 나는 너무 어려서 형님이라 부를 수 없고, 큰형님쯤 부르면 될 터이지만……" 했다. 그러나 나는 아무래도 그럴 기분이 안 된다. 왜 그럴까? 이 사람들에 비해 내가 문학이나 학문이 못 미친다는 것을 생각하는 때문인가. 아니면 술을 못 먹고 색시들 다루는 취미가 없어서 그들과는 아무래도 거리감을 느끼기 때문인가? 알 수 없다. 정말 "동생! 경림이!" 하고 부를 수 있으면 얼마나 좋겠나. "뭐 꼭 동생이라고 할 것 있어요? 나이 10년, 20년 차가 있어도 서로 ○ 형, 하고 부르는 게 좋지 않아요. 형이고 동생이고 할 것 없이 서로 평등한 위치에서 사귀는 것이 더욱 친근한

맛이 있지 않을까요" 했지만 아무래도 나는 이런 점에서 뭐가 부족한 것 같다.

11시가 좀 지나 거리에 나왔는데 신, 염 두 사람은 또 어디가 한잔할 듯이 곧 헤어지지 않는 것을 보고, 나는 또 볼일이 있다고 하고 헤어져 여관에 왔다.

여관에서 전화로 김종상 씨한테 알아보니 8시까지 기다리다가 갔다고 한다. 참 미안했다. 다른 사람들이 안 왔으니 다행이다. 김 선생은 또 오늘 〈경향신문〉 보았는가 한다. 못 봤다 했더니 〈경향신문〉에 기사가 났는데 〈한국일보〉와는 달리(〈한국일보〉는 23일 자로 또 거짓스런 악선전을 해 놓았던 것이다. 이 한국의 기사 때문에 송도 언짢게 여기더라 했다. 모처럼 협상이 되도록 해 놓았는데 왜 또 그런 기사를 냈나 하고 말다툼했다는 것이다) 우리 편에 이해를 표시하는 내용이라고 하면서 "이 선생 말도 있었습니다" 했다. 내가 그동안 〈경향신문〉 기자를 만난 일이 없는데 무엇을 썼는가. 아마 지난번 얘기한 것을 일부만 내었다 싶었더니 나머지 것을 이번에 내었는가 하는 생각이 들었다.

이원수 선생께 전화로 내일 아침 간다는 연락을 드리고 윤부현 씨한테 고맙다는 인사를 하고, 이재철이한테도 수고했다고 했다. 이재철은 낮에 내가 없는 동안 여관에 찾아와 명함을 두고 간 것이다. 나중에 생각해 보니 이재철이한테 그럴 필요가 없었다는 생각이 들었다.

12시가 지나 〈경향신문〉을 사려고 해도 안 되어 그만 자게 되었다.

1975년 9월 25일 목요일

아침 7시 40분 차로 청량리에서 타고 왔다. 송이 고소한 지 꼭 한 달 만에 이렇게 이 사건은 결말이 지워졌다. 춘양서 올 때 산 밑에 와서 냇물에 목욕을 하고 내복이고 양말까지 빨아서 오래간만에 맑은 기분으로 산길을 걸어왔다.

이번 사건에서 내가 배운 교훈 몇 가지를 적어 본다.
1. 평론을 쓰되 개인적인 작품 평은 되도록 완곡하게 평을 할 것.
2. 중요한 원칙 문제를 많이 다룰 것.
3. 아주 쓸모없는 작가의 것은 애당초 언급하지도 말 것.
4. 절대로 개인적인 사감을 나타내서는 안 된다.
5. 앞으로 보다 적극적으로 활동해야겠다.

이번에 새로운 사실을 발견한 것은
1. 아동문학 작가의 대부분이 아동을 위해 문학을 하는 것이 아니라 입신양명을 위해 글을 쓰고 있다는 사실.
2. 이번 일에 나를 걱정해서 도와주려고 한 사람들의 이름을

적어 둔다.

3. 이번 일에서 나를 수단 방법을 안 가리고 해치려고 한 인간을 여기 적어서 영원히 기억해 두고 싶다.

1975년 11월 25일 화요일

삼동 2리 이장, 새마을 지도자, 재건교 후원회장 등 네 명과 같이 교육청에 갔다. 오후에 들어가니 관리과장은 온 지 얼마 되지 않아 잘 모르고, 관리계장이 뒤숭숭한 얘기를 해서, 같이 간 네 사람을 관리과에서 얘기하도록 버려두고 교육장실에 올라갔더니 교육장이 전혀 뜻밖의 소리를 했다.

즉, 눌산학교에 교실을 세 개 짓기로 하고 이웃 학교에서 학구 변경을 해서 아동을 좀 흡수하기로 해 놓고 그래서 도교위에 신청을 해서 교실 배정을 받았다는 것이다. 지금 교실을 짓기로 되어 오늘 입찰을 보려고 하고 있는데, 전에 진정서 내어 눌산교로 가겠다 해 놓고 한 해가 다 된 지금에사 번복하다니, 진정서가 잘못되었으면 번복하는 진정을 진작 하지 않고 왜 이제사 낸다고 야단들인가, 하는 것이다.

나는 "그건 저로서 전혀 뜻밖의 일입니다. 지난 3월 교육장님이 처음 오셨을 때 저는 학교교육 계획 보고하면서 학구 문제를 상세히 얘기드렸더니 교육장 말씀이 중학교 학구는 눌산에 가도 명호면은 여전히 명호중학에 가야 하니 주민들에게 가서

328

그리 알리고, 다음에 그만한 거리의 차이가 있다고 학구 변동은 안 할 터이니 걱정 말고 가라, 그런 일은 교육청에 올 필요가 없다. 이렇게 확언을 하신 일이 있어 저는 그때 삼동 주민들에게 그렇게 알렸습니다. 그래서 그곳 사람들은 모두 그렇게 알고 있지요. 그런데 이제사 저도 모르게 교육청에서 그렇게 결정했다면 어떻게 제가 말하겠습니까? 저의 입장이 곤란하니 부디 교육장님 직접 저 아래층에 와 있는 사람들에게 직접 좀 말씀해 주십시오" 이렇게 말했더니 교육장은 자기가 이번 일을 결정하기 전에 직원들을 여러 번 보내 중학교는 명호중학에 가야 하니 그대로 눌산교에 갈 사람은 희망하라고 해서 주민들의 의견을 들어 보니 역시 눌산으로 가려고 해서 그렇게 정했다고 하면서 관리계장을 오라고 해서 얘기를 하게 했다.

관리계에서는 그동안 몇 번이나 현실 조사를 나가면서 눌산 교장과 같이 주민들과 접촉해서 교육장 말과는 전혀 달리 눌산으로 가면 춘양중학교에 진학하도록 해 준다 해서 여론을 수집했던 것이다.

교육장은 관리계장을 불러와서는 여론 수집을 어떻게 했는가 똑바로 말하라, 하지도 않고 그저 화만 내고 있었다. 그러면서 "난 그 사람들 안 만날 터이니 데리고 가시오. 오늘 곧 입찰 보는데 지금 가야 해요" 했다. 나는 그래도 내려가지 않고 끝까지 남아 나중에는 "교육장님, 눌산은 현재 아동만으로도 교실은 더 있어야 합니다. 그 학교 안 갈라 하는 아이들 굳이 끌어가려고 하지 않는 것이 모든 것을 무사히 해결하는 길 같은 데요" 했더니 "그럼 이렇게 합시다" 하면서 "앞으로 다시 삼동교, 눌산교, 교육청, 이렇게 공동 조사반을 편성해서 현지 조사를 정확히 해서 그것을 기초로 하겠으니 그리 아시오" 했다. 나는 "그렇게 하면 저 입장도 서고 잘되겠습니다. 부디 그렇게 해 주십시오" 하고 나왔다.

그런데 관리계장이 교육장실에 가고 없는 동안 책상 위에 있는 진정서를 모두 보게 되었는데 그 진정서가 허위로 조작되었다는 것이 알려졌다. 이장은 삼동 사람도 아닌 눌산 사람 이름이 씌어 있고 도장이 엉터리로 찍혀 있고, 이사 간 사람의 이름을 적어 놓고…… 이런 것을 수첩에 적어 온 것이다. 이장은 이것 가지고 고발한다고 했다. 밤 10시 가까이 집에 도착했는데, 도중 다른 사람들은 먹뱅이, 하착골 사람들을 찾아가서 내일 또 진정서를 만들어 모레쯤 모두 교육청에 간다고 했다. 이번에는 허위 진정서 내용을 진정하는 진정서인 것이다.

오늘 돌아오면서 이장은 "교장 선생을 지금까지 그렇게 안 봤더니 오늘 교육청에 가서 말씀하시는 것 보고 참 진정을 알게 되었다"고 했다. 나도 기뻤다. 그까짓 교육장들 비위 맞춰 동네 사람들 등지는 것보다 교육장 꾸중 들어도 지방 사람들이 나를 믿어 주는 것이 마음 편한 것이다. 학교는 교육장이 주인이 아니다. 아이들과 그들의 부모가 주인이어야 하니까.

1975년 11월 29일 토요일

아침에 이장을 만나서 그저께 교육청에 갔던 일을 물으니 교육장이 "굳이 눌산에 가지 않을라고 하면 안 보내겠다"고 하더라 했다. 그러면서 같이 갔던 사람들을 모두 교육청 마당에 기다리게 하고 교육장실에 올라갔다 오는 사이에 관리계 직원들이 또 마당에 내려와서 거기 기다리는 사람들에게 "눌산에 가면 우리 모가지가 잘리더라도 춘양에 보내 준다는데 왜 그러나?"고 했다 한다. 그래 할 수 없이 또 거기 남아 있던 사람들 중 대표 세 사람을 뽑아 교육장실에 보내어 "중학교는 여전히 명호로 가야 된다"는 교육장 말을 직접 듣고 오도록 했다 한다. "이제 그것들 무슨 말을 와서 해도 곧이 안 들을 겁니다" 했다. 정말 관리계 직원들이 매수당한 것이 틀림없다고 생각이 되었다.

그런데 낮에 등기로 공문이 왔는데 보니 교장이 부당하게 학구 변경 문제에 관여 말라는 내용이다. 그리고 교육법 몇 조에 의해 행정적으로 조치할 것이라 해 놓았다. 이장한테도 공문이 등기로 왔는데 거기도 지방민들의 진정 내용은 충분히 고려할 여지가 있으나 교육법 몇 조에 따라 처리할 것이란 내용이다. 홈재 반장에도 그런 공문이 왔다는 말이 들린다. 교육장이 제 배짱대로 할 모양이다. 그가 하는 일은 그가 나한테 한 말과는 아주 다르다. 그리고 교육장은 나를 아주 의심하고 있는 것이 틀림없다. 그저께는 홈재 반장이 와서 "눌산 교장은 아이들 뺏아 가려고 온갖 애를 쓰면서 동네로 교육청으로 다니는데 삼동 교장은 너무 관심이 없다"는 비난의 말을 하는 것을 들었다. 지방 사람은 그들대로 나를 원망하고 교육장은 교육장대로 나를 불신하고 있다. 그러나 나 자신은 조금도 부끄러운 짓을 한 일이 없다고 생각해서 마음이 편안하다.

교육장이 제 배짱대로 하려는 것은 아마 학구 변경을 강행할 모양이겠지.

1975년 11월 30일 일요일

교육장 앞으로 편지를 길게 썼다. 지금 내가 처해 있는 입장을 변명하고, 그리고 교육청에서 일방적으로 이 문제를 처리해서 학구 변경을 강행할 경우 오게 될 부작용을 걱정하는 내용이다. 열 장이나 되었다. 이것은 내일 등청하는 청부 편에 부쳐야겠다.

1975년 12월 5일 금요일

교육헌장 선포 7주년 기념식에 우리 학교 체육진흥회장 김성규 씨가 표창을 받게 되어 혼자 보낼 수 없고 할 수 없이 같이 가게 되었다. 식은 문화원에서 있었는데 표창 받는 사람이 교장, 교감, 교사 그리고 교육청 직원, 지방 인사 모두 수십 명이었다. 문교부 장관 표창장 받는 사람이 몇 사람, 교육감 표창 받는 사람이 몇, 그 밖에는 모두 교육장 표창장이다. 그런데 수상자 명부 보니 제일 첫머리에 문촌교 이창후 교장이 나와 있었다. 이 사람이 상을 받다니! 그가 있는 문촌학교는 아이들 수가 한 학년이 스무남은 명씩인, 분교장에서 독립한 학교인데, 작년에 새 교실을 여섯 칸 지었다 한다. 전에 있던 교육장이 그의 친구라 한다. 이런 곳에 와서는 다 찌그러져 가는 변소 보고 꼭 지어 주겠다 해 놓고 소식도 없더니 교실 모자라 쩔쩔매는 학교가 많은데 필요 없는 집을 아첨하고 상납(물론 추측이지만 충분히 그러고도 남을 사람이다) 잘하는 학교에 지어 준 것이다. 그리고 이 사람이 이번에 문교부 장관상을 타다니! 또 그 수상자 명부 제일 첫머리에 버젓하게 이름을 내놓다니! 이게 도대체 무슨 수작인가?

마치고 나오는데 교장들이 수군거리며 불평하는 것을 보았다. 당연히 그럴 것이다.

교육청에서 볼일을 보고 있는데 경찰서 정보과장이라면서 전화가 걸려 왔다. 좀 만나고 싶다고 했다. 학구민들의 진정서 때문이겠지, 하고 연달아 찾아온 순경을 따라 경찰서 건물 뒤편에 있는 작은 정보과 사무실로 갔더니 과장이란 사람이 나를 옆에 앉혀 놓고 아무 말 없이 라디오 뉴스만 듣고 있다. 한 시간이나 지나도록 그러고 있어, 이건 진정서 관계로 참고 될 얘기를 들어 보려는 것이 아니고 무슨 혐의가 있다고 부른 것이구나 여겨져 몹시 불안해졌다. 그렇다 하더라도 도대체 무슨 말을 해야 할 것 아닌가? 나도 라디오 뉴스 듣는 일이 정보과장으로서 중요한 일인가 생각하기로 했지만, 뉴스 다 듣고 우동을 청해 점심을 혼자 먹으면서도 별 말이 없다. 경찰서란 곳은 이런 풍속인가 보다, 하고 생각해도 아무래도 이상해서 불안하기만 하다.

내가 쓴 글이 불온하다는 것이 정보부나 어디서 판단되어 연락이 왔는가? 이번에 창비 겨울 호에 나온 논문이 문제 되었는가? 그럴 리가 없을 텐데…… 온갖 생각이 다 드는데, 그때 갑자기 앞문이 열리며 두 사람이 들어오면서 그중 한 사람이 정보과장에게 "왔습니까" 하고 묻더니 내 앞에 와서 활짝 웃어 보이면서 "삼동 교장 선생님입니까? 정보부에서 온 ○○○입니다" 했다. 나는 결국 '그렇구나. 무슨 일이 있었구나' 비로소 깨닫고, 차라리 불안이 없어진 마음으로 "예, 그렇습니다. 웬일로 오셨습니까?" 했다. "방금 선생님 댁을 갔다 오는 길입니다. 이게 선생님 서재에서 가져온 책입니다" 하면서 손에 든 종이에 싼 뭉치를 보인다. "무슨 책인데요?" 하니 "왜 좀 빨간 물이 든 책 안 있습니까?" 하고 웃으면서 "염무웅 씨 사건으로 조사할 일이 있으니 같이 갑시다" 했다. 나는 대강 모든 일을 순간적으로 짐작했다. "지금 가게 되면 며칠 걸릴 것 같은데 교육장님께 연락해 놓는 것이 필요할 것 같습니다" 했더니

"그럴 필요 없습니다. 차라리 안 알리는 것이 나을 거래요. 곧 올 테니" 이래서 좀 안심을 하고 나섰다. 공문이 든 봉투는 정보과장이 학교로 부쳐 주겠다고 해서 맡겼다.

영주서 서울행 특급이 2시 30분발이라 그 시간에 맞추기 위해 택시를 잡아 타려니 택시가 모두 안 가려고 해서 40분 동안이나 기다리면서 쩔쩔매다가 간신히 영주 택시를 하나 붙잡아 타고 갔다. 영주 역전에서 불고기를 대접을 받고 차표도 내 돈으로는 사지 않고 가는데 차에서 마주 앉은 두 사람은 시간이 지루해서 못 견디는 태도였다. 나는 거의 말이 없고 더구나 연행되어 가는 문제에 대해서는 일체 묻지도 않았다. 8시 반경에 정보부라는 곳에 들어갔다. 생각하던 것과는 좀 달리 보통 회사 건물 같다고 여겨졌다. 이날 밤에는 사무실 침대에서 직원두 사람과 잤다. 나는 변소에 가는데도 혼자 갈 수 없고, 일체나 혼자의 행동은 할 수 없이 되었지만 직원들은 친절했다.

1975년 12월 6일 토요일~8일 월요일

나를 연행한 것은 계장으로 있는 사람과 그 계원 이렇게 두 사람이었는데 그 사람들이 근무하는 방은 조그만 사무실이다. 나는 어젯밤부터는 그 사람들이 있는 사무실 옆의 방—여기도 똑같은 크기의 방인데, 거기 거처했고 오늘부터는 그 사무실에서 나를 맡아 조사를 하게 된 것 같았다. 아침에 가져온 밥을 먹고 앉았는데, 그 사무실에 근무하는 정보원 한 사람이 내게 몇 가지 묻는 것이 몹시 불쾌했다. "어쩌자고 불온서적을 가지고 있었는가?", "그걸 남에게 빌려 주었는가?" 하다가 "염무웅, 백낙청, 신경림 들이 명동 어디에 모여 불온한 집회를 연 것을 모르는가" 했다. 모른다 하니 "거짓말 마라. 신문도 안 보는가?" 한다. "신문 못 봤다" 하니 "라디오도 안 듣는가?" 한다. "라디오가 고장 나서 여러 달 전부터 못 듣는다" 하니 "서울 방송 안 듣고 이북 방송만 듣는구나" 해서 너무 어이가 없어 아무 대답도 하지 않았다. 그런 식으로 물었다. 이마가 좀 벗어진, 머리통이 동글한 젊은 사람이었다. 그것은 본격적인 심문은 아니고 내가 문 옆에 기다리고 앉아 있는 동안 제자리에 앉아 있는 사람이 심심하다는 어조로 묻는 것이었는데, 이제 본격적인 심문이 되면 얼마나 가혹하게 조사를 할까 싶어 몹시 걱정되었다. 어제 나를 연행해 온 옆방 사람들은 내가 도주해 버릴까 싶어 고이 데리고 오느라고 달콤한 말을 해 준 것이겠지, 하는 생각이 들었다. 나는 어제 오면서 염무웅 씨가 내 책을 몇 권 빌려 가더니 그것을 남들에게 돌렸거나 해서 문제가 난 것이겠구나 하고 추측하고 있었던 것인데, 역시 그런 것 같았다. 그런데 염, 백, 신 제씨가 명동 어디서 무슨 회합을 열었다는 것은 무엇일까? 아무튼 나는 아무것도 죄지은 일이 없고, 숨길 일도 없으니 묻는 대로 정직하게 대답해야겠다고 생각했다.

식사가 끝나고 얼마 안 되어 곧 안경을 낀 좀 날카롭게 생긴 젊은이 하나가 들어와 나를 자기 앞에 불러 앉히더니 지금부터 정식으로 심문을 하겠는데 내가 묻는 것은 개인이 묻는 것이라 생각하지 말고 대한민국 정부가 묻는 것이라 생각하고 정직하게 대답하라면서 신문이 시작되었다. 이때부터 저녁 늦게까지 신문이 시작되어 조서가 꾸며지고 진술서가 만들어졌다. 사무실에서 잠시 하다가 지하실로 내려가 거기서 두 사람만 마주 앉아 묻고 대답했는데, 나는 온종일 긴장하여 애를 쓰느라고 점심때는 국수를 가져와도 입맛을 전혀 잃어 억지로 먹었고, 저녁 무렵에는 몸에 열이 나고 몸살이 난 것 같았다.

조사관이 내게 묻는 것은 "왜 염무웅에게 불온서적을 주었는가?", "무슨 책을 주었는가?", "그 책의 내용은 어떤 것이었는가?", "염무웅은 언제 무엇하러 찾아갔고, 그때 누구와 얘기하고 술은 얼마나 먹고, 언제 헤어졌는가?", "불온서적을 왜 가지고 있었는가?", "그런 책을 가지고, 남에게 주고, 유포하는 행위가 반공법 4조에 걸린다는 사실을 모르는가?"…… 등등이었다. 나는 이런 물음에 대해 기억을 되살려 정확히 대답하려고 무척 애를 썼다. 이런 물음을 하면서도 그는 몇 번이나 자세를 고쳐 앉아 "다시 이오덕에게 묻노니, 그대는 공산주의 사상을 가졌는가? 공산주의 사회를 동경하고 있는가?" 하고 물었다. 그럴 때마다 나는 단호히 부정하는 대답을 하였다. 그는 내가 조금도 불온한 사상을 가진 것이 아니라는 것을 점차 깨닫게 되었는지, 태도가 온화하게 되어 나중에는 진술서를 쓰는 데 여러 가지로 유리한 조언까지 해 주었다. 그리고 조서를 잘 쓸 테니 다음 상관에게 가서 "죽을죄를 저질렀으니 부디 용서해 주십시오" 하고 "눈물을 흘리다시피 해서 용서를 구하라"고 했다. 그러면 용서해 줄 것이라 했다. 그리고 염무웅이 빌려 간 《에세닌 시집》을 복사해서 유포했는데, 염무웅이 입건되어 재판을 받게 되면 필연 이오덕이도 그 재판 과정에서 증인으로—지금 무죄로 풀려나간다 해도 그때 증인으로 나가는 것은 불가피하고 잘못하면 죄인으로 같이 입건된다. 우리가 입건 안 되도록 최대한 노력은 하겠지만, 불려 가게 되면 공무원으로서는 무사히 그 직책에 그대로 있을지 상당히 의문이된다고 해서 나는 몹시 불안해졌다.

저녁 늦게 조서고 진술서 같은 것 다 만들어져서 나는 과장실에 들어갔다. 과장 앞에서 나는 사죄를 공손히 빌었더니 과장은 몇 가지 내게 묻고 나서, 30년을 교직에 몸을 바쳐 왔고, 산골에서 몹시 고생하면서 교육하고 있다고 하니 그 공을 아끼는 생각으로도 잘못을 용서해 주고 싶다. 그러니 부디 앞으로는 국가 사회를 위해서 더욱 아동교육에 헌신하고, 또 좋은 문학작품도 계속 쓰도록 하라는 말을 하면서 "그러나 오늘은 이미 시간이 늦어 상부의 결재를 내야 하니 내일은 일요일이고, 월요일까지 한 이틀 유치장은 아니지만 가서 고생하면서 여러가지 반성을 해 주시오" 해서 나는 감사합니다 하고 가져온 우유를 대접받고 나왔다.

어디서 이틀을 "유치장은 아니지만" 들어가 있어야 할 곳이 있는가 했더니, 택시를 타고 정보원 두 사람을 따라 거기서 거리를 나와 얼마 안 되는 또 다른 건물 앞에 내려 들어갔는데 엘리베이터를 타고 올라갔는지 내려갔는지(나중에 염 선생 얘기 들으니 지하로 내려갔다고 한다) 한참 가서 나와 보니 건물의 현관 같은 곳이고 거기서 나는 소지품 일체를 허리띠와 넥타이까지 맡기고 영수증을 받고는 어떤 넓다란 방에 들어가게 되었다. 다섯 평 남짓한 방인데 좀 높다랗게 합판으로 침상을 만들어 놓은 곳에는 사람이 서너 사람 잘 수 있도록 해서 시장에서 파는 싸구려 요를 몇 장 펴 놓았고, 담요를 몇 장 한쪽에 개어 놓았다. 변기가 저쪽 구석에 있고 그 밖에는 아무것도 없다. 나를 인계받아 데리고 온 사람은 거기 누워 쉬시오, 하면서 "선생님의 행동은 우리가 밖에서 다 보고 있습니다" 해서 이 방에 무슨 장치를 해서 바깥에서 안의 거동을 모조리 환하게 보고 알도록 해 두었는가 싶어 몹시 불쾌한 기분이 들었다. 그런데 나중에 밤중에도 몇 번이나 문을 열어 보고 하는 것을 보니 그렇지도 않은 것 같다. 자주 와서 문을 열어 조사해 보겠으니 행동을 조심하라는 말이구나 해석되었다.

방을 좀 치웠다. 창도 하나 없고 소리도 들리지 않고(약간 차소리가 들리기도 했지만) 천장에 전등이 두 개 비추고 있을 뿐, 도대체 시간을 알 수 없다. 밤인지 낮인지 몇 시가 되었는지 알 길이 없다. 다만 밥 들어오는 것을 표준해서 아침저녁을 짐작하고 날이 간 것을 요량하는 길밖에 없었다. 토요일 밤, 그 다음 날 낮, 밤…… 이렇게 약 40시간을 거기서 누웠다가 앉았다가 변소에 갔다가 하는데 밥은 충분히 먹을 만큼 되고 반찬도 나쁠 것 없지만 첫날 밤은 잠이 잘 오지 않았다. 그래서 늘상 누워 있었고 누워 있을 수밖에 없어 이것저것 생각하는 동안 온갖 사태에 따른 각오도 되고 좀 마음이 놓여 잠도 충분히 잤다. 무엇을 연락하고 싶으면 방문을 두드리라고 했지만 방문은 한 번도 두드리지 않았다. 휴지도 없어서 처음부터 요구했더니 한 뭉치 갖다 주어서 그것을 썼다. 세수를 하게 해 달라고 밥 가져올 때마다 말했더니 그러겠다 하면서도 끝내 세수를 시켜 주지 않았다. 그래서 휴지로 얼굴을 자꾸 문질렀다. 이 휴지 뭉치는 베개도 되었다. 담요를 두 장 겹쳐서 덮었더니 첫날 추웠다. 추워하는 것을 알아차리고 담요 두 장을 더 가져다주어서 잘 덮었다.

월요일 아침밥을 먹고 두어 시간 동안 몹시 불안하고 고민했다. 왜 데려간다더니 아무 소식이 없나? 또 무슨 사건이 있는 것이 아닌가? 내 작품을 분석해서 좋지 못한 구절이 있다는 것을 이유로 하여 기어이 입건하려는 것이 아닌가? 온갖 생각이 들어 나는 불안해 참을 수 없어 일어나 옷을 입고 꿇어앉아 기도를 드리기도 했다. 그러고 있는데 갑자기 문이 열리더니 "이 선생! 수고했소! 이제 나갑시다!" 해서 보니 얼굴에 가득 웃음을 띤 매우 인상 좋게 생긴 후덕스런 젊은이가 들어오지 않는가! 나는 비로소 살아난 기분으로 벌떡 일어섰다. 그러면 그렇지. 내가 무슨 죄인이라고!

나는 엘리베이터를 또 타고 나와 소지품을 찾고(그 소지품 영수증을 보니 "피의자 증거인 구치소"라고 씌어 있었다) 그 젊은이와 같이 차를 타고 나와 다시 처음 갔던 건물에 들어가 약 한 시간 동안 지하실에 들어가 앉아 결재를 기다렸다가 과장실에 가서 또 차 대접을 받으면서 여러 가지 훈계 말씀을 듣고 나는 또 사죄를 하고 결의를 표명하고 나올 때 여비 하라고 돈 2천 원까지 받아서 나왔다. 그리고 나를 취조하던 조사관이 있는 방에 들어가 계장님을 만나 또 감사하다는 말을 했다. 그 계장은 좀 뜻밖의 말을 했다. "정보부의 어느 국장님이 어제 전화를 걸어 왔는데, 이번 일을 묻고 큰 잘못이 아니면 잘 해결하는 것이 어떤가 해서 무사히 되도록 조치했다고 대답했는데, 이번 일은 본래 무사히 끝내려고 하였지만 국장님의 부탁도 있고 해서 더욱 잘되었으니 나가면 그분에게 인사드리는 것이 좋겠습니다" 했다. 나는 그 계장의 말에서 아내가 상경한 것을 비로소 알았다. 거기서 최초 나를 연행하여 간 봉화까지 온 두 사람이 있는 방에도 들어가 인사를 하고, 몇 사람의 주소와 성함을 적어서(돌아가서 인사 편지 드리겠다고) 나왔다. 조사관은 처음엔 창비 같은 불온 분자들과 어울리지 말라고 하더니 나중에는 염무웅 씨도 오늘 나가게 되었으니 나가서 만나 보라고 했다. 그 사람이 선생님께 미안하다고 사과하고 싶어 한다고 했다. 그렇잖아도 염 선생을 만나고 싶어 하던 참이었다. 정보부 문을 나올 때 오후 2시쯤 되었다.

구치소 문을 열면서 "이 선생 수고했소!" 하던 그 청년이 나를 데리고 염 선생이 기다리고 있다는 어느 다방까지 안내해 주었다. 참 고마운 분이었다.

염 선생은 몹시 미안스러워했다. 나는 염 선생이 놓이지 않을 것 같아 몹시 걱정했는데 이렇게 나오게 되어서 무엇보다도 기쁘다고 하고 같이 나와 창비에 갔더니 창비 사무실에 창비의 영웅호걸들이 꽉 차도록 앉고 서고 해서 기다리고 있어서 위로해 주는데 부끄러웠다. 알고 보니 신경림 씨가 제일 먼저 연행되어 가고 다음 염 선생, 다음 백 선생과 나였다. 백 선생은 하룻밤 있다가 나왔다던가. 다른 사람은 모두 오늘 나온 것이다.

백, 염 두 선생의 부인도 나와 있어서 인사했다. 거기서 나가 디즈니에 가서 이원수 선생을 만나 비로소 정보부 어느 국장인가 하는 분이 전화를 건 경위를 알 수 있었다. 아내가 걱정이돼 상경해서 이원수 선생을 만나 얘기했더니 이 선생님이 김종상 씨를 불러내어 김 선생 학부형 중에 전에 '표절 동시론' 사건으로 책을 보여 의논한 일이 있는 바로 그 사람에게 부탁해 보자고 해서 그래 모두 그분 집을 찾아가 부탁한 모양이었다.

삼미집에서 곧 김종상, 이영호, 박홍근 제씨와도 만나고 밤차로 내려왔다.

1975년 12월 23일 화요일

교장 회의가 있어 봉화에 갔다 오니 8시가 되었다. 우편물이 온 것 가운데 송재찬 씨 편지와 서울의 윤한섭이란 사람의 이름이 있어 수첩에 적어 둔 이름을 찾아보았더니 전에 정보부에서 나를 담당해서 조사한 사람이었다. 인사 편지를 다섯 사람인가 앞으로 냈는데 회답이 겨우 한 사람한테서 왔구나 싶어 뜯어보니 아주 뜻밖의 말이 적혀 있다.

그때 정보부에서 나와 창비에 가서 내가 무슨 좋지 못한 말을 한 것이 알려져서 윗사람들이 나를 아주 의심하고 있다면서 왜 그런 말을 했는가 즉각 해명을 해 달라, 앞으로 "이 선생을 관찰"해야겠다는 사연이다. 그때 창비에서 내가 무슨 말을 했던가? 몹시 걱정이 되어 즉각 그때의 일을 생각해 내 소상히 적어 편지를 썼다.

창비 사무실에 이젠 가지도 않아야 될 것 같다. 일체 사람들 만나지 말고 만나도 말을 안 해야겠고 서울에도 될 수 있는 대로 안 가야겠다는 생각이 든다. 온갖 걱정과 생각이 들었다.

1976년 2월 3일 화요일

이원수 선생이 내 논문이 실린 〈창작과비평〉지를 몇 권 구할
수 없는가 해서 창작과비평사에 가서 몇 권을 샀다. 내가 수상
하게 되면 평론 부문이 될 것이라고 한다.˙ 그리고 지난번 심
사위원 회의 때 이재철이가 내 수상을 적극 반대했다면서 몹
시 언짢은 어조로 이원수 선생이 얘기하실 때, 나는 처음 조대
현에게 상을 주는 것이 좋겠다고 생각하고 그렇게 말했지만,
이재철 씨 언동이 괘씸하고 우리 아동문학을 바로잡기 위해서
도 내가 받는 것이 좋겠다는 마음이 들었다. 내가 받는 것이 내
개인이 받는 것이기보다 나와 같은 정직한 발언과 생각을 하
는 많은 사람에게 용기를 주기 위해서 내가 편의상 대신해서
받는 것이라고 생각되었기 때문이다. 이것이 내가 상을 받기
위해 스스로를 합리화한 이론인가? 아니다. 결코 아니다. 그까
짓 상 받는 것이 무슨 대순가. 다만 나는 아동문학을 바로잡고

●아동문학 평론 '부정의 동시'로 한국아동문학가협회에서 주는 제2회 한국아동
　문학상을 받았다.

싶은 일념뿐인 것이다. 저녁에 삼미집에서 창비 책을 이원수 선생께 드렸다. 이원수 선생은 전적으로 나를 지지하시는 것 같았다. 들으니 이재철이는 이번 수상 논의에서 박홍근 씨와 도 몹시 다투었다고 한다. 조대현 동화집의 발문 논평이 전혀 당치도 않다고 이 선생은 말씀하셨다.

1976년 2월 28일 토요일

인사 발표는 아무 소식이 없다. 파동 국민주택 하나를 사고 싶지만 미리 사 놓을 수도 없다.

오전 8시 고속으로 신창호와 상경.

시상식은 오후 3시 기독교 태화관에서 열리게 되어 있어 12 시에 디즈니에 가니 권정생 씨는 벌써 와서 여관에 있다고 하고, 대구서 김성도, 하청호, 강준영, 김녹촌 등은 좀 늦게 오는 모양이다.

김종상 씨 만나 얘기 들으니 조대현의 수상을 사무국 직원이 달갑잖게 여기고 이번 총회와 시상식 준비에 협조를 안 하는 모양이다. 조 씨가 인품이 그런 사람이라고 했다.

시간이 다 되어 식장에 가 보니 회장 꾸미느라 이제야 부산하다.

모인 사람 모두 50명이 되었을까? 앞에는 심사위원들과 회 장단, 협회 이사장 조연현 씨가 앉고 사회는 유영희 협회 상임

이사가 했다.

이준범 씨가 심사 경과를 얘기하는데 얘기 도중 한복 아랫바지가 스르르 내려와서 앞자리에서 보고 있는 사람들조차 땀을 뺐다. 테이블에 가려져서 정면을 향해 앉았던 사람들은 전혀 몰랐고. 또 두루마기를 입었으니 다행이었다. 바지와 허리띠가 내려온 것을 보고 유영희 씨가 살짝 엎드려 가까이 가서 주위 올려 허리띠를 매어 주는데 그동안 이준범 씨는 어조에 조금도 영향이 없이 태연히 진행했고 그러면서 유 씨가 바지 올려 매는 것을 또 한쪽 손으로 거들어 주기도 하였으니 이건 정말 상임이사(후에 새로 지명이 되었을 때)가 될 자격이 충분하다고 이원수 회장이 웃으시면서 얘기할 만했다.

조연현 씨의 축사에 기억나는 것은, 아동문학상은 다른 문학상보다 특이한 점이 있다고 하면서 그것은 일정한 상금의 기금이 미리 마련되어 있지 않은 점인데, 이래서 이 한국아동문학상도 시상식이 임박해 와서야 회장단들이 상금 마련을 위해 동분서주하여 겨우 어찌어찌해서 변통한다고 듣고 있다고 했다. 그러니 이 아동문학상은 그만큼 순수하고 그만큼 귀중하다는 것이다.

수상자를 대표해서 내가 답사를 했는데, 조대현 씨가 상을 받는 것은 당연하겠지만 나로서는 부끄럽다는 것, 그러나 이 상은 나 개인이 받는다기보다 나와 같이 아동문학에 대해 지극히 정상적인 생각과 올바른 견해를 가진 수많은 사람들이 보

346

다 용기를 가지고 문학을 하도록 하기 위해 편의상 내게 주어진 것이라고 생각한다 했다. 그리고 지난해 아동문학 평론에 관련되어 일어났던 문제를 언급하면서, 문학을 하는 길이 어렵다는 것, 앞으로 더욱 정성과 노력을 다하겠으니 부디 지도 편달을 계속 주어서 이 땅의 아동문학이 꽃피어 나도록 해 달라고 했다.

회장(會場)에 염무웅 씨와 백낙청 씨가 와서 참 고마웠다. 이인석 씨가 와서 처음 인사를 나누었다. 이 씨는 내 평론을 빠짐없이 읽고 있다고 했다. 그리고 아내와 간접적으로 사제 간이 되어 있다는 사실도 알았다. 아내는 또 무얼 하느라고 꾸물거리다가 식을 진행하는 도중, 내가 답사할 무렵에야 들어왔던 것이다.

다 마치고 나서 사진을 찍는데 마침 박경용이가 오세발 씨와 같이 보이기로 같이 찍자고 해서 찍었다.

식을 마치고 곧 연달아 협회 총회를 열어 임원 개선, 금년도 사업 계획 보고 등을 했다. 회장단은 유임되고 상임이사가 이준범 씨로 되고, 이사진이 많이 바뀌었다.

총회 마치고 어느 음식점에 가서 저녁과 술을 먹는데, 비용은 오늘 수상자 두 사람이 분담해 내었다.

조 씨는 오늘 저녁 대접한 것뿐 아니라 지금까지 수상식 준비에 들어간 광고료, 통신료 등은 물론 여러 날 전의 찻값까지 두 사람이 같이 부담하자고 하여 그렇게 했다. 또 오늘 찍은 사진

값도 한 사람이 5천 원씩 나눠 부담하기로 했다.

그 음식점에서 나와 또 삼미집에 가서 술자리가 벌어졌는데, 조대현이는 오지도 않아 물론 내가 내기로 작정했는데 뜻밖에 강세준 선생이 와서 자기가 낸다고 해서 그렇게 했다. 강 선생은 내가 수상하는 것이 참 기쁘다고 몇 번이나 말했다.

여기서 상금 얘기를 적어 두어야겠다. 이 한국아동문학상 상금은 10만 원이다. 그런데 돈이 나올 곳이 있을 턱이 없다. 수상자가 결정되기 전에는 내 생각으로 만일 내가 받게 되면 상금은 받았다고 하고 전액 협회에 기탁하면 되지 않나. 그러면 상금 마련의 걱정은 없어질 것 같아 그리하리라 생각했던 것이다. 그런데 뜻밖에 두 사람이 받게 되었으니 일은 그렇게 단순하게 처리될 순 없었다. 조 씨한테는 그런 의논을 애당초 할 생각조차 없었다. 결국 그대로 내버려 두었는데, 상금은 기껏해야 한 사람 5만 원쯤 되겠지. 그것도 잘 안 될지 모른다 싶었는데 이것 또 뜻밖에도 20만 원을 어찌해서 구했는지 한 사람 앞 10만 원씩 현금을 받게 했었다. 어떻게 해서 거액을 마련했는가 알아보니 이원수, 김종상 두 분이 하는 말이 어느 정도 맞지 않기는 하나 대강 다음과 같이 해서 돈이 생겼다 했다.

이원수 선생 내신 돈 7만 원, 광고료 6만 원, 협회 돈 5만 원, 박홍근 선생 만 원, 강세준 씨 만 원. 이래서 대강 20만 원이 된 모양이다. 박홍근, 강세준 두 분이 만 원씩 낸 것도 고맙지만 회장 이원수 선생이 무슨 돈이 있어 7만 원이나 냈을까? 아무래도 무슨 빚을 진 것 같은 심정이다.

어디서 축하 화분들이 들어와 그중 두 개를 내 몫이라고 해서 여관에 갖다 두었다. 원갑여관에서는 나와 우리 식구들, 처제 그리고 송재찬 씨, 권정생 씨, 신창호 씨 등이 잤다.

1976년 3월 4일 목요일•

아침에 또 출발해서 안동을 경유, 길산으로 부임했다. 망천서 내려서 혼자 걸어가는 길은 알 수는 있었지만 참 멀고 또 땅이 질어서 걷기가 불편했다. 30리가 충분하다기보다 좀 넘을 듯 했다. 학교 거의 다 왔을까 싶을 때 저쪽에서 두 사람이 오면서 소리치고 손을 흔든다. 웬 사람인가 싶어 가까이 가 보니 권정 생 씨와 김성영 씨였다. 내가 벌써 부임한 줄 알고 오늘 찾아와 준 것인데, 학교까지 가 보았으나 안 와서 도로 걸어 나가려고 하던 참이었다. 만일 내가 오늘 안 왔다면 그 먼 길을 권 선생 이 다시 돌아가게 되었으니 큰일 날 뻔했던 것이다. 같이 학교 로 와서 사택 방에 잔다고 모두 좀 떨었다.

1976년 4월 7일 수요일

9시 50분 특급으로 권 선생과 상경했다.

• 1976년 3월 1일에 경북 안동군 길산국민학교 교장으로 부임했다.

창비에 가니 염무웅, 백낙청 양 씨가 지난번 편지로 알려 준 아동문학 선집 계획을 좀 더 구체적으로 얘기해 주었다. 국판이나 사륙판으로 아이들이 읽을 수 있도록 활자를 좀 크게 해서 세 권을 만드는데, 권당 원고 매수 6백 매로 하고 싶다고 했다. 그래서 이것을 또 다음에는 어른들이 읽을 수 있도록 한데 모아 한 권으로 하여 창비신서로 내려고 한다고 했다. 그래 이 편집을 나한테 위촉하는 것인데 나는 오늘 저녁에 이원수 선생을 만나 의논도 해 보고 내일 다시 대강의 편집 복안을 짜서 말하겠다고 하고 헤어졌다.

　저녁에 삼미에서 이원수 선생을 만났다. 이원수 선생을 만나기 전에 권정생 씨와 대강 의논해서 제1권은 '마해송, 이주홍' 집으로 하고 제2권을 '이원수'집으로, 제3권을 현역 작가집으로 하는데, 이 세 권을 어떻게 안배하느냐가 문제 되었다. 권 선생은 내가 처음에 약 20명을 1인 1편으로 하여 수록하면 어떤가 하는 의견에 반대하여, 그리하면 지금까지 나온 책들과 다름없이 된다고 하면서 두세 사람 작품을 중점적으로 수록하든지 아니면 내 작품을 내든지 하라고 했다. 내 작품집을 내는 것은 이야기도 될 수 없고, 몇 사람의 작품을 수록하는 것은 뜻이 있겠다 싶었다. 더구나 1인 1편으로 하여 20명집을 만들면, 정말 작품은 고르기 힘들어 없는데 작가는 많아서 어느 누구는 들었는데 나는 왜 빼놓았는가 하고 불평할 사람이 많이 나올 것은 너무나 환한 사실이니 이런 점도 고려하지 않을 수 없다. 결국 내 생각으로 '권정생, 이현주, 손춘익 3인집'으로 대강 결정해 놓았다. 권 선생은 손춘익의 작품이 좋은 것 드물다고 하지만 넣을 만한 사람이 없다. 권, 이 두 사람 것은 거의 움직일 수 없다 여겨지는데, 이 두 사람의 작품만 수록하면 너무 어떤 경향성의 것만 골랐다고 비난할 못된 사람도 나올 것 같아 작품 세계가 다르고 좀 더 질이 낮더라도 소위 예술적인 것을 추구한 작품을 한 사람 끼워 두는 것이 여러 가지 모로 유익하다 생각되는 것이다. 이원수 선생을 만나 그런 얘기 했더니 계획대로 하는데 편집자를 책에 명시하지 말고 만들도록 하는 것이 욕을 안 얻어먹는 길이 될 것이라 해서 그리하도록 해야겠다 싶었다.

디즈니에서 문치우 씨를 만났다. 이 사람은 여러 해 전에 권 선생의 〈무명저고리와 엄마〉를 영화로 만들기로 계획하여 권 선생의 허락을 맡았는데 워낙 큰일이고 또 힘도 모자라 아직 실현하지 못하고 있는 중이다. 그런데 얼마 전에 삼영필름이란 영화 제작 회사에서 〈무명저고리와 엄마〉를 영화로 만든다는 신문 기사가 나와 웬일인가 했더니 그 삼영에서 권 선생 앞으로 편지를 보내와서 승낙을 해 달라고 해 왔다. 권 선생은 이미 문치우 씨와 언약을 했음을 밝히고 거절했던 것이다. 편지가 여러 차례 와도 끝까지 거절했다. 그래서 상경한 김에 문 씨를 만나려고 한 것이다. 물론 그동안 문 씨와 편지 교환도 있었던 것이다. 문 씨는 권 선생이 약속을 지켜 삼영의 제의를 거절

해 준 데 사의를 표하고, 올해부터 영화 제작에 좀 더 여러 가지 여건이 좋아졌으니 전망이 밝다면서, 삼영 같은 곳에서는 장삿속으로 엉터리 날림으로 만들 것이 틀림없지만 자기는 여러 해 전부터 여기에 매달려 대작을 내려고 하고 있으니 부디 좀 더 기다려 달라고 했다.

김종상 선생은 11시가 되어서 우리가 들어 있는 여관에 찾아와 한참 얘기하다가 갔다.

1976년 4월 8일 목요일

오전에 여의도에 있는 주부생활사에 갔더니 지난번 권 선생의 동화가 아직 안 실렸다면서 원고료를 주지 않았다. 그러면서 내 수필 15매는 내주자 곧 원고료를 4,500원 주어서 미안했다. 이 수필은 권도홍 씨가 지난번 청탁해 온 것인데, 바빠서 쓰지 못하고 있다가 시시한 구고(舊稿)를 다시 베껴 가져와 약속이나 지키려고 했던 것이다. 권정생 선생한테도 미안했다. 권도홍 씨는 〈여성동아〉 부장으로 있다가 지난번 〈동아일보〉 언론 자유 투쟁 사건으로 쫓겨나 〈주부생활〉 편집국장으로 옮기게 된 것이다.

낮에 창비에 가서 내 복안을 말했더니 그렇게 해 달라고 해서 가서 될 수 있는 대로 빨리 작품을 가려 뽑아서 연락하겠다고 했다. 이 책이 잘 만들어져 나오면 우리 아동문학계로 봐서는 획기적인 일이 될 수 있을 것이다. 이현주를 전화로 불러 백, 염 양 씨와 권 선생과 같이 점심을 먹게 되었는데 된장찌개 백반을 대접해서 미안스러웠다.

저녁차로 하경할까 하다가 하룻밤 더 여관에 들기로 했다. 이원수 선생을 삼미서 만나고, 김종상 씨는 또 늦게 여관에 왔다 갔는데 유석학교에서 일기 지도를 구청의 지시가 와서 하게 된 얘기를 들으니 기가 막혔다. 지금까지 아이들이 자유롭게 재미있게 일기를 썼는데, 새마을 일기라 해서 무슨 돈 절약한 것이라거나 좋은 일 한 것을 일정한 과제로 내주어서 그것을 쓰게 하는데, 글짓기나 일기 제목을 날마다 계획표대로 내주어서 쓰는 결과를 보고 그 내용이 유신 교육에 적극 협조하는 것이 아니면 계속해서 그 부진한 제목을 날마다 쓰게 한다는 것이다. 그래서 날마다 학반에서 일기 쓴 내용을 통계로 내 보고한다고, 그렇게 해야 한다고 했다. 또 그것을 유석학교에서 연구 과제로 맡아서 해야 하니 거짓말 보고도 안 되고 큰 골칫거리라는 것이다. 별난 세월이 된 것이다.

문치우 씨가 내가 없는 사이에 여관에 왔다 갔다면서 권 선생 교회에 나오는 가난한 사람들 주라고 헌 옷들을 한 상자 두고 갔다는 것이다. 보니 보루상자종이 상자가 꽤 무겁다. 이걸 권 선생이 어떻게 가져가나? 권 선생은 그곳 사람들에게는 물질보다 정신이 더 문제인데 이런 것 뭣하겠나, 하기도 했다.

1976년 4월 23일 금요일

밤중이 지나서 호루라기 소리가 나는 것을 여러 날 전부터 들어 왔는데, 혹시 동네 아이들이 새벽 일찍 일어나 심심해서 부는 것이 아닌가도 생각되었다. 그 소리가 도시의 밤 뒷거리를 지나가는 안마사들이 부는 슬픈 피리 소리 흡사하다 싶어 어디 이런 산골에 그런 안마사 피리가 있을 턱이 없고, 무슨 소린가 궁금해하다가 오늘 교무 정무용 선생한테 그런 얘기를 했더니 그건 새소립니다, 저 건너편 산에서 밤마다 웁니다, 여긴 별난 새들 소리가 다 나는걸요, 했다. 정말 새소리가 아니면 달리 그런 소리를 낼 짐승이나 기계가 있을 것 같지 않다. 그런데 새소리로서는 참 기이하다고 생각된다. 별난 새소리를 다 듣겠다. 나도 산골서 자라 온갖 새소리를 다 들어 온 것인데 이건 생전 처음 듣는 것이다. 오늘 밤엔 좀 더 귀담아 들어 봐야지. 그리고 될 수 있으면 어떤 새가 우는가, 그 정체를 밝혀 보고도 싶다.

1976년 4월 26일 월요일

요즘은 날씨가 좀 저온이다. 침대에서 이불을 많이 깔고 덮고 해도 새벽에 좀 추워 잠이 일찍 깨이고는 다시 들지 않는다. 어제는 아침에 날이 또 흐렸기에 와이셔츠 안에 겨울 털 스웨터를 입고 운동장에 앉아 있었는데 낮에 해가 나도 덥지 않았다.

저녁때 냇물에 가서 빨래를 해 놓고 그것이 마르기를 기다리면서 돌을 줍고 있는데 다시 날이 흐려 빨래도 잘 안 마르고 추워서 할 수 없이 와이셔츠를 입고 오지 못하고 그냥 걷어들고 돌아왔던 것이다. 밤에는 빗방울도 좀 떨어졌다.

오늘 또 날이 흐리다(아침).

이주홍 선생의 장편 소년소설 《아름다운 고향》을 읽었다. 재미있고 유익한 작품이다. 이원수 선생을 빼고는 현존 아동작가로서 이만한 작품을 쓰는 이가 없을 것 같다. 이 작품은 아무래도 해방 이후 쓰인 아동문학 작품 가운데 손꼽을 만한 것이 되어야 한다고 본다. 이제 이원수 선생의 장편 못 읽은 것도 읽고, 니이미 난키치 전집도 읽고 해야지. 올해는 책을 많이 읽어야겠다.

1976년 5월 1일 토요일

소년사에 가서 《모래알 고금》을 한 권 구했다. 구중서 씨의 《구도의 언어》도 한 권 샀다. 〈소년〉지 4, 5월 호를 받았다. 이 〈소년〉지는 내 주소가 변경되어 책이 되돌아와 못 부쳤다는 것이다. 주소 변경된 것을 연락했는데 웬일인가? 엽서가 편집부로 가서 업무부로 연락이 안 된 모양이지.《모래알 고금》을 여관에 와서 읽어 보니 마 씨의 다른 장편들보다는 좀 나은 것도 같은데, 역시 리얼리티가 없다. 모래알 하나가 아무리 사람의 발에 짓밟히고 혹은 사람의 옷에 묻거나 주머니에 튀어 들어가 온갖 곳을 돌아다닌다고 하더라도 사람의 얘기를 그처럼 속속들이 알고 얘기한다는 것은 있을 수 없다. 이것은 모래알이란 것을 염두에 두지 않고 읽어야 될 수 있다. 이 작품에도 마 씨는 너무나 관념적인 사고를 노출하여 작품으로서 충분히 형상화하지 못하고 만 것 같다. 처음 좀 읽다가 그만두었다. 이원수 선생이 여관에 오셔서 《모래알 고금》을 구해서 한 이틀 전에 우송했는데, 하시면서 내가 《모래알 고금》에 대한 의견을 말하니 자기도 그렇게 생각한다고 하셨다. 그리고 선생님의 작품집은 선정은 해 두었는데 누굴 시켜서 원고지에 옮겨 써서 주겠다고 하셨다.

이원수 선생님은 건강이 좋지 않으셔서 며칠 전부터 삼미집에도 못 나오신다고 하셨다. 같이 점심 식사를 합시다고 해서 YMCA 부근 중국집에 갔더니 간짜장을 청하셨다. 보통 때 같으면 언제나 설렁탕이나 곰탕을 하자고 하시는데 좀 이상했다. 간짜장도 반쯤 잡수시고 젓가락을 놓으셨다. 오후 1시 반부터 동양방송이던가에 갈 약속이 되었다고 하시면서 나가셨다. 그길로 나는 창비에 가서 결국 이현주 170매, 권정생 160매, 손춘익 140매, 정휘창 114매 이렇게 뽑은 것을 주었다. 2권도 마해송 씨의 《모래알 고금》은 넣지 않고 220매가량 하고 이주홍 씨의 것은 390매로 많이 넣었다. 창비에서 김광섭 씨의 《옥중기》를 얻어 왔다. 천승세 씨가 낚시에 취미가 대단한 모양으로 여름에 놀러 오고 싶어 해서 꼭 와 달라고 했다.

범우사에 갔더니 윤 사장과 박연구 씨가 있었다. 윤 사장은 이원수 선생의 수필을 문고판으로 내고 싶어 하면서 연락해 보고 뜻이 있으면 2백 자 3백 매를 뽑아 "이 선생이 해설을 붙여서" 내도록 준비해 달라고 했다. 박연구 씨는 이원수 선생이 지난해 '표절 동시론' 문제가 일어났을 때 마지막에 고소 취하를 위한 타협안에 서명한 것을 후회한다는 내용의 글을 〈독서신문〉에 냈는데 보았는가 해서 안 보았다고 하니 그럼 그것을 한 부 구해서 우송해 주겠다고 했다. 그리고 범우사의 수필집 문고판이 지금까지 20권이 나왔는데 한 벌 가져가지 않겠는가, 책 대금은 원고 다음에 써 보내면 고료를 받아 제하도록 하겠다고 했다. 그러겠다고 하니 책을 가져와서 받아 왔다. 박 씨는 이런 일을 잘한다. 나쁘게 여길 것이 아니고 좋은 일이다. 범우사의 책을 팔아 주는 한편 글을 쓰도록 하는 좋은 방편도 된다.

하루 더 여관에 자고 가려고 하다가 그만 돌아가기로 하여 원갑여관에 못 간다는 전화를 걸었더니 김종상 선생이 여관에 찾아왔다가 기다린다고 해서 조선일보 앞에 있으니 와 달라 해서 만났다. 차 한잔 먹고 헤어지려고 하는데 억지로 저녁을 먹고 가라고 해서 설렁탕을 먹고 헤어져 고속버스 7시 10분 막차를 타고 대구 오니 11시. 원대에서 내려 파동 차를 겨우 타고 돌아왔다.

1976년 5월 13일 목요일 맑음

거의 종일 《학교 연혁》지 정비한다고 매달렸다.

권정생 선생이 〈무명 저고리와 엄마〉를 고쳐 보내왔다. 지난번 편지를 써서 이 작품을 역사에 남겨 두어야 할 것이니 사실과 어긋나는 부분을 고쳐서 완벽하도록 해 놓는 것이 어떤가 말했더니, 문학작품이란 반드시 사실과 맞아야 되는 것이 아니라고 어떤 사람들도 말하더라면서 고칠 생각이 없는 것처럼 회답이 왔었다. 그러더니 이렇게 고쳐 보내왔는데 내가 무리한 부탁을 했을까? 그러나 역사와 어긋나는 것이 너무 거슬려도 안 되고 또 사실을 고친다면 그 이유가 어떤 문학적 진실을 위해 불가피한 것으로 되어야 할 것인데 권 선생의 〈무명저고리와 엄마〉는 그런 것 같지 않았던 것이다.

선생들이 다 퇴근한 사무실에서 개고한 〈무명저고리와 엄마〉를 읽어 봤더니 본작에서 부분적인 것을 기억하지 못하고 비교가 안 되어 권 선생 염려대로 어느 정도 본디의 작품 효과를 죽였는지 모르지만 감동은 여전히 받을 수 있고 그리고 거슬리는 잘못된 사적 부분이 없어서 좋게 느껴졌다.

권 선생은 내가 학교에 있는지 알고 싶어 한다. 찾아오고 싶은 모양이다.

358

1976년 5월 23일 일요일 맑음

　오전에는 방에서 책을 보다가 누워 자다가 했다. 얼마 전부터 밤에 잠을 충분히 잤다 싶은데도 낮이면 고단하고 졸음이 오고 하는데 몸에 어떤 이상이 생겼는지, 정신이 해이해져서 그런지 알 수 없다.

　오후에는 법정 저《무소유》를 가지고 앞 냇물을 건너 산기슭 나무 그늘에 앉아 읽었다. 참 좋은 글을 쓰는 사람이다. 한 편씩을 읽고 나서는 냇물 속에서 멱 감고 골부리 줍는 아이들을 바라보고 건너편 산이며 들판의 보리밭을 바라보고 꾀꼬리 소리, 산새 소리를 들으면서 생각해 보았다. 정말 인생이란 본디 아무것도 가지고 온 것이 없고 가지고 갈 것이 없다. 무엇에 집착한다는 것이 우스운 일이다. 내가 평소에 생각하고 있는 진리가 이 책에 그대로, 아니 보다 더 또렷한 말로 표현되어 있다. 법정은 훌륭한 분이다. 이런 수필을 읽은 것은 여간 다행이 아니다. 신록이 우거진 틈 사이로 기울어진 저녁 햇빛이 어른거리는데 짙은 풀 향기를 심호흡으로 들이마시면서 나는 내 세계가 한층 더 시원히 트이는 것을 느꼈다. 냇물이 줄어들어 바지를 걷고 바로 여울을 건너도 겨우 무릎 위에 차오를 뿐이었다.

1976년 6월 10일 목요일 흐림

　김태린 장학사가 어제저녁에 와서 오늘 장학지도를 하고 오후에 갔다. 유신 이념의 생활화, 혼분식 기타 13가지 중요 시책 구현은 적어 달라 해서 써내고, 장학지도는 수업 참관하고 지도안 본 것으로 했다.
　장학 태도는 근본이 옳았지만, 지도안 쓰는 것을 너무 중요하게 보는 것 같았고, 또 이전 학교에서 그저 큰 허물없이 하고 있는 정도로서는 안 되고 뭔가 앞장서서 발전해 가도록 해야 한다, "요새 어떤 때라고 옛날 생각 가지고……" 운운하는 것 보니 이 사람 역시 그저 그런 행정가이구나 싶었다. 그런데 나갈 때 국난이까지 같이 가면서 내가 교육에 대해 근본적인 비판을 하고 교육의 본질을 얘기했더니 잘 이해를 하는 것 같기는 했다.
　어제 낮에 숙직실 옆에 선생들이 여럿 떠들고 있어 보니 문 옆에 두더지 한 마리가 거꾸로 철사에 매달려 몸부림치고 있다. "그놈 얼마나 애쓰는지 겨우 잡았다"고 하는 것은 교감 선생의 말. "이런 놈 다 잡아 없애야 돼" 하는 것은 김 선생이다. 내가 차마 그것을 바라볼 수 없고 그대로 둘 수 없어 놓아주라고 하니 "아이구, 이걸 놓아주라니요" 하고 김 씨가 말한다. "뭣할라고 잡아 죽이나" 하니 정 선생은 "약합니다"고 하고 김 씨는 또 "이게 농사 다 망쳐요" 한다. 나는 농사 망치는 것보다

이로운 점도 있다 해도 곧이 안 듣는다. 할 수 없이 모두 저쪽 벌통 쪽으로 가는 것 보고 철사를 풀어 주었더니 땅에 떨어져 돌자갈로 마구 파들어 가려고 했다. 철사에 묶였던 뒷다리에 피가 난 것이 내 손에 벌겋게 묻었다. 자갈 속에 숨으려고 하는 것을 숙직실 뒤 수채 도랑 옆에 놓아주고는 한숨을 쉬고 사무실로 왔던 것이다.

그런데 오늘 저녁 돌아와 저녁을 하려고 물을 길어 부엌에 갖다 놓고 부엌문을 여는데 뒤에 있는 닭집 철사 그물 앞에 또 두더지가 한 마리 거꾸로 매달려 있지 않는가. 정승화 선생 닭집이다. 두더지는 벌써 기운을 상당히 잃었는지 크게 몸부림치지는 못하는 것 같지만, 그 괴로워하는 몸짓을 차마 쳐다볼 수 없었다. 철사는 두더지의 배와 등을 깊이 파고들어 감고 있는 것 같다. 풀어 줄 용기가 안 난다.

정 선생을 불러내어 왜 저렇게 하나 하니 약을 한단다. 약을 하면 차라리 빨리 죽여 줄 것이지 저걸 어떻게 보고 있는가 하니 예, 빨리 처리하겠습니다, 한다. 그리고는 가지고 저쪽으로 가 버린다. 어찌했을까? 차라리 빨리 죽여 주었으면 다행인데 아무래도 어제 그 두더지인 것 같다. 숙직실 뒤에서 비를 맞고 어디로 도망갈 곳도 없었으니 또다시 잡혔을 것 아닌가! 인간이 어째서 이토록 잔인한가? 나는 학교 담벼락에 페인트로 써 놓은 "때려잡자 김일성"이란 표어가 자꾸 생각났다.

1976년 7월 8일 목요일 맑음

어제 이원수 선생, 김종상 씨, 이재철 씨로부터 편지가 와서
〈아동문학평론〉지 원고를 거절한 것 재고해 달라는 요청이어
서 오늘 이재철 씨 앞으로 다시 쓰겠다는 편지를 띄웠다.

두 시간 마치고 운동장 플라타너스 그늘에 아이들을 모아 생
활지도 할 것과 보리 옥수수짐 얘기를 하고 나서, 6학년 정 선
생이 학부형한테서 부탁이 있었다면서, 아이들 중에서 공부
마치고 집으로 가면서 제 책 보퉁이를 약한 아이에게 맡겨 들
고 가게 하여 어떤 아이는 책 보퉁이를 다섯 개나 여섯 개를 메
고 집까지 가서는 힘이 빠져 땀을 흘리고 저녁밥도 잘 못 먹는
아이가 있으니 그런 아이가 없도록 잘 지도해 달라는 부탁이
있었다고 해서 놀라서 조사를 했다. 그런 아이 나오라니 안 나
와서 좀 야단쳐 조사하니 12명이 나왔다.

사무실에 데리고 가서 다시 자세히 조사해 보니 후평 있는 6
학년 세 놈은 제가 가져가라고 한 것이 아닌데 5학년 ○○가
가져갔다고 했다. 그런 일이 두 번 있었다 한다. 5학년 그 아이
를 불러와 알아보니 그렇게 한 것이 사실이었다. 그런데 아무
래도 좀 이상해서 5학년 그 아이의 가정환경을 조사해 보았더
니 "농막에 살아요" 했다. 농막이란 부재지주의 집을 빌려 농
사를 지어 주는 것, 즉 소작인이란 말이다. 후평서는 농막살이
하는 집이 그 아이 집 하나뿐인 모양이다.

나는 모든 사정을 짐작할 수 있었다. 남의 일을 평생 해 주면서 얻어먹듯이 하여 살아가는 부모의 생활 태도는 그대로 그 자식에게도 전해져서 이렇게 학교 다니는 아이도 제 동무의 책 보퉁이를 날라다 주는 것을 제 할 일로 알고 있는 것이다. 이 아이가 설령 자진해서 책 보퉁이를 가져갔다고 해도 그것은 엄밀한 뜻에서 자의가 아닐 것이라 생각된다. 아니면 이것이야말로 노예근성이 아닌가! 또 국난이 아이들은 여럿이 2학년 어느 아이에게 날마다 책 보퉁이를 지우고 있는데 이 2학년 아이도 국난이에서는 제일 가난한 집인 모양이다. 기가 막힌다. 황금의 질서가 이렇듯 아이들의 세계에도 그대로 추악한 모습으로 반영되고 있는 것이다. 십여 년 전 상주 이안에서 있었던 일이, 오늘날에도 여전히 끝나지 않는 비극으로 계속되고 있는 것이다.

오후에 4학년 김 선생이 자기 반 아이 하나가 하도 먹을 것이 없어 굶고 하더니 얼마 전에 어떤 사람을 따라 서울로 가 버렸다고 한다. 그 사람은 그 아이 데리고 가서 공부도 시켜 주고 나중에 키워 사장까지 시켜 준다고 하더라 했다. 사기꾼 같은 놈들이다. 그런데 아버지는 승낙했는데 어머니는 끝까지 보내지 않으려다가 할 수 없이 보내게 되었다 한다.

이웃 돕기로 보리쌀 두어 말 모아 둔 것 내일은 그 집에 보내 줘야겠다.

아침에 코스 대장이 모두 한자리에 모아 놓고 질문할 것, 기타 하고 싶은 말이 있으면 하라고 했다. 내가 일어서서 다음과 같은 말을 했다.

스카우트 교육은 그 방법이 참 좋다. 이것을 우리들 학교교육에 응용하면 참 좋을 것 같다. 그런데 한 가지 느낀 것은 어젯밤에 캠프파이어인가 하는 것과 선서식 같은 것 보니 그 의식이 너무 생소하고 외래적인 것 같다. 이것을 우리들 전통이나 감정에 맞도록 고칠 수 없는가. 스카우트 교육은 그 방법과 정신을 따를 일이지 외형적인 형식을 그대로 모방해야 하는 것은 아닌 줄 안다. 우선 노래만 해도 그 내용이 어색한 외국 말로만 된 것을 그대로 부르니 좋지 않다. 이런 것을 또 단시간에 외우라니 무리하고 불필요한 짓인 것 같다. 아프리카 원주민과 상대해서 싸우는 동안에 생겨난 이 스카우트 교육이 오늘날 그런 원시림과는 전혀 다른 이런 때와 장소에서 그 형식을 따르는 것은 난센스다. 가령 장작불 피우는 것만 해도 그런 것 장려하다가는 스카우트 훈련한다고 산이나 숲에 가서 나무 베어 불 피우는 것 예사로 알면 어찌 되나. 다음 또 한 가지 교육 프로그램이 너무 과중하여 제대로 익히지 못한 것 같다. 도저히 외울 수 없는 것을 외우라 하고 노트도 무작정 많이 쓰면 된다고 하는 것은 스카우트 교육 정신에 배치되는 줄 안다. 구명

승은 작년에 받은 사람 얘기 들으니 가면 내준다고 하고 교육
청 공문에도 준비해 오라 안 해서 그냥 왔는데, 여기 오니 내주
지도 않고 줄 매는 것은 설명만 해 넘어가는 결과가 되었으니
교육 준비도 덜 된 것 같다…….

이렇게 내가 너무 비평만 했던 것 같다. 코스 대장의 말은 앞
으로 시정할 것은 시정해야겠다지만 형식을 갖추어야 하는 부
득이한 것도 있다고 했다.

12시가 다 되어서야 마치고 옷을 갈아입고 나왔다. 곧 대구
로 돌아갔다. 한더위에 스카우트 옷 입고 어떻게 훈련받나 몹
시 걱정되었지만 다행히 이 동안 비가 오거나 구름이 계속 끼
어 날씨가 선선한 바람에 그렇게 고생 안 한 것이 다행이었다.

1976년 8월 19일 목요일

기차로 대전에 내리니 10시경이었다. 연수회가 있는 대전고
등학교는 바로 충남 도교육연구원 앞이었다. 강당에 들어가니
마중을 나오는데 유동삼 씨라 해서 인사했다. 참석한 교사들
이 꼭 백 명이었다. 대구에서 한 작금년의 행사와 비교하면 참
많이 모인 셈이다. 그런데 넓은 강당에 마이크 시설이 잘못되
어 앞에서 나가 말하는 사람의 소리가 울려 통 알아들을 수가
없다. 샤쓰 주머니에 넣은 배터리에 손에 쥔 조그만 마이크로
서는 그럴 수밖에 없다. 왜 확성기를 제대로 준비하지 못하였

는가, 안타깝다.

날씨는 얼마나 무더운지 그 넓은 강당에 앉아도 땀이 자꾸 날 지경인데 그래도 참석한 사람들이(한 줄에 꼭 열 명씩 열 줄을) 꼭 짜 앉아서 진지한 태도로 경청하는 것이 참 놀라웠다. 내가 얘기하기로 된 시간은 오후였다. 오전에 해 버리려다가 대전 시내에 전통을 내 내 얘기 듣고 싶은 사람은 각 학교에서 더 와 달라고 해 놓아서 그럴 수 없다 해서 예정대로 그 시간에 하게 되었는데, 참 미안스러웠다. 오후에 내 시간이 되니 또 수십 명이 더 모여들었다. 나는 그만 어쩔 줄 모르고 얘기를 더욱 요령 없이 지루하게 하여 시간이 모자라게 되고 나중에 유동삼 씨로부터 시간 독촉을 받게까지 되었다. 그래서 동시 지도 방법에 대한 얘기는 별로 하지 못했다. 내가 한 얘기는 결국 우리 민족의 열등감 문제였는데, 글짓기 지도는 이 열등감을 없애 주는 가장 보람 있는 교육이라는 것, 그리고 글짓기 지도한다고 너무 아이들에게 가르치려 들지 말고 아이들이 자유스럽게 쓰도록 도와주는 태도를 가져야 글짓기 지도도 되고 시 지도도 된다고 하였다. 가장 중요한 것은 아이들을 정직하고 진실하게 길러 보겠다는 교사의 사랑이다. 이것만 있으면 그다음의 방법은 모두 각자가 창조해서 할 일이다. 여러분들이 이론을 만들고 교육을 할 것이지 무슨 유명한 문학가들의 말을 너무 믿지 말라고 강조했다.

낮에 지도보급부장이란 사람과 점심을 같이 먹었는데 들으니 충남도는 교육을 하는데 경북처럼 그렇게 겉치레에 정신이 안 팔리는 모양이었다. 경북은 겉만 만들어 보이려 하는 것이 너무 심하다. 글짓기 지도교사들도 실제 교육은 제대로 안 하면서 신문이나 잡지에 작품을 내 이름 내기에 급급하고 있다. 이번에 대전 와서 글짓기 교육을 다시 해 보고 싶은 마음이 들었다. 교사들이 모두 경북 사람들 같은 줄 알았더니 그렇지 않은 곳도 있다는 것을 발견했다. 그리고 잘한다고 떠들썩한 곳일수록 실속이 없고 내용은 텅 비어 있다는 것을 여기 와서 절실히 깨달았다.

유동삼 씨가 봉투에 돈을 2만 3천 원이라면서 주는 것을 죄스런 마음으로 받았다. 이 보상을 다음 기회에 해야지, 하는 생각이 들었다.

마치고 나서 한상수, 유종슬 그 밖에 또 두 사람과 같이 다방에서 얘기하다가 한, 유 두 사람과 저녁을 먹고 고속버스 정거장까지 마중 나온 두 분과 헤어져 7시 40분 차를 타고 대구로 왔다.

1976년 8월 22일 일요일

일직 권정생 씨한테 다녀가기 위해 아침 일찍 나섰다. 방학 동안 한 번도 못 가 본 것이다. 일직교회 가니 철문이 새로 만들어져 있고 그 철문이 굳게 닫혀 있어서 일요일인데도 이렇게 문을 닫아 걸어 둔 것이 이상한 생각이 들었다. 바깥에서 권 선생을 부르니 나와서 문을 열어 주었다. 권 선생 얼굴은 몹시 말라 보였다. 방에 가니 일본 책들이 많이 눈에 띄고 화집도 여러 권 있었다. 모두 일본 형님이 부쳐 준 것이라 했다. 요즘 어떻게 지내는가 하니 여름 동안 작품을 아무것도 못 썼다고 했다.

　나는 그동안 학교 일에 매여 못 온 얘기를 하고 그간 어떻게 살아오셨는가 하니 좀 생활이 곤란해서 일본 형님한테 돈 좀 부쳐 달라고 했더니 한 달 전에 20만 원을 부쳤으니 곧 갈 것이라고 편지가 왔는데 아직 안 오니 어찌 되었는지 걱정이라 했다. 그 돈만 오면 조그만 초가집이라도 살 수 있을지, 선생님 계신 데 가 살고 싶다고 했다. 나한테 오고 싶었구나. 그럼 지난 3월 여기 왔을 때 오고 싶으면 오라고 했는데 왜 안 왔는가. 그때는 일직 떠날 형편이 안 된다, 교인들 버리고 갈 수 없고, 또 내가 일직 안 있으면 형님이 날 찾아오지 못한다고도 했다. 나는 그런 말이 좀 수긍이 안 가는 구실 같아 내 곁에 와서 폐 끼치는 것이 괴로워 그러는구나 싶었지만, 혹은 진정으로 그렇게 생각할는지 모르고 또 여기 와서는 교통이 이렇듯 불편해서 안 되겠다 싶어 더 권유하지 않았던 것이다. 나는 그럼 꼭 그런 생각 있으면 그곳에 빈집도 더러 있는 것 같으니 가서 알아보겠다고 했다.

　형님이 돈 보내 줄 것을 기다리며 얼마나 괴롭게 살아가는가 싶으니 그동안 못 와 본 것이 죄스러웠다. 일본서 언젠가는 겨울 스웨터를 부친 것도 온데간데없이 없어졌다더니 돈도 그렇게 되는가. 이것을 어디에 호소해야 할까? 그런데 책, 사상 전집인가 하는 것을 일본 형님한테 부탁해서 보내왔는데 그중에 몇 권이 안 오고, 또 그 책 때문에 정보부 직원이 와서 조사하고 책도 한 권 가져가고 했다고 한다. 일본 형님이 조련계가 아닌가 하고 추측을 하는 모양인데, 조련계라도 요즘은 여기 많이 다녀가고 또 형님한테서 언젠가 편지 오기로 한번 고국을 다녀갈 생각이라고 하더란데, 차라리 한번 여기 와 주었으면 모든 것을 서로 알게 되고 모든 일이 풀려 잘될 것인데 하는 생각이 들었다.

오래 앉아 있을 수 없어 돈 4만 원과 집에서 아기 엄마가 넣어 준 김, 멸치 조금 든 봉지를 내주고 나왔다. 권 선생은 다리 있는 데까지 나왔다가 먼 산에서 소나기가 묻어오는 것 보고 억지로 돌아가라고 해서 헤어졌다.

저녁 9시 30분경에 도착했다.

1976년 9월 10일 금요일 맑음

어젯밤 텔레비전에서 마오쩌둥 중공 주석이 사망했다고 했다. 김일성이는 최근 공석상에 나타나지 않는다고 하는데, 거기도 무슨 일이 일어난 것은 아닌가?

〈수필문학〉 9월 호와 《문학과 예술의 사회사—고대, 중세편》

이 왔다. 〈수필문학〉 9월 호에는 윤오영 씨의 유고가 실려 있어 읽어 봤더니 참 깊은 감명을 얻게 되었다. 윤 씨가 작고한 전일에 보내온 글이라 한다. 평소에 쓴 그의 글은 읽으면 글재주가 더 나타나 보이는데, 이 글은 정말 죽음을 앞두고 아무 꾸밈도 거짓도 있을 수 없는 한 인간의 엄숙한 심경을 얘기한 것으로 마음에 울려 온다. 참 아까운 사람이다. 좀 더 살아서 많은 글을 써 주었더라면 좋았을 것인데…….

《문학과 예술의 사회사》는 "역자 올림"이라 해서 백 선생이 보내 준 것이다. 읽고 싶지만 할 수 없다. 지금 내가 곧 해야 할 것은 박경용의 글에 대한 비평을 쓰는 것이다. 그리고 오규원의 글에 대해서도 써야 한다. 또 '열등의식의 문학'이란 논문도 쓰고 싶다. 이런 몇 가지 논문을 써 놓고 이 책을 읽으려면 아마 겨울이 다 되어야 할지 모른다. 아, 너무나 할 일이 많구나!

밤에 〈수필문학〉에 실린 '비평의 문학성'(최일수)을 읽어 보았더니 공부가 많이 되었다. 비평에 관한 글공부를 많이 해야겠는데, 시간이 없어 큰일이다.

1976년 9월 28일 화요일 맑음

급식 보고 때문에 저녁 늦게까지 김 선생과 교감과 같이 의논했다. 이 보고는 국수면 국수를 하루 얼마 만큼씩 주고, 그 영양가가 얼마나 되고 하는 것을 계산해 내야 하고, 그것이 또 회계장부와 맞게 되어야 한다. 교육청에서 돈은 안 나와도 외상으로 사든지 거짓말을 하든지 그렇게 일지를 쓰고, 회계장부도 그렇게 하고, 보고도 그렇게 해야 하니 참 땅 팔 노릇이다. 이런 실정도 모르고 과장이란 사람은 앉아서 큰소리만 하고 있는 것이다.

1976년 10월 30일 토요일 맑은 뒤 비

저녁때 두어 시간이 걸려 방 청소를 했다. 헌 책상을 두어 개 가져다가 침대 옆에 놓고, 그 위에 다리가 부서져 못 쓰게 된 큰 상을 얹어 놓으니 책상 겸 식탁으로 안성맞춤이 되었다. 책들은 모두 정리해서 또 하나 들여놓은 책상 위에 얹어 놓으니 기분이 상쾌하다.

저녁에 《미래의 유산》 6권을 끝까지 읽었다. 이 책은 '유에프오(UFO)와 초자연의 공포'란 내용인데 참으로 놀라운 얘기다. 내가 받은 충격을 여기 다 기록할 길이 없다. 인간이란 얼마나 보잘것없고 인간의 과학이란 얼마나 한심한 것인가? 그리고 이 우주와 지구란 너무나 신비하다. 나는 다만 운명에 맡기고, 다만 착하고 바르게 살아갈 뿐이다.

오후 숙직실에서 불가사의한 피라미드의 얘기를 했더니 앉아 있던 사람들이 모두 웃고 있었다. 나는 남에게 말을 하지 말아야겠다. 나와 같이 우주의 신비와 인간의 운명에 대하여 진지하게 생각하는 사람은 아주 드물다는 것을 나는 지금 깨닫게 되었다. 그때가 언제던가, 군북 있을 때(20여 년이 지났지) 우주인과 비행접시 얘기를 쓴 책을 읽고 우영창 선생한테 얘기했더니 그는 아주 허무맹랑한 얘기로 듣고 나를 비웃는 것 같아 그렇게 절친한 벗과 처음으로 맹렬한 논쟁을 한 일이 있었던 것이 회상된다. 인생관, 사회관 등이 나와 매우 가깝고 아주 정직하고 공명하게 행동하는 그런 친구도 우주와 인간의 생명 문제를 두고는 나와는 엄청난 견해의 차가 있었다. 하물며 군인들이 훈련하는 모습의 텔레비전 화면을 쳐다보고 그런 것에만 넋을 잃고 있는 속된 사람들이야 말할 것도 없다.

나는 이 《미래의 유산》을 읽고 받은 충격을 어떻게 해서라도 잘 정리해서 내가 앞으로 살아갈 지침을 확고히 세워야 한다. 더구나 문학을 하는 태도에도 그 어떤 밑거름이 되어야겠다.

1976년 11월 7일 일요일 맑음

대구서 새벽에 일어나 안동에 닿으니 9시 40분이었다. 안동 민속 문화제의 한 행사로 백일장이 있는 영호루에는 벌써 학생들이 많이 와 기다리고 있었다. 안개가 끼고 추웠지만 한 시간을 기다려도 아무도 오지 않아 전화를 거니 안동댐에서 한다고 한다. 그럼 왜 아무 기별도 없이 학생들도 이렇게 많이 와서 기다리는데 장소를 옮겨 놓았을까. 영호루서 댐까지는 10

시가 넘을 거리 아닌가. 염순규 씨를 만나 같이 차를 타고 댐에
가니 벌써 시작하고 있었다. 걸어간 학생들은 아주 늦게 도착
하여 그대로 하기는 하였다. 알고 보니 장소 옮긴다는 통지는
했다는 것이다. 그래도 현장에 사람이 가서 기다려 안내를 해
야 할 것 아닌가.

한쪽에는 춤추고 노래하고 농악 같은 것이 있어 아주 굉장한
인파가 몰려 떠들썩한데, 그런 곳에 아이들 모아 놓고 '심부
름'이니 '종소리'니 하는 글을 쓰게 하는 것부터 잘못이었다.

안동 문협 지부장 이석구란 사람은 처음 대하는 사람 같은데
친면 있는 것처럼 대해 와서 나도 그렇게 인사했지만 다른 회
원들도 대부분 그렇게 대하게 되었다. 영양서 오승강 씨가 오
고, 서울서 김시백 씨, 염순규 씨가 왔다. 〈현대시학〉인가 뭔가
에 시 추천을 받았다는 한 젊은이는 아동문학이 어떻고 글짓
기가 어떻고 하면서 명랑한 것, 환상적인 것이라야 좋다고 하
고 오승강은 〈창작과비평〉지에 작품을 보냈다면서 신경림 씨
같은 작품은 좀 다변적이라고 했다. 나는 이런 젊은이들에게
간단히 내 의견을 말해 주었다.

백일장 참가 인원은 국민학생 약 5백 명, 중학생 백여 명, 고
등학생 약 50명, 일반부도 20명가량 되었다. 회원들이 10여
명 모여서 심사는 오후 3시부터 6시까지 마칠 수 있었다. 나는
국민학교 시를 보았다. 그런데 국민학교 산문을 심사한 결과
가 녹전학교에서 장원이 나와 지부장이 이래서는 남 보기에

안됐고 말썽이 날 것 같으니 양보를 해 달라 했다. 산문 심사를 바로 녹전교의 ○ 선생이 주동이 되어 한 것 같았다. 같이 본 사람들은 아무리 봐도 그 작품이 월등 좋다고 하는 것이다. 그런데 신창호 씨가 입선작들을 보더니 장원이 그다음 작품들보다 못하다고 한다. 그래 모두들 나한테 다시 봐 달라고 해서 몇 편만 읽어 봤더니 장원으로 된 그 작품이 아주 거짓스럽게 쓴 좋지 못한 것이고, 차상, 차하 작이 그것보다 오히려 낫고 또 입선작 하나가 차상, 차하나 장원보다 월등 나은 것이 있어 의견을 말했더니 모두 그래야 한다고 해서 등급을 죄다 바꿔 놓게 되었다.

  아무튼 작품 보는 눈이 한심스러웠다. 중·고등학생이나 일반부의 작품도 그렇게 엉터리로 본 것은 아닌지 염려되었다. 그리고 신창호 선생이 처음 산문 몇 편 보다가 제목이 '안동댐'이란 것으로 자기 아버지가 그 댐 공사에 일하다가 아파서 일을 못 하고 그러다가 죽었는데, 이제 댐 공사가 다 되어 모두들 좋다고 구경 오고 축하하는 오늘 아버지 생각을 하고 슬퍼하는 그런 얘기의 글이 있어 문장은 서툴지만 매우 감동 깊게 읽었다고 해서 나는 속으로 그런 작품이 뽑히기를 바랐더니, 나중 산문 본 사람들에게 그 작품 어찌 되었나 하니 입선에는 들어갔을 것이라 했다. 그런 줄 알았더니 신창호 씨 말에 그게 입선에도 들지 못했다고 한다. 이 사실은 다음 날에 비로소 알아서 그러면 낙선된 작품 속에도 아주 좋은 작품이 있겠구나,

한번 더 봤으면 하고 여관에서 지부장에게 전화를 해서 작품이 어디 있는가 알고 싶었으나, 지부장은 남선면 우체국에 근무하는 사람이고 어제 그 작품들은 문화센터 사무실에서 가져나와 누가 어디 가져갔는지 모른다고 해서 할 수 없이 그만두었다.

'안동댐'이란 제목으로 쓴 작품들이 모두 교사들의 훈화를 그대로 듣고 쓴 천편일률의 작품인데 신창호 씨가 말해 준 그 작품만은 정말 진실한 제 얘기를 쓴 것이라 그런 것을 버리고 말았다는 것은 여간 잘못이 아니다. 그 아이가 얼마나 실망했을까. 진실은 버림당하고 재주와 꾀가 득세를 하도록 하는 것을 백일장 행사와 글 쓰는 사람들이 돕고 있다 해서야 말이 안 된다.

이날 한 젊은이는 또 나한테 안동 문협 지부의 운영이 엉망이 되어 있다고 하면서 이 선생님이 좀 책임을 맡아 운영해 주어야겠다고 했다. 그러면서 자기는 소설도 시도 쓰고, 동화도 쓰고 만화까지 그리고 하지만 신춘문예나 잡지 추천에 번번이 최종선까지 올라가서는 떨어진다면서 "그럴 때 중앙에 가 있는 지방 출신 문인이 좀 이끌어 주면 될 터인데 그게 안 되지요. 당선작을 봐도 아무것도 아닌 것인데요" 했다. 그러면서 지부 운영을 좀 보람 있게 해 나가야 한다는 것이다. 나는 저녁 식사 후에 의견을 말했다. 지방에 있는 사람들이 서울 문단에 진출하려는 발판으로 수단으로 서클을 조직한다든지 문협 지부 회원이 된다든지 하는 것은 수긍이 안 간다는 것, 중앙 문단의 집권적이고 상품적 경향을 우리가 깨뜨리고, 좀 더 독자적으로 중앙 문단의 부속적 위치를 탈피하고 대등한 위치에서 자주적으로 의젓하게 문학을 해야 한다는 것, 그런 자세가 아니고는 참된 문학을 창조할 수 없을 것이라는 것을 말해 주었다. 속으로는 어떤지 몰라도 겉으로는 모두 내 말을 옳다고 동의하는 말을 하고 있었다.

대구여인숙에 투숙.

1977년 11월 2일 수요일 맑음

꼭 1년 만에 일기를 다시 쓰게 되었다.

그동안 나는 두 권의 책을 냈고, 또 한 권의 편저를 지금 준비 중이다. 창비사에서 낸 아동문학 평론집 《시정신과 유희정신》 (4월, 창비신서 17)은 잘 안 팔리는 것 같아 인세를 안 받아도 미안해 견딜 수 없다. 청년사에서 낸 《이 아이들을 어찌할 것인가》(5월)는 초판 3천 부, 재판 천 부, 3판 천 부까지 다 팔고 지금 4판과 5판을 각각 천 부 찍어 팔고 있는데, 매우 반응이 좋다. 나로서는 너무나 뜻밖이고 내 책을 내주겠다는 출판사가 여기저기 나오기도 했다. '오늘의 사상 총서'를 내고 있는 한길사에서는 일기 같은 것 써 놓은 것이라도 좋으니 책이 되도록 해 달라 했지만 이젠 책 내는 것이 더욱 조심이 되어 사양하고 말았다. 내가 일기를 다시 쓰게 된 것은 한길사에서 얘기가 있었던 데 자극을 받은 점도 있는 것 같다. 이제부터 교육과 문학에 대한 것을 적어 보기로 했다.

교육춘추사에서 간곡한 부탁이 있어 교육 얘기를 매월 35매씩(다음 달부터는 40매) 내고 있는데, 이것은 몹시 쓰기 싫은 것이다. 공연히 응낙했다고 후회하고 있다. 첫째 나는 교육을 깊이 연구한 일이 없고, 다음은 교육을 논의한다고 되는 것이 아니고, 셋째는 문학에 대한 글을 써야 할 터인데 시간이 없는 것이다.

오늘 아침에는 남을 해치는 아이에 대한 얘기를 조회 시간에 했다. 남을 괴롭히기를 좋아하는 사람은 자기가 부모나 이웃 아이들이나 언니 오빠들로부터 꾸중 듣고 괴롭을 받은 때문이다. 자기가 얻어맞으면 보다 약한 사람에게 갚음을 하려 한다. 이런 사람은 그 마음이 병들어 있으니 지금부터 이렇게 해 주기 바란다. 첫째, 밤에 자기 전 일기를 쓸 때 자기가 억울하게 당한 것을 모조리 적고 미워하는 사람의 욕도 실컷 써 놓아라. 그러면 마음이 아주 후련해서 잠도 잘 오고 공부도 잘된다. 남을 미워하는 마음도 덜 생긴다. 또 글짓기를 해서 특별히 그런 얘기를 쓸 수 있다. 우리 아버지, 우리 어머니, 형, 이웃집 ○○○, 싸움, 미운 아이…… 이런 제목으로 말이다. 다음에 그림을 그려도 좋다. 미운 사람의 그림을 그리는 것이다. 이렇게 하면 병이 나을 수 있는 것이다. 대강 이런 얘기였다.

숙직실에 보일러 구들을 놓았다.

저녁 마침회 때 김정윤 선생이 일꾼들과 술을 좀 먹은 모양으로 소리가 높고 말이 정상이 아니었다. 이 사람이 평소 근무가 성실한 편인데 술을 마시면 이 모양이고, 또 근무시간 중에 가끔 술을 마시는 게 탈이다. 불조심 강조 기간에 가슴에 달게 되어 있는 "불조심"이란 리본을 두꺼운 종이에 도장을 찍어 만들어 놓은 것을 보이면서 이걸 애써 만들어 놓았는데, 가로로 되었다고 이 말 저 말 있으니 아침에 이렇게 하자 해 놓고 웬일인가, 결정해 달라, 안 되면 치워 버리고……, 했다. 아침에 그런 결정을 언제 했는가, 하고 교감 선생이 말했다. 정말 그런 결정을 한 일 없다. 나도, 그런 것은 미술 시간에 아이들 만들게 하면 더 교육적이라고 말했을 뿐이다. 그리고 가로글씨를 한 것이 말 저 말 있다고 한 것은 김시충 선생이 가로글씨로 찍은 도장을 공문 지시에 맞게 한 자씩 오려 다시 붙인 것을 말한 것이다. 그래 술이 약간 취해 하는 말을 왈가왈부할 수도 없고 잘 만들었으니 그것 오려 나눠 주면 되겠다 하고 넘어갔다.

그런데, 종회 마친 다음 교무 선생이 어느 면사무소인가 군청에는 표어가 하나 나붙어서 이젠 불조심 표어를 붙일 자리가 없다더라고 말해서 내가 그저께 일직국민학교 앞에서 버스를 기다리면서 그 학교 교문과 울타리와 교사들에 붙은 구호 얘기를 하고 나서, 이러다가 만일 앞으로 이런 구호가 일체 없어지고 정말 자발적인 교육을 하라고 할 때가 되면 모든 교사들이 아무것도 안 하고 가만히 있을 것 아닌가, 기계가 된 사람들은 단추를 꼭 눌러야 움직이지 자발적으로는 꼼짝 안 할 것 아닌가 했다. 그랬더니 불조심 표어를 가위로 오리고 있던 김정윤 선생이 "그래도요, 북괴보다 덜합니다"고 말했다.

교원들이 기계가 되어 있는 상황이 이와 같다.

배영사 이재영 사장이 보내 준 책 《섬머힐》 1권을 다 읽었다. 이것은 정말 놀라운 책이다. 이런 책을 내가 지금 처음 읽게 된 것이 부끄럽고 뉘우쳐진다.

"어떤 사상의 체계란 것은 이미 만들어진 기성복이 아니다. 그것을 우리들 각자의 몸에 맞게 지어 입도록 짜 놓은 옷감이다."

1977년 11월 5일 토요일 맑음

5시에 잠이 깨어 《섬머힐》 2권을 읽는 중 '유머'란 대목에서 이 유머가 자유로운 마음을 기르는 교육에 크게 이용되고 있음을 알았다. 나는 아이들에게 소위 훈화라든가 하는 얘기를 할 때 항상 너무 엄숙한 태도로 한다. 이게 큰 잘못이었다는 것을 깨닫는다. 소위 우스개 얘기를 할 줄 알아야겠다. 나도 어렸을 때는 우스개를 곧잘 했다고 기억한다. 이것을 연구해야지. 우스개는 권위를 깨뜨릴 수 있는 좋은 무기가 아니겠는가!

아침에 2권을 다 읽었다. 닐은 성 문제를 매우 중요하게 보고 있는데 부모들이 어린이들의 자연스런 성에 대한 욕구를 부당하게 억압하는 데서 인간의 모든 정신의 병이 발생한다고 하고 있다. 이것은 아마 프로이트의 학설을 깊이 믿고 있는 탓이겠다. 성은 인간의 행동에 있어서 가장 본능적인 힘이라는 것이 프로이트의 말이다. 이것이 어릴 때부터 억압되는 데서 인간의 증오가 자라나 온갖 범죄가 일어나고 전쟁까지도 이 때문이라고 닐은 말한다. 가만히 생각해 보면 그런 면이 있고, 이것은 참으로 훌륭한 탁견이다. 그러나 우리 나라의 경우 성 문제보다는 먹는 문제가 더 크고 기본적인 인권 문제가 해결되지 않고 있으니 닐의 말은 참고가 될 따름이다.

《섬머힐》은 성 문제를 자연스럽게 개방적으로 다루고 가르쳐 훌륭한 성공을 하고 있는 점이 또한 하나의 놀라움이요, 크게 공헌했다고 할 수 있다.

오늘은 육림의 날이다. 아이들은 모두 호미, 괭이, 삽 같은 농구만 가지고 학교에 왔다. 조회 때 육림이란 말과 육림의 날의 뜻을 한참 얘기했다. 조림이라면 될 것을 왜 육림이라고 하는가? 이걸 한글로 써서는 알아볼 수 없다. 말뜻도 할 수 없이 한자를 가르쳐 가며 얘기하는 수밖에 없었다. 이런 조어를 누가 만들었는지.

운동장 둘레의 나무를 옮겨 심었다. 바로 교실 앞에 소나무가 다섯 그루, 무궁화가 세 그루, 이것이 운동장도 비좁은 데다가 소나무는 교실이 어둡고 또 온 산에 소나무만 쳐다보는데 운동장 앞에도 이걸 심어서야 보기 시원치 않다. 교육장도 지난 여름 와 보고 옮기라고 했다. 2년 전에 전근 간 교감이 산에서 고생해서 파 가지고 왔다는데, 그 교감은 이런 생각이 좀 모자란 일을 더러 했다. 서당 앞에 아주 큰 향나무를 그냥 두지 않

고 파 옮겨 놨다가 그것을 아주 죽여 버렸다. 참 아까운 나무였
는데 그런 짓을 했다. 소나무, 무궁화 그리고 호두나무(이것은
아주 큰 나무다)를 적당한 곳에 옮겨 심고 측백을 옮기고, 냇
가에 지난해 심어 둔 포플러 손질(이것은 김태두, 김명자 두
선생을 보냈는데 보나 마나 제대로 하지 않았을 것이다)을 하
고 대강 마친 것이 12시 반이었다.

오늘은 2시까지 작업을 하라고 했지만 급한 일을 마쳤고, 점
심도 안 싸 온 아이들을 더 잡고 있을 수 없어 집으로 보냈다.

오후에 빨래를 하고 학교 뒤에 가니 아직도 6학년 여자아이
네댓이 우물에서 그릇을 씻고 있다. 그릇, 냄비, 숟가락……
여선생이 집일을 시킨 것이다. 점심을 먹었느냐 물으니 안 먹
었단다. 서당 앞에 앉아 어린애와 놀고 있는 김 선생을 불러
(급식 창고 라면 박스를 낼 일이 있어) 급식 창고에 가는 길에
왜 6학년 아이를 아직 안 보냈는가, 점심도 안 먹었는데, 하니
집에 가라고 해도 안 가요, 한다. 거짓말이다. 교사가 아이들을
집으로 보낼 수 없다면 무슨 교육을 하겠는가. 또 안 갔으면 안
갔지 일을 왜 시키나. 이 두 부부 교사는 거의 날마다 아이들을
이렇게 사역한다. 물 떠 오라, 빨래해라 하고 여름엔 토끼풀을
아주 당번을 시켜 뜯어 오게 한다. 밥 짓는 일, 마루 닦는 일은
안 시키는지 모르겠다. 아마 그런 것도 시킬 듯하다. 내가 공석
에서 아이들 일 시키는 것 좋지 못하다고 말한 것이 여러 번이
지만 전혀 효과가 없다. 아주 철면피한 인간들이다. 아이들 우

물에서 그릇 씻고 있던 시간이 오후 2시다. 상감동 아이도 있었다. 10리도 넘는 산길을 가자면 한 시간도 더 걸릴 것이니 얼마나 배고프겠는가 싶으니 패씸한 생각 금할 수 없다.

저녁때 이경자가 저의 형부와 같이 와서 방 안에 한참 앉아 있다가 갔다. 경자는 대곡분교장에서 1년 땐가 2년 때 배운 아이인데, 지금은 열여덟 살이라며 키가 훨씬 커진 처녀가 되어 처음엔 알 수 없었다. 언니 집에 왔던 것이다. 경자 형부란 사람은 후평에 있어 지난번에도 운동회 때 만나 구즈레한 얘기를 자꾸 하더니 오늘도 허풍선이 같은 얘기를 자꾸 꺼내어 몹시 지루했다. 시간을 허비한 것이 아까웠지만 어쩔 수 없었다. 경자는 시종 말을 안 하고 가만히 앉아 있다 나갔는데,《섬머힐》을 읽어서 대뜸 생각난 것이 이 아이가 집에서 너무 억압을 받으면서 큰 것이 아닌가 했는데, 나갈 때 그런 말을 했더니 경자 형부가 정말 처가에 가니 아이들 너무 야단쳐서 영 기를 못 펴대요, 했다. 그랬구나!

경자 형부는 나를 동서 간이라면서 가까이 지내야 한다고 하는데, 자꾸 찾아올 것 아닌지 귀찮게 됐다.

이웃집에서 감 한 접 1,200원을 주고 샀다.

1977년 11월 6일 일요일 흐림

《섬머힐》 3권을 읽으면서 생각한 것.

갓난 어린이는 선도 악도 아닌 백지 같은 상태다. 그러나 이 백지 상태가 우리가 '선'이라고 하는 상태보다 훨씬 선하고 낫다.

닐은 억압을 받지 않고 자유롭게 자라난 어린이는 결코 잔인할 수가 없다 한다. 그러나 나로서는 여기에 주석을 좀 붙여 두어야 할 것 같다. 영국의 경우 이 원칙은 어디까지나 맞다. 그런데 우리 같은 식민지 상태의 나라에서는 가령 어린이들이 자유롭게 자라날 수 있다고 하더라도 잔인할 수밖에 없다. 적어도 농촌 아이들에게 그러하다. 우리 농민들이 자연을 상대로 일한다는 것은 자연 자원을 긁어모으기 위해 자연을 학대하고 짓밟는다는 것이다. 이것은 아마 영국의 농민과도 다른 점일 것이다. 그리고 우리 어린이들은 그들의 부모들과 같이 이 자연을 학대하고 곤충과 짐승을 살육하는 현장에서 일하고 있는 것이다. 그것은 오랜 세월 동안 세계 각국에 식민지를 두고 그 백성들을 지배하여 오면서 축적해 놓은 부로 살고 있는 나라의 어린이들과 그런 나라에 자원을 긁어모아 주기 위해 비참한 일을 하고 있는 나라의 어린이들과의 차이일 것이다. 영국의 아이들은 자기들이 가지고 있는 책가방과 신고 있는 구두와 허리띠의 가죽, 그리고 어머니들의 목에 두르고 있는 여우 목도리들이 어디서 어떻게 온 것인가를 알 것이지만, 직접 여우를 잡고 소나 돼지를 잡는 현장을 보지도 못할 것이다. 그러나 우리 아이들은 돼지고 개고 토끼고 다람쥐고 부모들이

384

그것을 잡는 것을 보고, 또 조그만 짐승을 잡기도 하는 것이다.

그러나 우리 나라 어린이들이 이런 경제적 식민지 상태에 풀려나더라도(영국의 어린이 같은 상태가 되더라도) 여전히 잔인할 것은 확실하다. 그것은 부모들의 그릇된 인습과 도덕관념이며 종교가 어린이들을 억압할 것이기 때문이다. 말하자면 우리 어린이들은(특히 농촌의) 지금 이중의 억압 상태에 놓여 있다고 말하는 것이 정확하다. 하나는 어른과 어린이가 함께 감당하는 경제적 식민 상태에서 오는 것이고, 다른 하나는 도덕과 종교와 부모들의 무지에서 오는 것이다.

아이들이 어찌 잔인하지 않을 수 있겠는가!

닐이 특히 아이들이 억압받고 있는 상황을 설명하는 중에 성적인 억압을 가장 중요시하고 있는 것(그는 프로이트에 너무 경도하고 있는 듯하다)도 우리 아이들과는 다르다. 우리 아이들은 성적 금지나 억압보다도 훨씬 더 경제적인 부자유와 곤궁, 억압 때문에 비뚤어지는 것이 분명하다. 영국에서는 경제적 억압이나 곤궁이 우리에 비하면 거의 문제도 안 될 것 같다.

닐의 《섬머힐》은 영국이란 사회가 낳은 가장 진보적이고 이상적인 교육 방법임에 틀림없다.

닐이 학교와 가정과 교회에서 어른의 어린이에 대한 억압에 이토록 반발한 것은 전통과 예의와 체면을 중시하는 신사도의 나라 영국의 특수한 사회 환경의 소치가 아닌가? 그런 점도 있을지 모른다. 그러나 어린이에 대한 어른들의 횡포는 봉건적인습에 이은 군국주의 식민 교육을 물려받은 우리 나라에서는 아마도 영국 이상으로 절실하게 문제시되어야 할지 모른다. 이 책에 기술된 닐의 말이 너무나 감동적으로 느껴지는 이유가 여기에 있다.

저녁에 《섬머힐》 3권을 다 읽었다. 이 책을 진작 읽지 못했던 것이 후회된다.

아동에 대한 어른들의 무의미하고 어리석은 억압은 인간의 모든 불행을 가져왔다. 그것은 오늘날의 이 참담한 기계문명과 전쟁까지도 가져왔고, 인류를 멸망하게 할지도 모른다. 종교와 교육과 정치 등 모든 권력과 권위에 대한 닐의 비판은 너무나 정당하다.

30여 년의 내 교육 생활에서 나는 최근에 이르러서야 겨우 어린이를 신뢰하게 되었다. 내가 진작 닐을 읽었더라면 그 오랜 시행착오와 온갖 허망한 권위와 교의 등에서 좀 더 일찍 벗어날 수 있었을 텐데, 하는 생각이 든다.

나는 내가 그림과 글짓기 지도에서 하고 있는 방법이 이 닐의 교육 방법과 거의 부합하는 것임을 확신하게 되었다. 참으로 반가운 일이다.

《섬머힐》의 서평을 써 보고 싶어졌다. 이 책을 우리 나라의 많은 교사들과 부모들과 교육에 관심 있는 인사들, 그리고 아동 문학자들이 읽게 되어 우리 나라에도 닐 선풍이 일어난다면 얼마나 좋겠는가. 그래서 오늘날의 썩어 빠진 종교와 교육과 허

울 좋은 아동문학 운동가들의 가면을 시원스리 한번 벗겨 보았
으면 역사가 진보하는 데 큰 도움이 될 것 같은 생각이 든다.

1977년 11월 8일 화요일 비

아침에 올겨울엔 외딴집 철거에 따른 전출 아동이 앞으로 적
어도 아홉 명은 되리라고 해서 학급 수가 다음 해에는 감소되
지 않을까 염려되었다. 가뜩이나 교직원 수가 적어서 사무와
관리 면을 처리하기 어려운 처지인데, 한 학급이라도 줄게 되
면 일을 어떻게 감당할 것인가.
어제는 감동에 있는 이재형 씨가 와서 이젠 이사를 해야 한다
고 하면서 감동에서 네 집이 철거한단다. 산전을 못 해 먹게 집
들도 그냥 버리고 이주를 해도 먼 곳으로, 적어도 다른 면으로
가야 된다고 한다. 보상금은 얼마나 받는가 물으니 70만 원이
나온다고 한다. 그러면서 이젠 농사지을 땅도 없으니 자기는
대구로 가야 하는데 70만 원 가지고 방 한 칸 빌릴 돈밖에 안
되는데 어떻게 살아야 할지 막연하단다. 뱀골서도 쫓겨 나가
게 될 집이 있다고 들었다.
오늘 아침에 다시 이런 얘기가 났다. 전에는 산골 땅을 개간
하라고 장려를 하더니 지금은 아무것도 없는 사람 산 쪼아 먹
고 사는 것도 못살게 하니 어쩌란 말인가, 하는 말이 나오니 김
정윤 선생은 "취약 지구가 돼서 그란답니다"고 하고, 교감 선

생은 "그까짓 산전이고 집이고 다 팔아 봤자 20만 원도 안 되는데 잘됐지요. 도시에 가면 어째라도 살아요" 한다. 자기 먹을 것이 있는 사람은 가진 것 아무것도 없는 사람의 사정을 이해하지 못한다. 산골에 농사짓던 사람이 아무것도 안 가지고 도시에 나가도 어째라도 산다니, 요새는 거지 노릇도 할 수 없는 세상인 줄 아는가 모르는가. 밤을 새워 시끄러운 기계 소리 속에 정신없이 시달리면서 한 달 품삯 겨우 3, 4만 원 받거나 (그런 일자리도 잘 없다) 길가에 사과를 놓고 팔고 앉았는 여자들이 팔자 좋은 생활을 하고 있다고 이 선생들은 생각하는가? 내 일이 아니니까 그저 나한테 해롭잖게 말하는 것만이 세상 살아가는 데 가장 현명한 처세술이다, 라는 태도다. 이런 사람들이 아이들을 가르치고 있으니 교육이 될 턱이 없다.

1977년 11월 22일 화요일

반공 종합 전시관 건립 기금 학생 1인당 50원. 이리 이재민 구호금 1인당 50원. 이것을 앞의 것은 재적의 80퍼센트를, 뒤의 것은 극빈자 제외 전원을 21일까지 은행에 내고 납부서는 교육청에 보고하라고 17일 회의 때 지시받았는데, 어제는 보결 수업에 들어간다고 납부서 쓰는 것을 안 봤더니 그걸 한데 합쳐서 은행에 내 버리고 보고서도 안 냈다. 그래 전화로 알아보니 오늘 급히 납부서를 내라고 해서 청부도 아직 안 왔고 부득이 내가 가는 수밖에 없이 되었다. 기왕이면 나간 길에 서울까지 가 볼까도 생각이 들어 오전에 나서려다가 차를 불러 같이 타고 가자는 사람들이 있어 기다렸더니 종래 차가 안 왔다. 오후 3시까지 기다리다가 할 수 없이 혼자 걸어 나갔다.

교육청 볼일을 다 보고 대구여인숙에 있으니 전 형이 와서 함께 자는데, 밤중에(10시 반경) 찾는 사람이 있어 나가니 서울서 청년사 한 사장과 화가 ㅈ 씨가 찾아왔다. 지례 갔다 못 만나고 나오는 길이라 했다. ㅈ 씨는 내 《이 아이들을 어찌할 것인가》 책의 그림을 그려 준 사람이다.

그래 네 사람이 3시까지 앉아 얘기를 했다. 이 두 사람이 찾아온 볼일은 이랬다. '어린이 시집'의 편집을 해서 교정을 보는데 아무래도 뜻대로 안 되고 또 공백이 많아 그림을 채우자니 어른들의 것보다 기왕이면 아이들 그림이 좋겠다고 합의를 보아 그것을 의논하러 온 것이다. 그리고 아이들에게 그림을 그리게 하려고 볼펜을 40타나 사 가지고 와서 길산학교에 두고 왔다는 것이다. 그리고 다시 와 그림에 대해 한 얘기는 이렇다. 농촌 아동의 시니까 필경 농촌 아동의 생활을 그린 그림이라야 되겠는데, 생활이나 생각의 표현은 아무래도 선으로 하는 것이 좋겠다는 것이다. 색채는 감정을 표시할 뿐이라는 것. 그리고 도시 아동의 그림이나 요즘 어른들이 그리고 있는 현대 회화라는 것도 추상화는 물론이고 그 밖의 것들도 주로 색채를 중심으로 표현한 것인데, 이것이 생활이라든가 사상 같

은 것을 죽여 버리고 있다는 것이다. 이러한 서구 중심의 미술
과 서구 중심의 미의 가치 기준을 우리는 아주 떠나고 전환해
야만 된다는 것이다. 그래서 교육도 아주 쇄신해야 한다는 것
이다. 크레용을 사용하는 것만을 고집하지 말고 연필이나 그
밖의 선만으로 그림을 그릴 수 있도록 지도해야 한다는 것이
다. 그러면서 "선생님은 시 지도에서는 아주 앞서고 계신데,
미술은 그렇게 못한 것 같아요" 했다.

나는 그의 말에서 우리 미술과 미술교육이 크게 방향 전환을
해야 한다는 주장에 전폭적으로 의견이 같다고 말했다. 그러면
서 내 경험에 비추어 볼 때 국민학교 아이들은 선으로 어떤 모
양을 그린다는 것이 아주 서툴고, 한편 색채로 감정을 나타내
는 일에서는 색의 선택에서나 색의 조화에 있어서 선천적인 자
질을 가지고 있는 것이 확실하다고 말했다. 그래서 나는 지금
까지 색채로 그리는 일에만 주로 의존하고 있었고, 따라서 색
으로 감정을 표현하는 것이 아주 중요한 것임을 느끼고 있다고
말했다. 그러나 이제 생각해 보면 선으로 물체의 모양을 나타
내는 것이 아이들로서 서툴다는 것은 아이들이 날 때부터 묘사
에 재질이 없어서 그런 것이 아님이 확실하다. 그 예로 우리 집
어린놈이 너댓살 때는 버스나 경운기를 아주 정확하게 그 세밀
한 부분에 이르기까지 그렸는데, 국민학교에 들기 전후해서 이
웃 아이들의 그림을 보고 흉내 내고부터 그만 그림이 아주 엉
망이 되어 버리고 전혀 창의성이 없어져 버린 것이다. 이것을

보면 오늘날의 학교교육이 얼마나 창의성을 죽이고 있는가를 알 수 있고, 아이들이 물체의 모양을 그리지 못하는 것도 날 때부터의 그 천성을 그만 여지없이 짓밟아 죽여 버린 때문임이 확실하다. 그렇다면 연필이나 볼펜을 주어 색채를 떠난 물체의 모양이나 사람의 움직임을 그리게 함으로써 이렇게 죽어 버린 아이들의 창의성을 다시 살릴 수는 있지 않을까. 이것은 충분히 실험해 볼 만한 일이다. 나는 학교에 두고 왔다는 그 볼펜으로 아이들에게 그림을 그려 보도록 해야겠다.

다음에 색채로서의 감정 표현 문제는 이것 역시 등한히 할 수 없고 무시해서도 안 된다고 나는 주장했다. 특히 국민학교의 저, 중학년에 있어서는 감정의 표현이 중요하다. 오늘날같이 아이들이 억압된 상태에 있어서는 감정의 해방이 지극히 중요하며, 이것은 사물을 리얼하게 표현하는 일에 어쩌면 앞서야 할지 모른다. 이런 내 주장에 ㅈ 씨도 수긍하는 것 같았다.

밤늦게까지 주로 나와 ㅈ 씨가 중심이 되어 한 얘기는 참 중요한 얘기였고, 나는 그로부터 많은 것을 배웠다. 그도 내가 한 말이 적지 않게 참고가 되었을 것이다.

그리고 아이들에게 흙으로 여러 가지 모양을 만들어 불에 굽는 교육을 해 보라고 해서 나도 진작부터 그런 것에 관심을 가지고 있었던 참이라 재미있게 들었다. 그릇이나 공작물을 굽는 가마의 설계며 굽는 방법 같은 것을 나중에 종이에 그리고 편지를 써서 부쳐 주겠다고 해서 나도 단단히 부탁했다.

1977년 11월 29일 화요일 흐리고 오후에 눈

오늘은 1학년 군내 일제 고사고 내일은 2~6학년 일제 고사.
1학년 시험 감독 교사로 임동학교 1학년 담임한 여선생 한 사
람이 왔다. 올 수도 없는 택시로 어떻게 왔는지 용하게 아침 일
찍 왔다(나중에 이 택시가 나갈 때 그 공사하는 고개에 잡혀서
올 때 번 돈을 다 내줘도 안 된다고 가지도 못하고 있더란다).
토요일 교감 회의가 이 일제 고사 때문에 있었다. 시험문제가
봉해져 있고, 그것은 고사를 감독하는 사람이 와서 떼게 되어
있다. 만약 봉인에 이상이 있으면 시험 실시를 거부하게 된다.
고사 실시 장소에 아무도 들어갈 수 없고, 시험문제도 읽어 줄
수 없다. 정한 시간을 엄중히 지켜야 하고, 채점은 그 자리에서
하는 것이 아니고 감독자가 근무하는 학교에 가져가서 하게
된다.
시험지 봉인을 떼고 펴는 것을 옆에서 보고 있던 교감 선생이
1학기 것이 반이나 나왔구나. 이것은 7, 8개월 전에 배운 것인
데 다 잊어버렸겠다, 한다. 또 음악이며 미술, 체육 같은 것이
필기 고사로 나와 이런 걸 아이들이 할 수 있나 하고 걱정한다.
내가 한 번 고개를 돌려 보니 체육 문제인데 어떤 몸의 동작을
해 보이는 그림을 그려 놓고 그것이 무슨 운동인가 물어 놓았
다. 이게 1학년 시험문제고, 또 이것을 읽어 주지도 말고 그냥
종이만 내주고 빈칸에 답만 쓰라고 한다니 어이가 없다. 이래

서 아이들 모조리 바보로 만들고 특히 시골 아이들 바보로 만들고 있다.

그리고 선생들을 이렇게 믿지 못해 시험지를 봉하고, 감독자도 같은 학년 담임끼리 서로 철저히 감시하도록 바꿔 하도록 지정하고, 채점도 될 수 있는 대로 서로 나쁘게 나오도록 하고 있으니, 이게 무슨 놈의 교육인가. 서로 못 믿도록, 서로 나쁜 점수가 되도록, 어른들과 아이들을 이렇게 만들고 있는, 이것이 교육행정 한다는 사람들이 밤낮 연구하는 장학 기술이란 것이다.

그저께 대구서 처한테 얘기 들은 것이지만, 그 학교에서는 교내 일제 고사 때 불공정하지 않도록 하기 위해 열몇 반의 아이들을 모두 한데 섞어 다시 분반해서 앉혀 놓고 시험을 치르게 한다는데, 그래도 어떤 여선생들은 아직 마칠 시간이 20분이나 남아 있는데도(심지어 1학년 아이들 교실에서) 시험지를 마구 걷어 가 버린다고 했다. 그것은 물론 자기 반 아이들을 맨 나중에 걷고 다른 반 아이들 것을 먼저 걷어 가는 것이다. 그리고 채점 과정에서도 온갖 더러운 짓을 예사로 하고 있다고 했다.

어제 들어올 때 도중에서 만난 지례 동장한테서 행정기관의 억지 행정과 부패상을 듣고 새삼 놀랐지만, 교육도 이 정도 되면 아마 동서고금에 그 유가 없을 만한 역사를 남길 것이 분명하다.

오늘 감독으로 온 여선생은 알고 보니 안동의 장세문 목사의 부인이었다. 인물이 괜찮아 보이고, 내가 1학년 교실에 한 번도 들어가 보지 않았지만 아마 아이들을 혹독하게 대하지는 않을 것 같았다. 다행한 일이다.

여선생 돌아갈 일을 걱정하다가 할 수 없이 임동우체국 집배원 서 씨의 오토바이 위에 태워 보냈다.

내일은 임동 교감 선생이 오게 되어 있는데 어떻게 올까. 우리 교감 선생은 또 지양학교로 가게 되어 있는 것이다.

이오덕이 걸어온 길

1925년	11월 14일, 경북 청송군 현서면 덕계리(구석들) 574번지에서 독실한 기독교인 아버지 이규하와 어머니 정작선 사이에서 3녀 1남 가운데 막내로 태어났다.
1933년 8세	4월 1일, 화목공립심상소학교에 들어갔다. 어려서부터 대한예수교장로회 화목교회에 다니며 주일학교에서 '고향의 봄', '반달', '집 보는 아이의 노래' 같은 동요를 배우고, 유년 주일학교에서 동화를 들었다.
1935년 10세	소학교 3학년 때 담임선생님이 읽어 준 빅토르 위고의 《장발장(레미제라블)》에 감동받았다. 어린 시절 염소를 뜯기며 《15소년 표류기》, 《암굴왕(몽테크리스토 백작)》 같은 책을 어두워질 때까지 읽었다.
1939년 14세	3월 8일, 화목소학교를 졸업했다.
1941년 16세	4월 8일, 경북 영덕군 영덕공립농업실수학교에 들어갔다.
1943년 18세	3월 25일, 영덕공립농업실수학교를 졸업했다. 성적이 뛰어나 군청 직원으로 특채되었다. 군청 직원 일을 하면서 학교에서 뛰어노는 아이들을 보고 교사가 천직이라는 생각이 들어서 교사가 되기로 결심하고 독학했다.
1944년 19세	2월 11일, 구제 3종 교원 시험에 합격했다. 4월 7일부터 1945년 12월 30일까지 경북 청송군 부동면 부동공립국민학교에서 훈도를 했다.

교사가 되고 보니 생각했던 것과 달리 일제
식민지 교육에 시달렸다.
강위생과 혼인했다.

1945년 20세	12월 31일부터 1947년 7월 30일까지 경북 청송군 화목공립국민학교에서 가르쳤다.
1946년 21세	화목교회에서 주일학교 교사도 했다. 8월 6일, 맏아들 정우가 태어났다.
1947년 22세	7월 31일부터 1948년 6월 30일까지 경북 청 송군 수락공립국민학교에서 가르쳤다.
1948년 23세	7월 15일부터 1951년 8월 30일까지 부산 남 부민공립국민학교에서 가르쳤다.
1949년 24세	8월 1일, 국민학교 2급 정교사 자격증을 받 았다.
1951년 26세	8월 31일부터 1952년 3월 31일까지 부산 동 신국민학교에서 가르쳤다. 4학년을 맡았을 때 처음으로 시를 가르쳤다.
1952년 27세	11월 27일부터 1957년 5월 30일까지 경남 함안군 군북중학교에서 국어와 여러 과목을 가르쳤다. 학생들 글을 모아 문집과 교지를 만들었다.
1954년 29세	1월, 한국아동문학가협회를 만드는 데 함께 했다. 이때 처음 이원수와 만났다.
1955년 30세	이원수가 펴내던 〈소년 세계〉에 동시 '진달 래'를 발표하며 아동문학가로 첫발을 내딛 었다.

1957년 32세	5월 1일, 군북중학교 교감이 되었는데 한 달 만에 사표를 냈다. 6월 20일부터 1959년 3월 30일까지 경북 상 주군 청리면 공검국민학교에서 가르쳤다. 이때부터 농촌 어린이에게 글짓기를 중심에 두고 가르치며 학급 문집을 두 권 펴냈다.	〈새교육〉에 '1학년의 시 지도'를 발표했다.
1959년 34세	국민학교 1급 정교사 자격증을 받았다. 3월 31일부터 1961년 10월 9일까지 경북 상 주군 상주국민학교에서 가르쳤다. 상주교육연구소에서 출판 보급 일도 맡았다. 강위생과 이혼했다.	
1961년 36세	10월 10일부터 1964년 9월 30일까지 경북 상주군 청리국민학교에서 가르쳤다. 2학년부터 4학년까지 같은 아이들을 담임하 면서 삶을 가꾸는 글쓰기 교육을 연구하고 실천했다. 어린이 미술교육에 관심을 가지고 그림을 가르쳤다. 어린이 잡지와 〈새교실〉을 비롯한 교육 잡지 에 글을 실었다.	주마다 한 장으로 된 문집 〈흙의 어린이〉를 펴냈다. 프린트판 어린이 시 모음 〈봄이 오면〉과 〈푸른 나무〉 를 펴냈다.
1963년 38세	8월, 경북아동문예연구협회를 만드는 데 함 께했다.	
1964년 39세	1월, 국민학교 교감 자격증을 받았다. 10월 1일부터 1967년 2월 28일까지 경북 상주군 이안서부국민학교에서 교감으로 지 냈다.	2학년 어린이 시 모음 〈유 리창〉을 펴냈다.
1965년 40세	교육을 제대로 할 수 없고, 교감 업무도 마음 에 들지 않아 교육청에 교사 강등 청원서를 냈다. 〈새교실〉에 처음으로 우리 말 관련 글, '우리 말에 대하여'를 썼다.	《글짓기 교육—이론과 실 제》를 펴냈다.

1966년 41세		동시집 《별들의 합창》을 펴냈다.
1967년 42세	3월 1일부터 1968년 2월 28일까지 경북 경 주군 경주국민학교에서 가르쳤다. 한국문인협회 회원이 되었다. 이인자와 재혼했다.	
1968년 43세	3월 1일부터 1971년 2월 28일까지 경북 안 동군 임동 동부국민학교 대곡분교에서 가르 쳤다. 둘째 아들 현우가 태어났다.	1970년까지 학교 글쓰기 신문 〈산마을〉을 주마다 펴냈다. 전교생들 시를 모아 〈햇빛 과 바람과 땀〉을 펴냈다.
1969년 44세		동시집 《탱자나무 울타리》 를 펴냈다.
1971년 46세	3월 1일부터 31일까지, 대구시 비산국민학 교에서 가르쳤다. 도시 학교에서 지내는 것보다 교감으로라도 산골 학교에 가는 게 좋겠다고 생각해서 교 감 발령을 신청했다. 4월 1일부터 1973년 2월 28일까지 경북 문 경군 김룡국민학교에서 교감으로 지냈다. 〈동아일보〉 신춘문예에 동화 〈꿩〉과 〈한국일 보〉 신춘문예에 수필 〈포플러〉가 당선되었다. 한국아동문학가협회(회장 이원수)를 만드는 데 함께했다. 한국문인협회 안동지부를 만드는 데 함께 했다.	
1972년 47세	교감 자격증을 받았다. 교지 〈김룡문화〉(2호까지)를 펴냈다. 경북수필동인회에 함께했다. 딸 연우가 태어났다.	

1973년 48세	1월 18일, 〈조선일보〉 신춘문에 당선작 〈무명저고리와 엄마〉를 쓴 작가 권정생을 찾아가 만났다. 3월 1일부터 1976년 2월 28일까지 경북 봉화군 삼동국민학교에서 교장으로 지냈다. 한국아동문학가협회 이사가 되었다.	《아동시론》을 펴냈다.
1974년 49세		동시집 《까만 새》를 펴냈다.
1975년 50세	7월 20일, 한국아동문학가협회에서 펴낸 《동시, 그 시론과 문제성》에 실은 '표절 동시론'에서 송명호가 모방작을 썼다고 했다. 그일로 송명호가 명예훼손으로 고소했다. 이 사건은 〈조선일보〉, 〈한국일보〉에 보도되고, 9월 20일에 회장 이원수가 해명서를 신문에 내고, 이오덕이 사과하여 마무리되었다. 12월 5일, 여름방학 때 염무웅한테 월북 작가 오장환이 번역한 《에세닌 시집》과 이용악 시집을 빌려 주었는데, 그것을 복사해 신경림과 백낙청한테 돌린 것이 걸려서 12월 2일 중앙정보부에 끌려가서 이틀 동안 조사받고 나왔다.	
1976년 51세	3월 1일부터 1979년 2월 28일까지 안동군 길산국민학교에서 교장으로 지냈다. 어린이문학 평론 '부정의 동시'로 한국아동문학가협회에서 주는 제2회 한국아동문학상을 받았다. 창작과비평사에서 펴내는 〈창비아동문고〉 기획 및 선정 위원으로 일했다. 자유실천문인협회(지금의 한국작가회의)에 함께했다. 환경보호연구회에 함께했다. 경북아동문예연구협회 부회장을 지냈다.	

1977년 52세		아동문학평론집 《시정신 과 유희정신》과 교육 수필 집 《이 아이들을 어찌할 것 인가》를 펴냈다.
1978년 53세		교육 수필집 《삶과 믿음의 교실》과 어린이 시 모음 《일하는 아이들》을 펴냈다.
1979년 54세	3월 1일부터 1982년 2월 28일까지 안동군 대성국민학교에서 교장으로 지냈다. 1985년 8월까지 경북글짓기교육연구회 회 장을 지냈다. 마리스타수도회 안동실기교육원 교육 협의 에 함께했다. 안동 장자연구모임에 함께했다.	학교 문집 〈칡기 덩굴〉과 학교 신문 〈대성〉을 펴냈다. 어린이 시 모음 《우리도 크면 농부가 되겠지》를 펴 냈다. 동시집 《꽃 속에 묻힌 집》 을 엮었다.
1980년 55세	한국문인협회 안동지부 지부장과 어린이도 서연구회 지도위원, 한국아동문학가협회 부 회장을 맡았다.	
1981년 56세	10월 16일, 처음으로 '글짓기'라는 말을 '글 쓰기'로 바꿔 쓰기로 했다. 안동 마리스타수도회에서 만난 사람들과 함 께 아동문학연구회와 성서연구회를 만들어 공부했다. 지체부자유아동복지회를 만드는 데 함께하 고 이사가 되었다.	동시집 《개구리 울던 마 을》을 펴냈다.
1982년 57세	3월 1일부터 1986년 2월 28일까지 경북 성 주군 대서국민학교에서 교장으로 지냈다. 합동기획출판사에서 어린이책 기획위원으 로 일했다.	동화집 《황소 아저씨》를 엮었다.
1983년	8월 20일, 국민학교 교사 46명과 한국글쓰	어린이에게 보내는 편지

58세	기교육연구회를 만들고 대표를 맡았다. 도서출판 인간사 어린이책 기획위원으로 일했다.	《울면서 하는 숙제》와 수필집 《거꾸로 사는 재미》를 펴냈다. 동화집 《까마귀 아저씨》를 엮었다.
1984년 59세	〈이원수 아동문학 전집〉을 기획하고 편집했다. 경북아동문학연구회를 만들었다.	아동문학 평론집 《어린이를 지키는 문학》, 어린이시 모음 《참꽃 피는 마을》, 어린이 글 모음 《우리 반 순덕이》, 《이사 가던 날》, 《나도 쓸모 있을걸》, 《웃음이 터지는 교실》, 글쓰기 교육 이론서 《삶을 가꾸는 글쓰기 교육》을 펴냈다. 수필집 《산 넘고 물 건너》를 엮었다. 일본 어린이 시 지도 책 《어린이 시 지도》를 번역했다. 어린이문학 부정기간행물 〈살아 있는 아동문학〉을 만들었다.
1985년 60세	7~8월, 《민중교육》 사건과 '창작과 표현의 자유에 대한 문학인 401인 선언'에 참가한 것으로 경찰서 정보계에서 감시당하고, 교육청 학교 사무 감사를 받았다. 11월, 가까운 이들이 안동에서 이오덕 회갑 모임을 마련했는데 교육청에서 가지 못하게 막았다. 12월 16일, 명예퇴직을 신청하는 서류를 냈다. 12월 26일, 문공부 산하 도서잡지주간신문 윤리위원회에서 이오덕이 쓴 모든 책을 판매 금지시켰다.	동화집 《구구단과 까치밥》을 엮었다. 어린이문학 부정기간행물 〈지붕 없는 가게〉를 만들었다.

어린이를 지키는 문학인 모임을 만들었다.
햇빛출판사에서 어린이책을 기획했다.

1986년 61세	1월 11일, 《개구리 울던 마을》, 《꽃 속에 묻힌 집》 같은 책들을 도서잡지주간신문윤리위원회에서 불건전 아동 도서로 분류했다. 2월 28일, 42년 동안 몸담았던 학교에서 떠났다. 3월, 경기도 과천시 주공아파트 1단지 206호로 이사했다. 한국글쓰기교육연구회 대표로 연임되었다. 민주교육실천협의회를 만드는 데 함께하고, 공동대표를 맡았다. 《어린이와 책》과 이호철 학급 문집, 신현복 일기 《저 하늘에도 슬픔이》를 기획했다.	수필집 《이 땅에 살아갈 아이들 위해》와 글쓰기 지도서 《글쓰기, 이 좋은 공부》를 펴내고, 교육 수필집 《우리 언제쯤 참선생 노릇 한번 해 볼까》를 엮었다. 어린이 글 모음 《봉지 넣는 아이들》(대서초등학교 180명 모두가 쓴 글)과 《산으로 가는 고양이》를 엮었다. 어린이문학 부정기간행물 〈겨레와 어린이〉와 〈우리 모두 손잡고〉를 만들었다. 중고생 백일장 작품집 〈성주의 가을〉을 펴냈다.
1987년 62세	전국초등민주교육협의회를 만드는 데 함께하고, 자문위원을 맡았다. 학급 문집 《꿈이 있는 교실》(유인성), 《들꽃》(주중식), 《해 뜨는 교실》(백영현)을 기획했다.	교육 수필집 《삶, 문학, 교육》, 동화집 《종달새 우는 아침》, 동시집 《언젠가 한 번은》을 펴냈다.
1988년 63세	4월, 제3회 단재상을 받았다. 한겨레신문 창간 발기인회 공동 부위원장과 창간위원을 맡았다. 공해반대시민운동협의회 이사, 탁아소연합회 이사장, 공해추방운동연합 지도위원을 맡았다. 일하는 사람들의 글쓰기가 중요하다 여겨 1, 7, 8, 9회 전태일문학상 심사위원을 맡았다.	어린이 글쓰기 지도서 《어린이는 모두 시인이다》를 펴냈다. 《어린이를 하늘처럼 섬기는 교실》을 엮었다.
1989년 64세	아동문학인들과 함께 한국어린이문학협의회를 만들고, 회장을 맡았다.	《우리 글 바로 쓰기》와 《이오덕 교육일기》(1, 2)를 펴

전교조탄압저지와 참교육실현을 위한 범국민 공동대책위원회 고문을 맡았다.
〈노동문학〉 자문위원과 〈농민〉 지도위원, 사월혁명기념사업회 지도위원을 맡았다.
어린이문화를 걱정하는 모임을 만들려고 했으나 뜻을 이루지 못했다.

냈다.
교육 수필집 《탁류 속을 가는 선생님들》을 엮었다.

1990년 65세

민족문학작가협의회(지금의 한국작가회의) 고문을 하면서 아동문학분과위원회를 꾸렸다.
한겨레신문 주최 겨레의노래 선정위원을 맡았다.

교육 수필집 《참교육으로 가는 길》을 펴냈다.

1991년 66세

한국글쓰기교육연구회 회장, 한겨레신문 창간위원장단 전형위원회 부회장, 과천시민의 모임 공동대표, 월간 〈우리교육〉 편집 자문위원을 맡았다.
한글학회가 주는 국어운동공로상을 받았다.

민족문학작가회의 회원들이 쓴 동시집 《통일은 참 쉽다》와 《남북 어린이가 함께 보는 창작 동화》(1~5)를 엮고, 어린이 글 모음 《우리 집 토끼》를 펴냈다.

1992년 67세

유치원 교사 박문희가 아이들 말을 들어 주고 기록한 마주이야기와 그 교육 과정을 책으로 펴내기 위해 애썼다.

1992년에 펴낸 《우리 말 바로 쓰기》를 다시 고쳐서 《우리 글 바로 쓰기》(1, 2)를 펴냈다. 《우리 문장 쓰기》도 펴냈다.

1993년 68세

우리 말 살리는 모임을 만들고 공동대표를 맡고 회보 〈우리 말 우리 글〉을 펴냈다.
경기도 과천에 우리 말 연구소를 열었다.
초원봉사회 고문과 국민학교 이름 고치는 모임에서 운영위원을 맡았다.

《글쓰기 어떻게 가르칠까》와 어린이 글쓰기 지도서 《신나는 글쓰기》, 《우리 모두 시를 써요》, 《와아, 쓸 거리도 많네》, 《이렇게 써 보아요》, 《어린이 시 이야기 열두 마당》, 동화집 《버찌가 익을 무렵》을 펴냈다.

1994년 69세	7월 1일부터 1996년 6월 30일까지 문광부 국어심의회 국어순화분과위원회 위원을 맡았다. 과천시민참여 모임 공동대표와 전국교직원노동조합 자문위원을 맡았다.	어린이를 위한 우리 말 바로 쓰기 지도서 《이오덕 글 이야기》를 펴냈다.
1995년 70세	어린이와 청소년의 권리 지키기 연대회의 공동대표를 맡았다.	글쓰기 교육 이론서 《무엇을 어떻게 쓸까》를 펴냈다.
1996년 71세	남북어린이어깨동무 자문위원을 맡았다. 동국대학교 만해 백일장 심사위원을 맡았다.	《우리 말 바로쓰기 3》과 노동자 글쓰기 안내서 《일하는 사람들의 글쓰기》와 교육 수필집 《어린이를 살리는 글쓰기》를 펴냈다.
1997년 72세	어린이도서연구회 이사와 공정선거민주개혁국민위원회 창립대회 준비위원회 고문을 맡았다. 마주이야기교육연구소를 만드는 데 도움을 주었다.	어린이를 위한 우리 말 바로 쓰기 책 《우리 말로 살려 놓은 민주주의》를 펴냈다.
1998년 73세	교육부에서 펴낸 학생인권선언문을 다듬었다. 김구 주석 서거 50주년 추모공연 준비위원, 한글학회 한글전용추진위원회 위원, 민족화해협력범국민협의회 고문을 맡았다.	청리초등학교에서 가르친 어린이 시 모음 《허수아비도 깍꿀로 덕새를 넘고》를 엮었다.
1999년 74세	충북 충주시 신니면 광월리 710번지 무너미 마을로 이사 갔다. 어린이도서연구회 자문위원, 한국글쓰기연구회 이사장, 국가보안법반대 국민연대 고문을 맡았다.	
2000년 75세	책을 손수 펴내고 싶어 아리랑나라 출판사를 만들었다.	

새국민정치연구회 고문, 생명사랑실천모임
대표를 맡았다.

2001년 76세		아동문학 평론집 《권태응 동요 이야기-농사꾼 아이 들의 노래》를 펴냈다. 일본 초·중·고등학교 학 생 시를 번역해 《한 사람 의 목숨》으로 엮었다.
2002년 77세	오늘의 정국을 우려하는 지식인 선언에 함께 했다.	아동문학 비평집 《어린이 책 이야기》와 문학과 교육 수필집 《문학의 길 교육의 길》, 수필집 《나무처럼 산 처럼》을 펴냈다.
2003년 78세	8월 25일 새벽 6시 50분쯤에 돌아가시고, 8월 27일 11시에 충북 충주시 무너미 마을 고든 박골에 묻혔다.	

이오덕 일기 1 무엇을 가르쳐야 하는가?

1판 1쇄 | 2013년 6월 24일   1판 6쇄 | 2021년 1월 6일

지은이 | 이오덕
펴낸이 | 조재은
편집부 | 김명옥 김원영 육수정
영업관리부 | 조희정 정영주 유현재

펴낸곳 | (주)양철북출판사
등록 | 2001년 11월 21일 제25100-2002-380호
주소 | 서울시 마포구 양화로8길 17-9
전화 | 02-335-6407   팩스 | 0505-335-6408
전자우편 | tindrum@tindrum.co.kr
ISBN | 978-89-6372-086-9 04810   값 | 14,000원

© 이정우, 2013
이 책의 내용을 쓸 때는 저작권자와 출판사의 허락을 받아야 합니다.

잘못된 책은 바꾸어 드립니다.